Walther Rohdich
Meine Heimtiere und ich

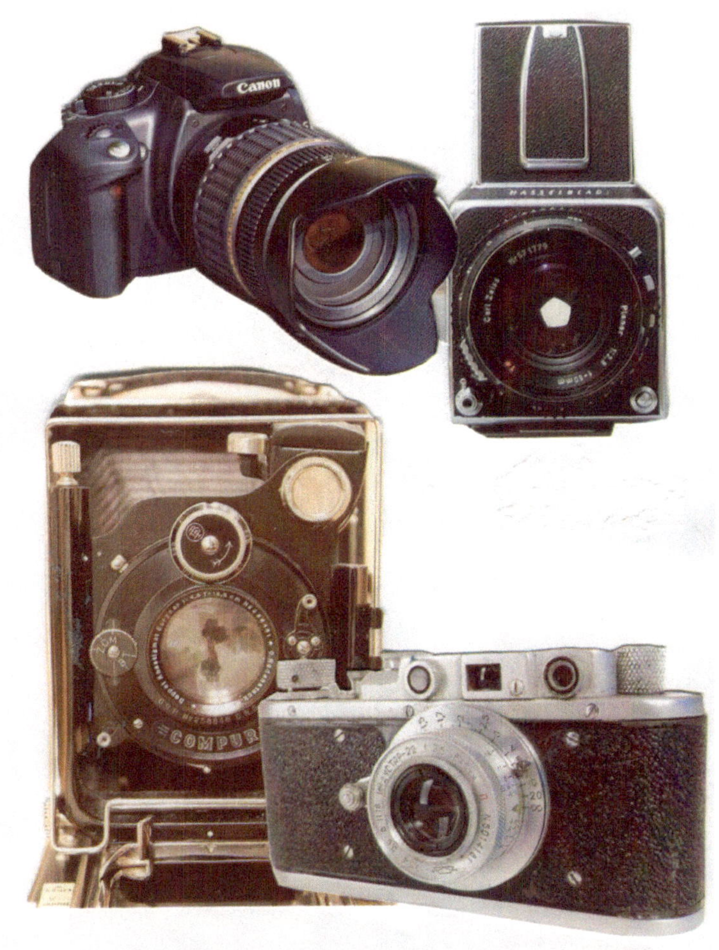

Vier der hier benutzten Kameras: Canon, Hasselblad, eine alte Plattenkamera, Leica

W a l t h e r
R o h d i c h

Meine Heimtiere und ich

Achtzig Jahre mit Tieren auf Du

Bibliografische Information der Deutschen Nationalbibliothek:
Die Deutsche Nationalbibliothek verzeichnet diese Publikation in der Deutschen Nationalbibliografie; detaillierte bibliografische Daten sind im Internet über http://portal.dnb.de abrufbar.

ISBN 978-3-96103-634-9

www.rediroma-verlag.de
19,95 Euro (D)

Inhaltsverzeichnis

Vorwort

„Wie weit reicht“, lautet eine alte Frage, „die Erinnerung zurück, wenn man zum betagten Semester zu zählen ist?“ Einige Menschen behaupten, bis zum Alter von 3 Jahren sich rückerinnern zu können, andere reden von 4 bis 6, als sie zur Schule kamen, noch andere erinnern sich zwar an markante Ereignisse, wissen diese jedoch nicht einzuordnen. Da hilft oft Hörensagen zwischen und unter Verwandten und Bekannten weiter – Tagebücher, die Auskunft geben könnten, wurden nicht geführt. Fotos aus der Zeit sind nicht beschriftet, und so weiter und so fort!

In meinem Fall, das muss ich bekannt geben, sieht es besser aus: Denn ich war eine Ausnahme in der Beziehung, dass man mich vom ersten Tag an, wo es Geschenke gab, mit Tieren bedachte – Stofftiere natürlich. Also: Ich weiß nicht, wann ich das erste Mal mit meinen Augen, die zum Sehen ja nicht nur die Öffnung brauchen, sondern auch den „Draht“ zum Gehirn, etwas über mir baumeln sah. (Ich lag, muss ich bemerken, von Anfang an auf dem Rücken!).

So begann also „Achtzig Jahre mit Tieren auf Du“. Diese 80 Jahre, - es sind sogar ein paar mehr -, habe ich in vier Bücher aufgeteilt, deren dieses hier das dritte ist nach: „Meine Wildtiere und ich“, „Meine Reptilien, Amphibien und ich“, dieses hier und ein kommendes „Meine Vögel und ich“. Alles ist in etwa so geschehen wie geschrieben, mit jenen Einschränkungen, Auslassungen und Hinzufügungen, welche sich jeder Autor erlauben sollte. Bei vielen Ereignissen ist eine meiner vielen Kameras dabei gewesen, alle analog natürlich, und darum sind die meisten Farbdias und auch Schwarzweißbilder den Weg allen Vergänglichen gegangen. Ich habe mit fremden Bildern ausgeholfen, vornehmlich von „pixabay“, und Verleger und Autor bedanken sich auf diesem Weg. Heimtiere, Haustiere und Nutztiere – das sind weitläufige Begriffe. Ich lasse sie vorab erklären.

Heimtiere, Haustiere und Nutztiere

Ein Lexikon schreibt dazu:
„Heimtiere sind Tiere, die vom Menschen aus verschiedenen Motiven meist in der Wohnung oder in sonstigem engen Kontakt mit ihm gehalten werden. Motive für die Haltung von Heimtieren können sein: Freude am Tier, Zierde, Interesse an Verhaltensweisen oder Züchtung der Tiere, Ersatz für Sozialpartner oder Spielgefährte für Kinder. Als Heimtiere kommen fast alle in Größe und Verhaltensweisen zur Haltung in der Wohnung geeigneten Arten in Frage. Bei geeigneter Unterbringung in Terrarien können auch potentiell gefährliche Tiere dazu zählen: Skorpione, Spinnen, Giftschlangen, Riesenschlangen. Das europäische Übereinkommen zum Schutz von Heimtieren vom 13. November 1987 bestimmt in Artikel 1 den Begriff Heimtier folgendermaßen: Der Ausdruck Heimtier bezeichnet ein Tier, das der Mensch in seinem Haushalt zu seiner eigenen Freude und als Gefährten hält oder das für diesen Zweck bestimmt ist… Bei den als Heimtier gehaltenen Arten lassen sich alle Übergänge vom Wildfang bis zur weitergehenden Domestizierung finden.“

Haustiere sind Tierarten, die durch Domestikation aus Wildtieren hervorgegangen sind. Sie werden wegen ihres Nutzens oder des Vergnügens halber vom Menschen gezüchtet. Die längste Geschichte als Haustier hat der Hund...es gibt Hinweise, dass seine Domestikation schon vor 100.000 Jahren gelang... Katzen sind heute mindestens 9.500 Jahre lang als domestiziert bekannt...Die Haustierzüchtung von Schweinen, Rindern und Schafen begann vor 8.000 Jahren in Vorderasien. Tierfreund Heinz Sielmann schrieb im Vorwort eines seiner Bücher folgendes und

meinte damit den ältesten Freund des Menschen, den Hund, seine Fähigkeiten zur Anpassung, seine Lernfreude und Mobilität:
„...Spielhund, Spaßhund, Kettenhund, Kinderhund, Damenhund, Angeberhund, Schoßhund, Bellhund, Familienhund, Kluger Hund, Treuer Hund, Armer Hund, Haushüter, Leibwächter, Lebensretter, Lawinenspürer, Jagdhelfer, Blindenführer, Hirte, Meldeläufer, Lastträger, Zirkuskünstler, Sanitäter und Kriminalpolizist. Findige unter meinen Lesern werden wohl noch mehr nützliche Berufe für den Hund vermelden können."

Nutztier bezeichnet ein Tier, das vom Menschen wirtschaftlich genutzt wird. Die Nutzung umfasst die Versorgung mit Nahrung. Speziell in der Landwirtschaft werden Nutztiere in vielfältiger Form gehalten. Es gibt Hunde als Jagdhelfer und Wachtiere, Zug-, Trag- und Reittiere und vor allem auch Labor- und Versuchstiere.

Erste „Versuchstiere" und Erlebnisse

Nach dem Ausflug ins Sachliche kehren wir in das Umfeld meiner beiden Kinderwagen zurück. Ich habe mir berichten lassen, dass Mutter und unser Kindermädchen Auguste mich viel herumgetragen haben – wahrscheinlich war ich im ersten Kinderwagen quengelig, wenn ich die anwesenden Leute nur hören aber nicht sehen konnte; dieses Verhalten soll sich geändert haben, als ich im zweiten Kinderwagen aufrecht sitzen und alles übersehen konnte.
„Er muss überall dabei sein!"
Klingt das nun negativ oder nicht? Also mit einem über mir baumelnden Stofftier fing alles an. Es hieß Bärchen und war schwarzweiß gekleidet. Damals achtete man wenig darauf, ob ein Kleinkind solch ein Tier in den Mund nahm und es zahnlos benagte. Mutter berichtete später, dass ich im Alter von sechs Monaten Bärchen stets in den

Arm nahm und so mit ihm gemeinsam besser einschlief als sonst. Wie es auch gewesen sein mag: Ein Tier war immer bei mir, und das änderte sich bis 3 auch dann nicht, als nun allmählich unwirkliche von realen Lebenden ersetzt wurden.

Aus der Zeit zwischen 3 und 5, ehe ich zur Schule kam, liegen Berichte von Augen- und Zeitzeugen vor, dass ich die Sammlung „nichtlebiger“ Tiere links und rechts liegenließ und mich lebendigen Wohnungs- und Zeitgenossen zuwandte. Ich mache hierzu wieder eine meiner gewohnten Auflistungen der Zeit.

Erstens war da ein namenloser Goldfisch, ein Schleierfisch, den ich deswegen eine Viertelstunde unentwegt anstarrte, weil er sein Maul sehr ulkig öffnete und schloss und im Wasser des viel zu kleinen Aquariums mucksmäuschenstill stehen und dann mit einem Satz aus dem unbedeckten Becken aufs Parkett springen konnte; dort schied er beim zweiten Mal von uns.

Zweitens lebte in Bruder Wolfgangs Zimmer Streifenhörnchen Mucki, das sich ähnlich wie der Goldfisch verhielt, mit dem Unterschied, dass es dabei nicht nass wurde. Sein Drahtgitter-Lebensraum entsprach natürlich nicht seinem Bewegungsdrang, so dass es jeden Nachmittag nach der Fütterung Marathon-Läufe absolvierte, untersetzt mit Hoch- und Weitsprüngen von Gitter zu Gitter quer und vom Himmel zur Erde. Wenn ich ihm zuguckte, schlief ich ein, so dass Auguste und Mutter mich ihm oft zugesellten.

Drittens gab es in einem zu kleinen Bauer (Vogelkäfig) das Ehe- aber nicht Liebespaar jener gelben Piepmätze, deren Urheimat die Kanaren sein sollen. Sie hießen Tristan und Isolde und sollen wie diese gesungen haben: herzerweichend, Gemüt erregend, mit trillernden Akkorden und einem Tremolo, dass mein Klavier spielender Bruder Otto

mit dem Klimpern aufzuhören drohte, „wenn diese gelben Piepser nicht sofort außer Haus kommen“ - sie kamen! Viertens sagte Auguste gelegentlich zu mir, „wir gehn Tiere begucken“. Das geschah in unserer Wohnstraße, - die den Krieg nicht überlebt hat -, wo ein Präparator allerlei Getier herumliegen hatte. Mich schockte es nicht, wenn die toten Augen eines Rehbocks, dessen Gehörn aus dem Kopf herausgearbeitet werden sollte, mich vorwurfsvoll anschauten. Auch musste Auguste mir erklären, warum jener Fuchs dort im Regal nicht den Laden fluchtartig verließ. Ebenso wunderte ich mich über eine Schleiereule, die nahe der Tür auf einem Ast saß und die geöffnete Tür nicht nutzte, zu türmen.
Fünftens schließlich zeigte mir Auguste im Garten ein Amselnest, in dem fünf junge, noch nicht befiederte Küken hockten und auf uns zu warten schienen. Denn als Auguste einen Regenwurm aus der Gartenerde zog und ihn mit spitzen Fingern in einen der aufgesperrten Rachen steckte, dachte ich, sie müsste die Mutter dieser Kinder sein.

* * * * * *

Kinder! 1934 trat das fünfte und letzte in unsere Familienrunde, ein Erfolg, den das herrschende Regime mit dem bronzenen Mutterkreuz honorierte. Schon dieser Zeit besuchte ich in Begleitung Augustes den städtischen Zoologischen Garten. Da sah ich viele Tiere, die ich später fotografieren oder in ihrem Lebensraum besuchen sollte. Davon ahnte bisher niemand etwas. Auch nicht, dass ich wenig später mit einem Zoodirektor und seinen zahlreichen Helfern auf „Du“ stehen würde. In dieser Zeit bis zum Schulanfang 1936 habe ich schon viele selbst herbeigeführte Abenteuer mit Tieren erlebt, von denen ich in meinem Buch über Reptilien und Amphibien berichtet habe. (Siehe

Anhang dieses Buches!) Ich habe dort auch über einige tierische „Helden“ geschrieben und sie namentlich vorgestellt – diese nette Angewohnheit möchte ich weiterhin pflegen. Zwischen 1934 und 1936 waren es diese jetzt Genannten. Ich möchte hier kundtun, dass meine drei Brüder vor mir, - der älteste wurde im Jahr 1923 geboren -, zeitweise und wenn es wenig Arbeit machte, durchaus praktizierende Tierfreunde waren, doch nur so lange, bis ihnen etwas Neues einfiel.

Nun soll von „Kimba“ die Rede sein, die ihr Überleben nur Augustes Gehör zu verdanken hat. Kimba war eine Katze, die eigentlich ein ganzes Buch für sich beanspruchen dürfte. Auguste und ich, wir pilgerten durch den städtischen Schlossgarten und unterhielten uns. Das heißt: Sie redete wie ein Wasserfall und ich unterhielt mich. Bis sie abrupt stoppte, dass ihr abendfüllender Busen aufschwappte und sie ihre Ohren spitzte.

„Da winselt doch was, mein Junge, hörste nix?“

Doch, jetzt hörte ich es auch: Katzenjammern.

„Dort, beim Haselstrauch, da bewegt sich was.“

Eine halbe Minute später hatte Auguste ein Lebewesen in den Händen, das ganz zweifellos auf der Schwelle zwischen Tod und Leben wandelte, wie Auguste es poetisch formulierte. Eine junge Katze, die in meine Hände passte, zerzaust wie ein räudiger Köter und völlig durchnässt. Jeder halbwegs tüchtige Tierarzt hätte für sie 5 Mark verlangt und sie dann eingeschläfert. Nicht so Auguste und ich!

„Doktor, das kommt überhaupt nicht in Frage“, befahl Auguste.

„Dok“, fügte ich hinzu, „mein Bruder kriegt Sie dran, wenn Sie Kimba sterben lassen.“

Kimba – ein Spontanname, der sich gut rufen ließ. Führt es zu weit, wenn ich Kimbas Lebensrettung etwas weiter als üblich ausbreite? Ich glaube es nicht.

„Zäh wie eine Katze!“

Diese landläufige Behauptung, die aus Zeiten stammt, wo Katzenwürfe kurzerhand in Teichen ertränkt wurden, lernte ich hier kennen und lieben. Auguste, selbst noch kinderlos, machte mit mir eine Intensivstation auf, die einen Patienten und darum nur die Erste Klasse besaß. Folgende Wartungsarbeiten fielen sogleich an:
Erstens Trockenlegen; zweitens Warmlegen; drittens das Massieren des Bäuchleins, falls es schon Nahrung aufgenommen haben sollte; viertens es an Augustes komfortablen Busen drücken, denn eine lebende Heizung wirkt immer mehr als eine technisierte; fünftens ihr etwas vorschnurren, wie Katzenmamas es mit ihren Kindern tun – das konnte ich am besten; sechstens sie unter einer Infrarot-Lampe zugedeckt schlafen lassen. Damit verging Kimbas erste Nacht in unserem Haushalt, die Auguste und mir zu schnell verging.

In den nächsten zwölf Stunden leistete Auguste Übernatürliches, indem sie neben Kimba auch noch eine komplette Familie nebst Angestellten versorgen musste. Kimba erwachte gegen 9 Uhr und meldete sich sofort – nicht, wie von uns erwartet, mit zarten Piepsern, sondern energisch und fordernd. In der Drogerie um die Ecke hatte Auguste mich „Spezial-Katzen-Baby-Milch" und ein Minifläschchen mit Schnuller kaufen lassen. Ich durfte es darreichen. Es wurde besser angenommen als Mamas etwaiges Euter. Der Tierdoktor kam vorbei und orakelte nun, dass Kimba durchkommen würde.

Nach einer Woche auf Augustes Intensivstation war Kimba fit für ein Weiterleben von, schätzen wir einmal, 15 bis 20 Jahre. Nach zwei Wochen war sie ein richtiger Lausebengel geworden, der Gästen die Schnürsenkel aufknöpfte und sie aufforderte, mit ihr Fußball zu spielen. Das geschah so: Sie postierte sich zwischen zwei Stuhlbeinen und der Partner musste mit einem Fuß einen Tischtennisball auf sie zuschießen; nicht ganz so, wie Gerd Müller das konnte, aber immerhin, in dessen Größe übertragen waren das unhaltbare Elfmeter. Nicht für Kimba: Sie hielt jeden Ball und pfefferte ihn mit solcher Wucht zurück, dass er unter Schränke, Tische und Bänke knallte oder durchs Fenster entschwand.

Wenn Auguste meinte, nun sei genug des Spielens, fing sie den Ball auf und versteckte ihn auf dem Wohnzimmerschrank. Es war töricht von ihr zu glauben, Kimba habe das nicht gesehen. Nach einer Weile des Abwartens bemühte sich Kimba auf den Schrank zu kommen, es gelang nicht. Erst als Auguste vorm Schrank stand, sprang Kimba auf ihren Rücken, kletterte behutsam auf ihren Kopf und sprang von dort auf den Schrank. Alle Zuschauer waren verdutzt. Oben knallte Kimba den Ball, den sie ja nicht ins Mäulchen nehmen konnte, hin und her, her und hin, bis er von der Tapete abprallte und dort landete, wohin sie ihn haben wollte – neues Spiel, neues Glück!

Gab's keinen neuen Ball, weil der alte zerbrach, stahl Kimba von Vaters Schreibtisch einen Füllfederhalter, und als dies mit Schelte bestraft wurde, nahm sie einen Bleistift. Nach zwei Monaten legte sich ihr Rabaukentum und wir hätten sie gern lebenslänglich behalten. Aber eines schlechten Nachmittags beim Kuchenessen und Kakaotrinken setzte sie sich auf Tante Gertruds Schoß und klammerte sich jaulend und maunzend dort noch fest, als beide in der Straßenbahn heimfuhren.

„Katzen und Tanten“, empfahl Vater, „soll man gehen lassen, wenn sie gehen wollen.“

* * * * * *

So erging es auch Streifenhörnchen Mucki, in dessen Gegenwart von „seinesgleichen“ auf dem Friedhof geredet worden war, „wo sie in Saus und Braus leben“, (Original-

ton Bruder Wolfgang), „und wie toll herumtollen!“ Wie dem auch war: Mein Bruder nahm mich beiseite und mit in sein Zimmer. Dort hockte Mucki apathisch auf seinem Esstisch und schaute ihn vorwurfsvoll an, verweigerte Essen, Trinken, lieben Zuspruch und beknabberte nicht wie gewohnt seine Fingernägel, die nach Ölfarbe rochen.
„Er geht uns ein“, sagte Wolfgang, „wenn wir ihm nicht einen Kameraden beschaffen oder ihn freilassen.“ Ich selbst kannte in meinem Alter jenen Arg noch nicht, mit dem Menschen ihre wahren Absichten zu verbergen pflegen: Er wollte das ihm lästige Tier und den großen Käfig in seinem Zimmer loswerden.
„Gehste mit zum Friedhof, ihn dort freizulassen?“
Ich ging mit und sah dort ein halbes Dutzend Streifenhörnchen lustig und sehr lebendig von Grab zu Grab springen und die hohen Grabsteine als natürliche Aussichtsplätze benutzen. Wir setzten Mucki direkt über die vier Buchstaben INRI und entfernten uns zehn Schritte. Da näherte sich ein starkes Hörnchen unserem schon munterer dreinschauenden Mucki, besprang ihn von hinten, umkrallte ihn und machte dabei zuckende Bewegungen. Auch Wolfgang war noch nicht wissend genug, mir diese zu erklären. Das unternahm am Nachmittag Bruder Otto mit seinen 11 Jahren!

Muckis Nachfolger für den im Garten neu aufgestellten Käfig wurde nach zehn Tagen Jungeichhörnchen „Fiffi“, das freiwillig in ihn geschlüpft war, als Auguste ihn säuberte und dann mit Eichhörnchen-Leckerbissen bestückte: Erd-, Hasel-, Wal- und Paranüsse, dazu Haferflocken, Äpfel und etwas zum Trinken. Ehe Nachbars Ratten, - dort war ein Großhandel für Lebensmittel -, sich darüber hermachten, war also Fiffi eingezogen: Klappe zu, Tür geschlossen – dort lebte er ein Jahr, bis er sich eines Nachts eine Pfote im Maschendraht einklemmte und sich totzappelte. So lernte ich früh den Hauptnachteil des Lebens kennen, den Tod.

Waren Geschöpfe wie Mucki und Fiffi nun Heim- oder Haustiere? Oder gar Nutztiere, weil sie mir zum Nutzen waren? Diese Fragen beantwortete mir auch später niemand. Wie viel ich bereits bis zum Alter von 6 Jahren, als ich zur Schule musste, mit anderen Tierarten, zum Beispiel Reptilien und Amphibien, zu tun hatte, habe ich in einem anderen Buch beschrieben. Echte Haustiere lernte ich kennen und stundenlang beobachten, als ich schon bis 20 zählen konnte. Da hatte doch Mutter tatsächlich das Oberlicht des Wintergartens offen gelassen, als sie und Vater für einen Tag verreisten und Auguste Urlaub nahm. Eine Nachbarin sollte mich und meine Brüder, sofern sie wollten, ein wenig betreuen und beaufsichtigen. Ich lehnte mich in Vaters Chefsessel im Wintergarten bequem zurecht und hörte und sah Tristan und Isolde zu, wie sie ihre beiden Kinder fütterten und hegten – das heißt, Tristan zwitscherte und Isolde fütterte. Plötzlich ein anderer Ton in der Musik!

Der Sänger, Zirper und auch Zwitscherer war ein Schwalbenmännchen, das durchs Oberlicht eingeflogen war und nun sein Weibchen anlockte, das prompt gehorchte. Beide drehten drei Runden im Zimmer und verließen es wieder wie hergekommen. Ich schlug im Naturband „Die Singvogelwelt“ nach und identifizierte die beiden Vögel nach zwei Fotos, deren Text ich nicht lesen konnte. Später las Auguste vor: „Dorf- oder Rauchschwalbe (Hirundo rustica)“. Jetzt begann das Ein- und Ausfliegen der Schwalben, mit dem sie sich ein Nest bauten. Mit einem Bröckchen klebriger Masse im Schnabel, das wir später als eine Art von Lehm diagnostizierten, flogen beide Partner an und setzten nun an Mutters schöner weißer Wand, zehn Zenti-

meter unter der Decke, Bröckchen zu Bröckchen in einem Rundbogen an, der nachher das Fundament des Nestes sein sollte. Ich schaute fasziniert dessen Wachstum zu. Erst kam Auguste zurück und sagte „diese netten Vögel bei uns im Haus“, dann kam Mutter und sagte „die fehlen uns gerade noch“, und nun Vater, der sagte „weg mit den Dreckspatzen!“ Auguste sollte einen Besen holen. Da sagte Otto: „Alle Singvögel stehen unter Naturschutz“ und stellte sich als Naturschützer an die Stelle des Zimmers, an der Augustes Besen von unten her arbeiten sollte.
„Ich hab sie zuerst gesehen“, zeterte ich, „sie gehören mir!“
So schlug Auguste den Kompromiss vor, wie man den bald zu erwartenden Dreck der Jungen, von Wolfgang Vogelscheiße genannt, vom Parkett fernhalten konnte: „Einfach einen Schrank unters Nest stellen!“
Das wurde gemacht und er stand noch im September da, als die Schwalben ihre dritte Brut flügge gemacht hatten und nach Süden abzogen.
„Vati?“, fragte ich da, „sind diese Vögel nun Haus-, Heim- und Nutztiere gleichzeitig?“
Das fragte dann Otto, nun immerhin Schüler des Schillergymnasiums, seinen Biologielehrer Dr. Matthias Schneiderhahn. Der antwortete:
„Willst du mich veräppeln?“
Sonst nichts und Otto war schwer beleidigt.
„Vati?“, fragte ich, „was ist veräppeln?“
„Jemanden für dumm zu verkaufen versuchen.“
Nun, das war immerhin eine Antwort. Zehn Jahre später saß ich wieder vor einem Schwalbennest und hielt schriftlich fest, wie oft beide Altvögel in zwölf Stunden sechs Junge fütterten. Ich werde davon berichten. Da hatte ich auch für mich geklärt, dass solche netten und den Menschen anhängliche Vögel als „nützliche Haustiere“ zu bezeichnen seien.

* * * * * *

Noch vorm obligaten Schulbeginn 1936 hatte ich alle meine Scheu vor großen und kleinen Tieren abgelegt. Das geschah hauptsächlich durch meine Zoobesuche – ein Zoo besitzt nun einmal die meisten großen und kleinen Tiere! Und ich war als „Sechsjähriger mit Familienjahreskarte" einer der häufigsten Zoobesucher unserer Stadt. Fast alle Zoomitarbeiter vom Direktor Heinz Randow bis zur Kassiererin Lilly Martain (Name geändert) kannten mich, ich kannte sie und mit den meisten Tieren ging es genauso. Ich durfte auch dort füttern, wo dies verboten war. Unter Anleitung Egon Kressmanns, ein Homo sapiens, den alle Zootiere von der Wanderheuschrecke bis zum Afrikanischen Elefanten zum Fressen gern hatten, wurde ich nicht nur zum Tierfreund, sondern auch zum Tierkenner angeleitet.

Davon in Kenntnis gesetzt machte mir Tante Martha zum Schulbeginn ein Geschenk, das ich beim besten Willen nicht, neben der üblichen Tüte, zur Schule mitnehmen konnte: „Fratzi". Sein Beruf war Rennradtreter, er hatte zudem zwei große Hamsterbacken und wurde auf deutsch Syrischer Goldhamster und zoologisch Mesocricetus auratus genannt. Lebende Tiere, heißt es heute, sollten nie zu Geschenken degradiert werden, aber die Tante hatte von meiner Tierliebe einiges läuten gehört und wusste von den Lebensgewohnheiten solcher Kleintiere nichts. Als Fratzi ins Haus kam, ahnte auch bei uns niemand, wie er den Haushalt umkrempeln würde. Zum Geschenk gehörte der Käfig mit Laufrad, Unterschlupf, eine Portion Futter und ein Lehrbuch. Ich kannte den Europäischen Hamster (Cricetus cricetus) von Ludwig Zukowskys Zigarettenalben her, der ein frecher und beißwütiger Kerl sein soll und zwanzigmal größer als sein syrischer Vetter.

Fratzi entpuppte sich als Nachtschwärmer, und wenn diese wach werden, haben Kinder ins Bett zu gehen. Dann verließ er gähnend und schnaufend seinen Tagesunterstand und begab sich schnurstracks aufs Laufrad, um, - wie man heute sagt -, zu joggen und zu trimmen. Damit die ganze Familie ihn überhaupt zu sehen bekam, verlegten wir seine Fütterung auf den frühen Nachmittag. Er war ein hübscher niedlicher Kerl und hamsterte sich sozusagen in unsere Herzen. Kam ich jedoch mit dem Gesicht seinem Käfig zu nah, ging er erst in Habacht-, dann in Abwehrstellung und rasselte und knurrte wie sein Namensvetter. Nach vierzehn Tagen war er eingewöhnt und ich konnte ihn nehmen und mir auf die Schulter setzen. Wenn er hungrig war, saß er am liebsten auf meinem Schoß und aß Mandarinenstücke, Nüsse, Kerne, Schokolade, Radieschen und gekochte Kartoffeln. Ehe er wirklich aß, hamsterte er alles Dargereichte in seinen Backentaschen und trug es dann in sein Häuschen zurück.

Je mehr wir uns mit ihm beschäftigten, desto zutraulicher wurde er, und Zutraulichkeit, wissen kluge Pädagogen zu berichten, sei die Vorstufe zur Unverschämtheit – sie scheinen bei Zwerghamstern recht zu haben! Denn Fratzi entwickelte eine Liebe in der notwendigen Reihenfolge: zu Auguste, mir, Bruder Hermann, jetzt 2, Mutter und dem neuen Küchenlehrling Roswitha,15, die glaubte, er würde zwecks Verarbeitung in der Küche gezüchtet; sie stammte aus einem stadtnahen Bauernhof und kannte es nicht anders, als dass jedes Tier für die Bratpfanne, den Kochtopf oder die Räucherkammer bestimmt war.

Unter dem Eindruck von Fratzis Liebesbekundungen wagte ich es als sein Eigentümer, ihn im Beisein der Haushaltsmitglieder auf dem samtenen Sofa freizulassen. Er nagte ein Loch in den Bezug und wurde folglich auf den Tisch gesetzt, der war aus germanischem Hartholz geschnitzt, so dass Fratzi sich nicht lange mit ihm aufhielt. In einer zehn Zentimeter hohen Blumenvase entdeckte er, vielleicht durch den Geruch, ein Bündel Veilchen, sprang dieses an und riss es aus der Vase. Im Nu, das ist keine korrekte Zeitangabe, hatte er es in seine Hamsterbacken gestopft.

Nun, ich möchte aus Fratzis erstem Freigang kein Drama machen, weil er, dieser Ausflug, beinahe eine Tragödie nach altgriechischer Art des Eurypides geworden wäre:
„Du kannst ihn dem Zoo schenken“, regte Vater an.
„Lass ihn im Garten frei“, sagte Mutter bestimmt.
„Wir fassen das Biest nicht an“, sagten Auguste und Roswitha.
„Der taugt nur als Schlangenfutter“, meinte Otto.
„Schick ihn Tante Martha als Einschreiben zurück“, sagte Wolfgang.
Martin, Hermann und ich enthielten uns unmenschlicher Ratschläge. Fratzi hatte lauschend zugehört, ahnte wohl auch die aufgekommene Stimmung und fetzte vom Tisch auf den Teppich. Sein Ziel konnte nur die Kommode dort an der Wand sein – sie benötigte vier starke Maurer oder Heizer von Lokomotiven, um bewegt zu werden. Fratzi verhedderte sich da unten, schon war ich über ihn gekommen und ließ ihn auch nicht los, als er in meinen Daumen biss.

Ruckzuck, schon saß er wieder in seinem Käfig und fauchte jeden an, der näher als einen Meter kam.
„Jetzt zeigt er seinen wahren Charakter“, urteilte die weise Auguste traurig. Jedes Tier, das unser Haus verließ, ob tot oder lebend, brachte ihre Herzvorkammern zum Flattern. Fratzis, ebenso in Tätigkeit, nur dem Körper entsprechend kleiner, aber im Verhältnis wohl effektiver, bekamen im Lauf des Tages einen Knack, der ihn fressunlustig und apathisch machte.
„Ich bringe ihn zum Tierarzt“, befahl ich mir selbst.

„Heute ist Sonntag“, warf Otto ein, „bring ihn morgen hin, so lange wird Fratzi schon durchhalten. Haste Geld? Der macht‘s nicht mit Krankenschein wie Dr. Swart.“

Am Montagnachmittag, nach der Schule, hockte Fratzi auf dem Seziertisch des Dr. med. vet. Peter Petersen und machte keinen überlebenstüchtigen Eindruck.
„Sind Salmiakpastillen, Herr Doktor“, fragte ich, „für Hamster giftig?“
„Nein, mein Junge, sie werden ihn nur überdurstig machen.“
Ich holte meine Schachtel aus der Hosentasche, fummelte eine Pastille heraus und schob sie zwischen seine Zähne. In unserer Familie glaubte nicht einmal mein jüngster Bruder Hermann, vor 3, an Wunder – jetzt tat ich es und auch der Doktor wurde bekehrt und auf den rechten Glauben gebracht! Denn der gute Fratzi beging nun seine Wiederauferstehung und er und ich verließen den Doktor, ohne ein Honorar zu zahlen. Er machte es noch ein halbes Jahr unter meiner aufopfernden Pflege. Sie bestand darin, ihn täglich zweimal aus dem Käfig zu nehmen, im Garten mit ihm zu spielen, sein Lieblingsfutter zu beschaffen und ihn mit seiner Arznei zu versorgen: Salmiakpastillen und Brocken von Lakritzrollen. Er ging sogar einmal mit der Familie in Urlaub und freundete sich dort mit einer Dackeldame an, welche wohl glaubte, ihn geboren zu haben.

Eines schlechten Tages erschien sein niedliches Köpfchen auf meinen Zuruf nicht mehr im Loch seines Eigenheims. Der Tierarzt stellte die Diagnose: Krebs – operieren! Das kostete satte 25 Mark aus meinem Taschengeld. Fratzi starb an ihr. Seine Beisetzung in einer Zigarrenkiste Vaters fand in aller Stille im Garten statt: „Requiescat in pace!“ – der Bombenkrieg hat dieses Grab wieder dem Erdboden gleichgemacht.

Schul- und Freizeit bis 1939

Weil sich schon im ersten Schuljahr herumsprach, dass ich goldene Hände für Tiere besäße, wandten sich ab 1936 viele Persönlichkeiten von 6 bis 86 an mich. Einige wollten den Tierarzt sparen, gerieten aber an den Falschen: Auguste, Otto und Mutter sorgten dafür, „dass gute Leistung und Wissen bezahlt werden müssten".
„Das war schon bei den alten Römern so", wusste Gymnasiast Otto, „sie sagten schnippisch *‚pecunia non olet'*, Geld stinkt nicht auf deutsch, aber wenn du in deiner Hosentasche tote Mäuse aufbewahrst, stinkt es doch!"
Oh ja, unser ältester Bruder war schon sowohl Geselle auf dem Pianoforte als auch Meister des Wortes.

Als solch ein seltener Meister schien sich auch Mitschüler Erwien Krokau durchs Leben schlagen zu wollen, als er erwischt und verhört wurde. Da war er 7 und wie viele Gleichaltrige unserer Stadt Besitzer eines überaus liebenswürdigen Meerschweinchens. Ehe ich das Drama um dieses Tier hier ausbreite, möchte ich Vaters Definition der merkwürdigen Kombination „Meer & Schweinchen" erklären; sie kannte nämlich nicht einmal Lehrer Bussmann, der Erwien jetzt zur Schnecke machen und dafür sorgen wollte, dass „du und deine Familie nach Israel zurückzukehren hat". Hier also jetzt Vaters Worterklärung, die, wie er einschränkte, eine von mehreren sei:
„Woher diese kleinen putzigen Tiere ihren deutschen Namen haben, darüber gibt es verschiedene Auslegungen. Die Bezeichnung Schwein ist nämlich weit verbreitet. Das kann daran liegen, dass sie wie ihre großen Namensvettern gern gegessen und als lebender Vorrat auf Schiffsreisen mitgenommen wurden. Sie vermehren sich schnell und der berühmte Seefahrer James Cook soll angeordnet haben, sie in Südamerika an Bord zu nehmen. Es verlautet, der Koch seiner ersten Reise sei ein Gourmet gewesen: An Festtagen

habe er der Mannschaft ‚Mit Apfelkompott gefüllte Meerschweinchen' serviert – na, dann guten Appetit!"
Vater liebte es, bei gutem Appetit diesen noch anzuregen.
Nun zu unserem Schulvorfall von 1937. Lehrer Karl Bussmann war selbst Tierhalter, nämlich Besitzer von Mischling Wotan, der, wie er stolz erklärte, „sich schon einen Namen als Aufstöberer fremden Blutes gemacht hat". Meine Klasse saß bei Unterrichtsbeginn brav in den Bänken, als Bussmann und Wotan einmarschierten. Ich wusste als einziger, dass ein unsichtbarer, aber für einen Hund riechbarer Mitschüler „an Bord" war: Meerschweinchen Porki – Wotan merkte es auch sofort und schnüffelte laut in meine Richtung; ich saß ja neben Erwien! Warum hatte Erwien seinen Freund mitgebracht? Er musste ihn loswerden und wollte ihn in gute Hände geben, also in meine, weil „wir leider ausreisen wollen aus Deutschland, da wir Halbjuden sein sollen, verstehst du das?" Verstand ich nicht.

Karl Bussmann, der darüber Bescheid wusste und seinem Führer mehr traute als sich selbst, glaubte natürlich, dass sein Wotan endlich einen Juden gestellt habe und entschied, „weil der Direktor und ich keine Unmenschen sind", dass Erwien schon jetzt, hier und heute, heimgehen könne. So blieb Porki ungeschoren unterm Pult hocken, bis ich ihn mit nach Hause nehmen konnte.
„Vati, was ist ein Halbjude?"
Seine Antwort gehört nicht in dieses Buch, aber er hatte nichts dagegen, dass Porki als „Heimtier" im Garten eine angemessene Unterkunft bekam und ein echtes und braves Familienmitglied wurde.

* * * * * *

Sind Kaninchen, - nicht jene wilden, die sich Erdbaue graben -, nun Heim-oder Nutztiere?

„Sie leben in einem Heim“, erklärte Otto, „und bringen uns doch Nutzen.“
„Und welchen?“, fragte ich naiv.
„Das wirst du schon noch merken, wenn du eines bei meinem Geburtstag auf dem Esstisch liegen siehst.“
„Warum nur reden Gymnasiasten“, dachte ich, „gerne in Rätseln!“
Hauskaninchen, das wusste ich, auch „Hasen des kleinen Mannes“ genannt, lieben Geselligkeit, die, wenn Hasenbock und Häsin gemeinsam in einem Strohlager schlafen, sich nach einigen Monaten automatisch einstellt. Als Mutter auf dem Wochenmarkt das Ehepaar „Plisch“ und „Plum“ mitsamt Stall erwarb und im vorn offenen Gartenschuppen aufstellen ließ, fand sie unter ihren vier fähigen Söhnen keinen, der sich als Tierwärter anheuern ließ. Auguste sagte, dass sie diese „kleine Arbeit“ auch noch übernehmen könne, wenn man sie vom Putzen ein wenig befreie, „zumal er da“, sie meinte mich, „mir gewiss helfen wird“. Richtig gedacht. Mutter aber war so erbost, dass ihr eine prächtige pädagogische Idee kam:
„Dann werden Otto, Wolfgang und Martin nicht ein Fitzelchen Braten von diesen Kaninchen weder auf ihren Tellern zu sehen noch zu essen bekommen!“
Welch eine wackere Pädagogik! Was die drei verpasst hätten, wären sie nicht hilfreich gewesen, fasse ich hier in einem Rezept zusammen – klar, ausnahmsweise! Man nehme für „Kaninchenbraten nach Augustes Art“ für acht Personen:
„Zwei erwachsene Kaninchen und zerlege sie küchenfertig, 200 gr. Speck, drei EL Öl, je zwei gewürfelte Möhren und Zwiebeln, Tomatenmark, ein Liter Brühe und an Gewürzen Sellerie, Senf, Pfefferkörner, Lorbeerblätter, Wacholderbeeren, Nelken, Majoran, Salz und Pfeffer und, - nicht für Kinder geeignet -, ein Glas Rot- oder Weißwein. Die Zubereitung: Die Fleischteile sind kräftig zu salzen, zu pfeffern

und mit Senf einzureiben. Das Ganze möglichst am Vortag anrichten und stehen lassen. Danach wird in einem Bräter das Fleisch mit den Speckwürfeln und dem Öl hellbraun angebraten. Die genannten Möhren, Zwiebeln und das Sellerie mit dazutun.
Vor dem Ablöschen das Tomatenmark beifügen, ebenso die restlichen Gewürze und schließlich alles gute zwei Stunden zugedeckt bei 160 Grad Umluft schmoren lassen."
So weit das Rezept. Es gab Augustes gemischte Klöße dazu und viel braune Soße. Die Erwachsenen tranken Bier, wir Kinder Regina. Vater und Mutter argwöhnten, dass Kinder, welche die stets niedlichen Kaninchen hegen und pflegen, sie später nicht mehr essen wollen – nichts davon bei uns! Plisch und Plum machten es zwei Jahre lang und schufen von uns nicht gezählte Generationen von Kandidaten für Pfanne, Bräter und Einmachglas, bis sie im Stamm ausstarben und einer Armenküche überlassen wurden. Als ich Zoowärter Egon Krassmann von Plisch und Plum erzählte, hakte er sofort nach:
„Kannste uns die Alten geben, wenn'se nicht mehr Junge kriegen können?"
Das wurde im Familienrat empört abgewiesen, denn schließlich hatte ich schon einmal gesehen, wie eine Schlange ein Kaninchen verschlang und davon zu Hause blumig erzählt.

* * * * * *

Im Zoo konnte ich mein Schmusebedürfnis, das freilich schon vor 1939 abzuschmelzen begann, an Schmusetieren austoben. Zwar gab es die Streichelzoos wie heutzutage noch nicht, aber zu den Jungtieren der Ziegen, Schafe, Mufflons und Steinböcke konnte ich in Begleitung der Wärter hineingehen und eine furiose Entdeckung machen: Alle so genannten Friedtiere und Grasfresser waren verrückt auf Salziges, und solches pflegte ich ab 5 in den Hosen- und Jackentaschen auf Vorrat mitzutragen – Salmiak- und Veilchenpastillen, Lakritz in Form von Schnecken, Stangen und Figuren. Ich muss schon nach diesen Leckereien zehn Meter gegen den Wind geduftet haben, denn Pferde, Esel, Maulesel, Maultiere, Kamele und Elefanten wandten sich sofort von anderen Fütternden ab, kamen mir entgegen oder folgten mir innerhalb ihrer Möglichkeiten.

Egon Krassmann kam als erster dahinter und riet mir, das für mich zu behalten und nicht auszuplappern. Ich werde später noch darüber berichten, wie dieses schwarze Zaubermittel mir weiterhalf. Nach meiner Weigerung, einen Kindergarten zu besuchen, „weil mir das alberne Gehopse und Gesinge dort missfiel“, hatte ich bis zum Schulbesuch 1936 viel Zeit, mich mit Tieren zu beschäftigen.

„Vati, was ist ein Tierheim?“

Vater fackelte nicht lange, lud mich in seinen Mercedes und wir fuhren hin. Zuerst, mich umsehend, grollte ich allen Leuten dort, dass sie es zuließen, Hunde, Katzen und allerlei Kleingetier in diese Käfige einzusperren, dass sie bellten, miauten, heulten, winselten, kläfften und kreischten bis zum Gehtnichtmehr, aber Leiterin Doris war sowohl Tier- als auch Menschenfreund und kinderlieb noch dazu. Vater sah mich in bester Gesellschaft und ließ mich allein. Dieser Tag wurde die Zäsur meiner Kindheit. (Ich habe in meinem Buch über Reptilien darüber geschrieben, was ich hier alles angestellt habe.)

Hier waren sie alle versammelt, die in dieses Buch passen: Heim-, Haus- und Nutztiere. Vereinsamte, Verlorene, Misshandelte, Alleingelassene, Enttäuschte, Verbiesterte, Verlauste, Kranke, Behinderte, Hungernde, Sterbende und Lebende – das ganze Kaleidoskop zwischen Himmel und Erde. Frau Doris kannte sie alle, alle kannten Doris, und

jetzt war ich als Neuling mit dabei. Neue Menschen bedeuteten hier für einige wenige Tiere neue Hoffnung, und das stellte ich mir so vor:
„Wird einer mich kaufen?"
„Wird einer mich ausführen?"
„Wird einer mich streicheln und Leckeres mitbringen?"
Kann ich als unter Sechsjähriger so gedacht haben? Nein! Und warum schreibe ich es dann? Weil ich, jetzt der Zeit vorgreifend, bis 1943 mit dieser Institution und Frau Doris in Verbindung blieb.

Schon jetzt, also während meines ersten Besuchs, wunderte sie sich heimlich und fragte sich: „Was ist mit diesem Jungen los? Was hat er an sich, dass die lautesten Kläffer und bösesten Zähnefletscher aufhören zu kläffen und zu fletschen? Warum gehen diese verbiesterten Katzen nicht in Deckung, wenn er ans Gitter tritt, sondern drücken sich ans Gitter, damit einer seiner Finger streicheln kann?" Frau Doris gestand mir nach dem Krieg, dass diese Fragen unbeantwortet blieben. Ich werde später über dieses städtische Tierheim noch zu sprechen kommen. Jetzt tickte Frau Doris die Uhr nur ein wenig an:
„Wenn du täglich an Hunden und Katzen Freude haben und viel lernen willst und ihr zu Hause keine halten wollt, kann ich dir nur raten, dich als Hundeführer zu verdingen. Viele Hunde- und Katzenhalter in den Großstädten, welche in Etagenwohnungen leben, würden gerne ein paar Reichsmark ausgeben, wenn jemand käme, der sich um ihre Lieblinge kümmerte."
Da war sie wieder, diese Sternstunde, die nicht jedem Menschen schlägt!

Ehe ich sie nutzen konnte, gab Oberförster Großvater Lemm in Eicklingen bei Celle Nachricht, dass er endlich einmal einen seiner Enkel näher kennenzulernen wünschte:

„Nicht nur ich, sondern auch deine Großmutter wünscht dies und allen voran Dachshund Petzi."
„Vati, was ist ein Dachshund?"
„Ein Dackel, der gerne Dachse jagt."
„Und was ist ein Dachs?"
„Schau in deinem Album nach."
Martin las vor: „Größter Marder, lateinisch Meles meles."
Seine Abbildung mit dem schwarzweißen Gesicht gefiel mir. Und sein Verfolger „Petzi" auch, und ich ihm. Mit ihm und Großvater an unserer Seite lernte ich das Hundeführen.
„Jetzt bist du ein richtiger Führer", sagte Großmutter, „wie A.H., dessen Namen ich nie aussprechen werde, und Petzi muss auf dein Kommando hören. Lass dich nicht ziehen, er muss so gehen, wie du es willst und muss tun, was du befiehlst."
Bald merkte Petzi, wessen Geistes Kind sein neuer Befehlshaber war, und er passte sich an. Weil seine eigentliche Herrschaft nicht mehr gut zu Fuß war, hatte er sich einige Hunde-Niggelichkeiten erlaubt und war zu wenig ausgeführt worden. Jetzt gefiel ihm mein flotter Schritt, den seine krummen Beinchen mitmachten, jetzt gefiel ihm auch, dass ich immer mit ihm redete, und außerdem gefiel ihm unser gemeinsames Kriegsspielen und Suchen. Dieses von mir erfundene Suchen geschah so: Bei den Spaziergängen entlang dem Kanal oder des Flüsschens Luhe nahm ich Stöckchen und Rindenstücke auf und warf sie uns voraus auf den Wanderweg. Wenn ich nun erwartet hatte, Petzi preschte sofort wie angestochen und laut bellend los, um zu apportieren, dann irrte ich mich. Er verstellte sich besser als jeder Mephisto auf der Bühne: Er begann vor seinen und meinen Füßen eine aufgeregte Schnüffelsuche mit zahllosen Hin- und Widergängen, wobei er sich wie unauffällig der Stelle näherte, wo das Stöckchen lag. Zwischendurch sah er mich an, ob ich nachkomme und mein

Gesichtsausdruck wohlwollend oder missbilligend war. Schließlich fiel er wie ein Wolf über den gefundenen Gegenstand her, zerzauste ihn und legte zu meinen Füßen ab.

Werte Leserschaft, meinst du nicht auch, dass jetzt eine Erzählpause fällig ist? Wenn nicht, dann müsstest du zulassen, dass Petzi und ich noch immer, und das bis zu unserem gemeinsamen Tod, am Ufer der Luhe umhertobten. Wir machten eine Sitzpause auf jener Bank, die Hermann Löns schon einmal mit seinem Hintern beehrt haben soll und nach ihm hieß. Eine Brotzeit mitzunehmen hatten Großmutter und ich vergessen. So holte ich eine der großen Stangen Lakritz, die man auf der Kirmes für 10 Pfennig kriegen kann, aus der Tasche, schnitt sie mit dem Fahrtenmesser in mund- und dackelschnauzengerechte Stücke und ließ Petzi probeessen – nun, es gibt, wie ich heute weiß, den Begriff „Tod und Verklärung", die beide irgendwann bei jedem Menschen und auch bei intelligenten Tieren eintreten können: Hier tatsächlich eintrat, aber nur letzten Teils und ausschließlich bei Petzi. Und auch in einen modifizierten Reklamespruch verfiel Petzi:
„Haribo macht Hunde froh!"

Ich könnte hier tausend Seiten lang „Petzi und die Fährtensuche" fortschreiben! Nach Hause kamen wir nur, weil ich die Suchrichtung dorthin verlegte. So landeten wir nach einer Stunde und fünfmaligem Suchmanöver direkt vor Großmutters Kuchen- und Kakaotisch vorm Hauseingang und entkräfteten die Sorgen der guten Großeltern. Petzi schlabberte Wasser aus seinem Trog, ich, ebenfalls mit müden Beinen, musste erzählen, essen, trinken und dieses hören:
„Schau mal, Junge, was hättest du wohl jetzt zu Hause getan?"

„Im Kindergarten Blödsinn und Unsinn."
„Deine Antwort gefällt uns."
Ja, mir auch! Meine erste Lektion „Wie führe ich meinen Hund aus?" hatte ich gelernt und die Prüfung bestanden. Großvater, als Förster und Jäger mit einer besseren „Nase" ausgestattet als Großmutter, erschnüffelte nun den Lakritzgeruch, der mich umgab:
„Was ist das fürn Zeugs, Junge?"
Ich ließ sie beides kosten, Lakritz und Salmiakpastillen – und siehe da und höre zu: Großvater stellte sein Kautabakkauen zu Gunsten des Lakritz' ein und Großmutter nahm statt Schlafmittel im warmen Wasser aufgelöste Salmiakpastillen.
„Vielleicht", stellte Mutter nach Jahren fest, „hättest du sonst meine Eltern nie wiedergesehen."

* * * * * *

Ich sah sie wieder, was ich in Buch eins und zwei geschildert habe! Meine Eltern blieben bei ihrem ersten Machtwort in Sachen Hunde:
„Es kommt keiner ins Haus, und sei er noch so klein und hilflos wie ein Hase, der seine Mutter verloren hat."
Ein prophetisches Machtwort war das sogar: Denn als ich bei einem der letzten Fahrradbesuche vor Schulbeginn nach Hause fuhr, - es dämmerte bereits, - lag etwas vor mir auf der Straße und lief nicht fort. Ich fand einen jungen Feldhasen, der nach Art dieser Tierc ja bereits voll behaart war, vielleicht zwei, drei oder vier Tage alt und einen Knacks in der Birne zu haben schien – war er vielleicht angefahren worden? Jedenfalls war er hilfsbedürftig und damit ein Fall für mich. Das meinte auch Lepi, wie ich ihn taufte, (nach Lepus = der Hase), und er schmiegte sich in meine Jackentasche. Zu Hause hatte Auguste sogleich eine Babyflasche mit warmer verdünnter Vollmilch parat,

drückte Lepi und die Flasche an ihren Busen und dieses Baby von nicht einmal 500 Gramm trank und trank, bis der Ersatzbusen leergenuckelt war.

Lepi folgte mir noch selbigen Tags „bei Fuß“, wie Hundezüchter sagen, im Garten und im Haus – da mochte auch Mutter ihn nicht in die freie Natur hinauswerfen. Vater unterstützte mich mit der Bemerkung:

„Hasen wachsen schneller als Hunde, in vier Wochen kann er nach draußen entlassen werden.“

Es wurden vier Wochen voller Spaß, Lustigkeit und Bewunderung durch eine kleine Persönlichkeit, die ihr Körpergewicht in dieser Zeit mehr als verdoppelte. Was uns Lepi in diesem Jahr der Olympiade sportlich bot, wurde in Berlin nicht erreicht. Ich zähle auf.

Erstens der Hundertmeterlauf: in 10,5 Sekunden im Ziel;

zweitens der Hochsprung: über Ottos Kopf hinweg;

drittens der Weitsprung: über die vier Meter des Planschbeckens;

viertens der Hürdenlauf: zwischen acht Beine hindurch in 10 Sekunden und fünftens Serienhüpfen über vier Mülltonnen hinweg in 15 Sekunden inklusive Bauchlandung. Und als Belohnung fürs kostenlose Zuschauen: Sowohl der aktive als auch die passiven Zuschauer waren ratzeputz aus dem Häuschen – Lepi jedoch entdeckte eine Passage durch die Ligusterhecke, schoss wie eine Rakete mit Hinterantrieb hindurch und „ward nimmer gesehen“ - vielleicht ist aus diesem Feldhasen ein Stadthase geworden…

* * * * * *

„Ich habe mit Erstaunen vernommen“, hörte ich von Rektor Fritz Konermann, (Name geändert), der Johannis-Volksschule erstaunt, „dass du ein goldenes Händchen für Tiere hast.“

Ich schwieg bescheiden und in Angst, Unangenehmes käme auf mich zu, und nickte zaghaft.
„Unser Wotan", fuhr Herr Konermann fort, „ist neuerdings nicht gut drauf und ganz verbiestert, wenn ich ihm die Medizin des Tierarztes geben will."
„Das geht meinem Bruder genauso", antwortete ich und meinte Hermann, nun bald 2 werdend, „der nur durch einen Trick unseres Hausarztes dazu gebracht werden konnte, Medizin in Pillenform zu schlucken. Hat der Doktor Ihrem Wotan Pillen oder flüssige Medizin verschrieben?"
Es waren Pillen in Kugelform, und so glaubte ich, einen alten Trick anwenden zu können, den schon die alten Römer kannten. (Bruder Otto war inzwischen Lateiner geworden und warf mit deren Erkenntnissen um sich, als wenn's seine wären.)
„Meine Frau", fuhr der Rektor noch einmal fort, mich zu bekneten, „macht dir auch einen feinen Kuchen, wenn du kommst. Welchen magst du am liebsten?"
„Mandel-Marzipan-Schokoladentorte mit Schlagsahne und Kakao."
Er schluckte ein wenig und wir verabredeten einen Sonntagstermin.

Wotan sah seinem Herrn so ähnlich wie ein leiblicher Sohn. Otto hatte mir unter dem Siegel „strengster Verschwiegenheit" erklärt, dass Mensch und Hund sich zwar paaren könnten, aber niemals Junge bekämen. Das fanden wir sehr bedauerlich. Wotan verbrachte seine Tage immer dann in einem großen Zwinger im Garten, wenn Herrchen und Frauchen gleichzeitig anderweitig beschäftigt waren: Er in der genannten Knabenschule, sie in einer mir unbekannten Mädchenschule. Er war ein Mischling mindestens dreier in Europa unbekannter Rassen und schaute, als wir den Garten betraten, seinen Herrn missbilligend und mich neugierig an. Als er seine Lefzen hochzog, versuchte ich

dies nachzumachen, als er seine Zähne fletschte, tat ich dies ebenfalls und als er zu knurren anfing, knurrte ich wie ein Dutzend Bernhardiner in Bass und Bariton – das verschlug ihm die Schnauze; ich hatte gewonnen!
„Geben Sie mir die Führleine, Herr Direktor“, sagte ich, „und öffnen Sie bitte den Zwinger.“
„Das geht nicht, Junge, er zerreißt dich.“
Ich trat vorsichtshalber ganz an den Drahtzaun heran und steckte den rechten Zeigefinger hindurch – Wotan beschnüffelte und beleckte ihn. Da schob ich ihm, geizig wie ich sein konnte, eine einzelne Salmiakpastille auf die Zunge, und siehe da, er heulte, als sei der Mond am Horizont erschienen. Der Rektor verdarb nun den erfolgreichen Ansatz, indem er Wotan die Pille verabreichen wollte. Und siehe da: Dieser knurrte giftig und schnappte zu, aber daneben.

Ich nahm nun den Schlüssel an mich, öffnete die Tür und klinkte die Leine ans Halsband.
„Komm, Wotan, wir gehen spazieren.“
Ich ließ mir ein Brötchen geben, die Pillen unauffällig dazu, zeigte Wotan eine Stange Lakritz und wir zogen ab und davon. Den verdutzten Rektor ignorierend. Wotan lief gut neben mir, zerrte weder voraus noch blieb er zurück. Wir erreichten einen Sportplatz, auf dem viele Hundehalter ihre Tiere zu dressieren versuchten, sich jetzt aber nicht eingefunden hatten. Noch hatte ich Wotan an der Leine, als ich das Brötchen aus der Hosentasche nahm, es zerbrach und genüsslich laut schmatzend ein Stück in den Mund steckte. Als Wotan jaulte, gab ich ihm auch eins. Nun war‘s an der Zeit, ihn zu „schnallen“; (Jägerwort für „von der Leine lassen“).

Was soll ich lange schwadronieren! Das Weiche vom Brötchen behaltend warf ich dem freilaufenden und spielsüchtigen Wotan die Krusten erst hin, dann in die Luft und dann so, dass er sie fangen musste – damit war er verratzt, was die Pillen anging; drei Stück täglich, hatte der Tierarzt verschrieben; es ging gegen Wurmbefall. Ich platzierte nun, während Wotan seine Beute noch kaute, je eine Pille in drei Teigbrocken und formte diese zu Kugeln. Hei, wie sie segelten und Wotan ins Maul fielen!

Da kehrten wir heim zu Herrn und Frau Rektor, welche für mich keinen Kuchen gebacken hatten! Nur alten Zwieback aufgemüpft und dünne Magermilch eingelassen hatten! Ich ging wort- und grußlos davon und überließ alle drei ihrem Schicksal. Als ich Otto den Fall vortrug, sagte er:

„Est mundi ingratitudo benefacit.“

„Und das heißt, Bruder?“

„Undank ist der Welt Lohn, merk dir das, Bruder!“

Vater mischte sich ein:

„So heißt ein Märchen Ludwig Bechsteins folgenden Inhalts: Einem Bäckergesellen wird die Arbeit gekündigt, weil er zu ehrlich ist. Unterwegs trifft er einen Esel, einen Hund, eine Katze und einen Hahn. Er lässt den Hund auf dem Esel reiten, darauf die Katze und schließlich den Hahn. So lassen sie eine Hochzeit hochgehen, der Wirt flieht...“

„Kommt uns bekannt vor“, sagten Otto und ich.

* * * * * *

Bruder Otto hatte mir vor Schulbeginn den Sinn von Zahlen, Auguste denjenigen von Buchstaben beigebracht. So kam ich gut in der Schule mit und entschied schließlich, ohne es Vater mitzuteilen, dass Schreiben und Lesen in meinem Leben wichtiger als Zählen und Rechnen sein sollten. Es ist auch wichtiger für den Fortlauf dieses Buches. So schiebe ich denn hier ein, dass mich vor allen meinen Tierabenteuern diese Fragen interessierten:

Erstens: „Wie das Pferd zum Menschen kam?“

Zweitens: „Wie der Hund zum Menschen kam?“
Drittens: „Wie die Katze zum Menschen kam?“
Viertens. „Wie das Rind zum Menschen kam?“
Fünftens: „Wie kam das Schwein zum Menschen?“
Sechstens: „Wie kam das Schaf zum Menschen?“
Ich könnte mich noch um andere wichtige Hausgenossen des Menschen kümmern, doch weil sie in meinen Aufzeichnungen relativ unwichtig sind, unterlasse ich es. Zu den sechs genannten Tierarten habe ich mich ab 7 bis 10 schlau ziemlich gemacht, - weil mir ja auch das Lesen flott von der Hand ging -, und weil sie mir ein kindliches und jugendliches Leben voller Abenteuer bescherten. Ich kann nicht umhin, auch meine Leserschaft in dieser Beziehung zu belehren und mit modernen Erkenntnissen bekannt zu machen.

Das Pferd. Die Bibel behauptet ganz richtig, dass alle Tiere vorm Menschen auf der Erde gewesen seien – nur über Zeiten macht sie keine Angaben. Vor etwa 60 Millionen Jahren, schreibt ein Lexikon, bevor es Menschen gab, lebte in den Urwäldern der Erde ein Tier, das die Größe eines Fuchses besaß. Es war nur 35 Zentimeter hoch und wurde später Eohippus genannt. Es war noch kein Einhufer, wurde aber im Lauf Jahrtausender Evolution immer größer, bis aus ihm der echte Einhufer Pliohippus entstanden war. Vier Urtypen soll das heutige Pferd gehabt haben: Nordpony, Tundrapony, Steppenpferd und Ramskopfpferd. Wer zähmte die ersten Pferde? Niemand weiß es zu sagen. Nur soviel haben Knochenfunde verraten, dass sie schon vor mehr als 30.000 Jahren als Haustiere vorkamen. Als Reittiere? Wohl nicht, denn vor dem Luxus des Reitens und Ziehens stand der Hunger des Menschen und zwang ihn, alle Mitbewohner der Erde als Fleischlieferanten zu betrachten. Erst danach begann der Weg des Pferdes zum Begleiter, Reit- und Zugtier und als Kriegskamerad.

Der Hund. Während das Pferd eigentlich als essbare Beute betrachtet und bejagt wurde, scheint der Hund einen anderen Weg beschritten zu haben: Er ist als selbständiger Wolf und Fleischfresser nicht eingefangen worden, sondern hat sich selbst gestellt, weil es im Umfeld menschlicher Siedlungen leichter zu leben war, als in Urwäldern und unendlichen Steppen dem Wild nachzujagen. Eine echte Zähmung war gar nicht nötig, wenn man den Wolfseltern ihre Kinder stahl und sie selbst aufzog. So ist in Tausenden Generationen ein neues Tier entstanden, das heute den echten Wolf als argen Feind ansieht und ihn zu bejagen hilft. Durch Auswahl sind bei allen ehemaligen Wildtieren neue Rassen entstanden.

Die Katze. Sie hat sich, da ist man sich einig, am meisten als das erhalten, was sie einst nur war: als Mäusefänger. Und weil Mäuse des Menschen Kulturfolger waren, folgte ihnen die Katze zum Menschen. Das soll so ungefähr noch gar nicht lange her sein, vielleicht 15.000 bis 10.000 Jahre, zu wenig, um ein ganz neues Tier entstehen zu lassen. Doch stimmt es nicht, dass die europäische Wildkatze die Vorfahrin unserer Hauskatze ist: Das ist die orientalische Falbkatze, die im langsamen Vordringen, unter Gefahren und Verboten zu uns „in den kalten Norden“ vorgedrungen ist.

Das Rind. Unsere Vorfahren „waren ja nicht von Pappe“, wenn sie als Jäger Fleisch machen mussten und die großen Herden von Friedtieren oder Grasessern verfolgten. Die Entnahmen aus den Herden können diese nicht dezimiert haben, wie auch tierische Beutemacher der Vorzeit nicht in der Lage waren, die Bestände in Gefahr zu bringen. Unsere Vorfahren haben guten Blicks erkannt, was man mit Wildrindern, die im Prinzip einen friedlichen Charakter haben, alles Nützliches anstellen kann: Sie aufessen, den Kühen die Milch stehlen, die Bullen durch Kastrieren zum Ochsen anstellig machen und sozusagen jedes Fitzelchen ihrer

Körper nutzen: Von A wie Augen in der Suppe, B wie Beef, E wie Euter als Milchspeicher, G wie Gehörn, H wie Hufe und Haut fürs Leder, K wie Küttel zum Düngen, M wie Milch, O wie Ochsenschwanzsuppe und P wie Pansen – ein hundertprozentiges Nutztier eben!

Das Schaf. Unser Hausschaf ist die domestizierte Form des Mufflons, ein jagdbares Wildschaf, das sich in seiner alten Form erhalten hat und trotz Jagd geschont wird. Es übertrifft an Lebensfähigkeit Reh- und Rotwild, was jeder in Korsika bestätigen kann. Die Rolle des Schafs in der Geschichte ist bedeutend: Als Lieferant von Milch, fürs beliebte Lamm- und Hammelfleisch, die Wolle nicht zu vergessen und jene kompletten Felle, welche Millionen unserer Vormenschen vorm Erfrieren geschützt haben. Heute sind diese Eigenschaften Nebensache geworden, denn Schafherden sind die besten Landschaftspfleger und die billigsten wohl auch.

Das Schwein. Volkstümliche Formulierungen wie „Mensch, haste Schwein gehabt!" bezeugen die uralte Verbundenheit zwischen Mensch und Schwein. Noch vor wenigen Jahrzehnten, als unsere Landwirte ihren Schweinen zwar auch nur enge Ställe, aber dazu einen Freilauf auf Weideflächen zum Spielen und Tollen boten, konnte auch ein Städter sehen, wo sein Schnitzel, das Kotelett und die leckeren Würste herstammen. Einen 5.000er-Stall heute mag kein Laie betreten. Woher es stammt, weiß heute freilich jeder, vom Wildschwein, das wie früher in jedem Forst und Wald überleben kann. Doch seine Domestizierung schuf ein ganz neues Tier: Aus schwarz wurde weiß, aus Zottelfell glatte Haut, aber wer mit Hausschweinen zu tun hat, wird bemerken, dass die scharfen Sinne seiner Vorfahren nicht weggezüchtet worden sind. Seine Domestizierung wird sich in verschiedenen Gegenden der Erde simultan vollzogen haben. Den Begriff „dummes Schwein" kann nur jemand gebrauchen, der diese Tiere nicht kennengelernt hat – ich gehöre nicht zu diesen Ignoranten! Ich muss am Schluss dieser Tier-Vorstellung verraten, dass alle diese hier vorgeführten Tierarten den Großteil meiner kommenden Abenteuer mit Haus-, Heim- und Nutztieren, denen ich Schmusetiere zugeselle, bestreiten werden.

* * * * * *

„Keine Angst vor großen Tieren!“ Dieser allbekannte Ratschlag wird von jenen, die ihn anwenden und verbreiten, seltener befolgt als von Leuten, die ihn nie gehört haben. Ging es mir so? Nicht ganz, wenn man Angst durch „Respekt“ ersetzt. Wann sah ich das erste große Tier? Im Zoo, auf einem Bauernhof? Nein, direkt vor der Haustür. 1936, auf meinem Schulweg, den ich schon am zweiten Tag allein gehen musste, begegneten mir mehr Pferdewagen als Automobile: Denn Lieferanten, ja selbst der größte Spediteur der Stadt, der für Fernfahrten schon die großen Lastwagen nutzte, mochten sich von ihren „Hafermotoren“ nicht zu Gunsten der „Benziner“ trennen; zumal einige von ihnen die Zeit nahen sahen, wo der Staat jeden Kanister Benzin und auch Autos selbst mit Beschlag belegte.

Das erste große Tier, das ich bewusst im Alter vor 1 betrachtete, war Wallach Max, der mit seinem Wagen vor unserer Einfahrt wartete, bis Kutscher Max seine Fracht in Vaters Büros abgeliefert hatte. Auguste wollte mit mir ausgehen und nutzte die Gelegenheit, sowohl mich zu unterrichten als auch mit dem Kutscher einen Schwatz zu halten. In der Zwischenzeit erklärte sie sehr pädagogisch den Kreislauf vom Werden und Vergehen:
„Sie mal, er frisst aus dem Sack, den man ihm vor den Mund gebunden hat, seinen Hafer ähnlich dem Haferbrei, den ich dir manchmal zubereite...“
Max hob den Schwanz etwas an und kackte.

„...und jetzt ist das Pferd so nett, dir zu zeigen, was dann hinten wieder herauskommt, ähnlich deinen Häuflein, welche du in die Windeln machst.“
Und Auguste wurde plötzlich hysterisch, als nämlich eine Rotte Spatzen, die stets ihre Mittagsruhe störten, sich mit vollem Einsatz auf die Kacke warfen, die Max hatten fallen gelassen.
„Schau dir das an, Bub, diese Pferdeküttel, wie sie heißen, bleiben nicht lange liegen, weil die Vögel sie noch aufessen.“
Diesen ersten Biologieunterricht verglich ich später mit jenem, der uns in Schulen serviert wird und erkannte dabei, wo die meisten Schwätzer unserer Gesellschaft ihr Unwesen treiben. Natürlich sah ich beide Max‘ noch wieder und mit dem vierbeinigen freundete ich mich so an, dass er bei der Durchfahrt unserer Straße immer vor unserem Haus anhielt. Dann konnte sein Kutscher Max fluchen wie er wollte, er blieb stur stehen. Über ein Büschel Löwenzahn entwickelte sich unsere Freundschaft, es wuchs im Eingang und ich riss es aus dem Boden, schüttelte die Erde ab und schob es vor Max‘ samtenes Maul. Später übernahm Lakritz die Rolle der Unkrautpflanze. Beide Max‘ sind aus dem Krieg des A.H. nicht zurück gekehrt – sie ruhen unsanft in Russlands Erde.

Durch Auguste lernte ich das Reiten kennen, in der Pleistermühle, wo ein Ponyhof eingerichtet war. Dort saßen kecke zweijährige Mädchen auf mittleren Ponys, während Jungens erst mit 4 oder 5 es wagten, sich auf Minipferde setzen zu lassen. Hier muss ich jetzt verlauten lassen, dass Aussagen aller Pflegekräfte im Bereich der Haltung „arbeitender“ Tiere einstimmig sind. Diese Tiere, zumal wenn sie nicht nett behandelt werden, wissen sich zu wehren: durch Ungehorsam, Beiß- und Tretlust, eine Stimmung also, die man in menschlichen Betrieben „innere Kündigung“ nennt. Hierzu im Vorgriff von acht Jahren ein passendes Ereignis. Es war auf dem schon erwähnten Bauernhof in Kattenvenne, wo ich, landwirtschaftlicher Lehrling geworden, von vorn auf das schon angeschirrte Zweigespann Klaus und Meta zuging. Als ich Klaus an seiner linken Kopfseite erreichte, biss er mich in den linken Oberarm. Das kniff trotz wattierter Winterjacke ganz schön durch und erzeugte einen Bluterguss. Jungbauer Fritz, kurz Fitten genannt, hat‘s gesehen und bewies nun seine pädagogischen Fähigkeiten als Ausbilder und Erzieher.

„Du gehst nun“, befahl er, „in den Werkzeugschuppen, ziehst dir rechts, wenn das deine Schlaghand ist, den derben Handschuh über und gehst noch einmal wie unabsichtlich an Klaus vorbei. Wenn er beißt, wuchtest du deine Hand mit aller Kraft und Theatralik auf seinen Kopf unters Auge.“

Das geschah tatsächlich theatralisch. Klaus stieg vorne wie ein österreichischer Schimmel hoch und wieherte empört auf, während ich schon an ihm vorbeigegangen war.

„Gut gemacht“, kommentierte Fritz, „nur immer so, wenn‘s sein muss. Hauptsache ist bei aller Tiererziehung, dass die Strafe der Tat sofort folgt, sonst begreift kein Tier wie Pferd, Ochse und Hund den Zusammenhang.“ Ich setzte noch, weil mir Klaus leidtat, dem Vorgang sozusagen die Krone auf: Indem ich zu Klaus hinging, ihn streichelte, irgendwelchen Unsinn ins Ohr flüsterte und ihm und seiner Kollegin Meta je ein Eukalyptus-Lutschbonbon spendierte – nie wieder gab‘s nur einen Hauch von Befehlsverweigerung.

* * * * * *

Mein langsames aber unaufhaltsames Älterwerden stärkte mein Verhalten zu Tieren. Was ich mit „jagdbaren“ Tieren, meist Säugern, erlebte und mit den zahllosen Reptilien und

Amphibien habe ich in separaten Büchern dargelegt. Ein Zoologischer Garten, das erfuhr ich in den Jahren bis 1939, beherbergte auch allerlei Haus- und Nutztiere oder ihre Vor- und Urformen, so dass ich durchaus informiert war, als ich ab 1945 mit ihnen beruflich zu tun hatte. Das werden die entsprechenden Kapitel zeigen. Das für mich nicht gut ausgegangene Abenteuer mit Rektor Konermann und seinem Wotan konnte mich nicht davon abhalten, Ähnliches noch einmal zu erleben.
„Da tust du recht“, stimmte Frau Doris zu, „nicht alle Menschen sind solche Mickersammies wie diese.“
Wollte ich etwas Geld verdienen, - auch das muss ja gelernt sein -, musste ich mich mehr im Tierheim aufhalten als im Zoo, wo jedermann erwartete, dass fremde Leistungen Ehrensache sind und nicht honoriert werden müssten.

Sich in einem Tierheim um Hunde oder Katzen zu kümmern, waren zwei grundverschiedene Dinge: Mit Hunden konnte man ausgehen, mit Katzen nicht. Ich hab‘s versucht, sie an einer längeren Leine auszuführen – es klappte nicht. Ich konnte nur diejenigen eine Weile an die frische Luft bringen, welche schmusen wollten und keine Ambitionen zur Flucht besaßen. Nur zur Sicherheit war „Micki“, drei Jahre alt, mit einem Halsband versehen, in das ich eine Leine eingeklinkt hatte. Wir saßen auf einer Bank am nahen Kanal und betrachteten Schiffe, Schiffer, Ruderer und Spaziergänger auf dem ehemaligen Treidelpfad, auch Radfahrer und junge Mütter, die ihre Kinder spazieren fuhren. Hier kam just eine an, welche auf eine unbesetzte Bank spekuliert hatte. Ich rutschte mit Micki zur Seite, damit Kleinheini, der eineinhalbjährige Junge der jungen Mutter, sich hier mit ein paar Bauklötzen ausbreiten konnte. Zunächst kümmerte sich Heini nicht um Micki, aber als diese ihm den angenagten Leibniz-Keks sehr höflich aus der Hand nahm, erwachte sein Interesse. Heini quengelte nicht, wie ich erwartete, nahm den Keks wieder an sich, nagte ein Stück ab und gab ihn Micki zurück.

Dieses unvergleichlich hübsche Idyll wurde von Heinis Mutter, - sie war jedoch „nur“ sein Kindermädchen -, dadurch verlängert, dass sie einen zweiten Keks aus ihrer Handtasche nahm. Sie und ich, - sie trug den eleganten Namen Eleonore -, schauten uns an und wunderten uns über Micki und Heini. Sie war der Typ, der mich interessieren konnte, wenn ich die entsprechenden Jahre älter oder sie jünger wäre. Während Katze und Kleinkind abwechselnd vom zweiten und dritten Keks abbissen, fragte sie:
„Ist das deine Katze?“
„Nein, sie gehört dem Tierheim da drüben, ich führe sie nur aus.“
„Das ist aber nett von dir.“
„Alle Leute sagen, ich sei nett. Sie können Micki mitnehmen, wenn Sie wollen, kostet nur 5 Mark.“
Weil Eleonore zögerte, fügte ich hinzu.
„Das Tierheim, das immer knapp bei Kasse ist, darf Tiere nicht verschenken. Wer einen Hund oder eine Katze für zu Hause haben will, sollte auch die paar Mark übrig haben.“
„Da hast du recht – kannst fein argumentieren. Bist du morgen wieder hier mit Micki?“
Das war ich und Micki und Heini freuten sich wie Geschwister, die sich eine Woche nicht gesehen haben. 5 Mark wechselten den Besitzer, 2 davon verehrte mir Doris als Provision. Sie erzählte mir dann beim Kuchenessen, dass sie schon ein paarmal junge Leute als Tiervermittler angestellt habe.
„Sie haben mich immer bemogelt und mir nie die volle Summe angegeben, diese Mogler und Schummler.“
„Glaubst du“, fragte ich besorgt, „dass ich auch so bin?“
„Nie und nimmer“, antwortete sie und nahm mich spontan in den Arm.

* * * * * *

„Vielleicht wäre es ganz nützlich“, schlug ich anderntags Doris vor, „wenn wir Fotos von unseren Tieren machten, die wir loswerden wollen. Wenn ich sie unterwegs, auch in der Schule, anderen Leuten vorzeige, können wir sicherlich einige mehr unter diese Leute bringen als jetzt.“
Sie war ganz von den Socken über meinen Vorschlag. Er war natürlich nicht uneigennützig: Mein Sinnen und Trachten wurde bereits heftig angefacht, wenn ich in der Stadt länger als meine Altersgenossen vorm Schaufenster der Fotogeschäfte verharrte und sie anstarrte: die Agfas, Kodaks, Leicas, Zeiss-Ikons, Voigtländer, Rolleis, Robots und Adoxs, welche auf mich zu warten schienen.
„Musst ordentlich sparen, Junge“, sagte der Ladenbesitzer neben mir, „aber für 100 kannste ne Agfa-Isolette kriegen. Haste die?“
„Mehr als die“, gab ich an, „aufm Sparbuch schon über 500 von Großvater, Großmutter, Tante Gertrud und Oma. Aber Vater hat‘s in seinem Schrank versteckt. Es kann sein, dass ich in den nächsten Tagen mit Frau Doris wiederkomme...“
„Wer ist Frau Doris, Junge?“
„Die Leiterin des Tierheims, kennste die?“
„Sprich mit ihr, mein Junge, da könnt ihr vielleicht das Geld abstottern.“

Am Abend dieses Tages:
„Vati, was ist abstottern?“
„Du meinst stottern?“
„Nein, abstottern sagte er.“
„Geld kann man abstottern“, rief Otto dazwischen.
Und ich erzählte die ganze Geschichte wahrheitsgemäß. Da wurde Vater nachdenklich und überdachte seinen früheren Entschluss „So etwas wie eine gute Kamera gibt es erst bei

der Konfirmation“. Wie auch alles lief: Es wurde am nächsten Tag illusorisch und überholt. Und das kam so, als ich „Donar“ zum ersten Mal an den Kanal ausführte.

„Den solltest du mal hernehmen“, riet Doris, „wenn wir ihn loswerden wollen, musst du ihm erst einmal Manieren beibringen.“

Donar schien dies gehört und verstanden zu haben. Er war ein mittelstarker Hund einer Rassemixtur, wie sie von ernsthaften Besitzern und Züchtern ungern gesehen wird: dies und das – von jedem was. Doris und ich, wir blieben vor seinem Zwinger stehen und waren uns uneinig, ob man seinen Blicken trauen könne: Eine Mischung aus „Böse-Götter-Grimasse“, „Sehnsuchtsblinzeln“ und „Fürchte-dich-nicht-Versprechen“. Als ich mein Gesicht bis an den Draht heranschob, so dass mich sein Atem umwölkte, mochte er den Herrn markieren, - Machtanspruch ist ja immer mit Furcht verbunden -, und er kläffte mich frech an. Ich aber bellte und knurrte in Originalhundesprache zurück, ließ meine Milchzähne blecken und rasselte mit den Händen am Drahtgitter. Sowohl Donar als auch Doris waren baff bis obenhin, ich nahm ihr die Leine ab und wollte nicht etwa nach dem Öffnen der Drahttür gebückt in den Zwinger steigen – warum das nicht? Weil dann der Mensch eine Körperstellung innehat, die jedes Räuberherz höher schlagen lässt.

„Komm bei Fuß!“

Ein Kommando, das schon von Millionen Hundeseelen befolgt worden ist. Donar trat heran, ließ sich Leine anlegen und weinte fast vor Begeisterung, als ich ihn abklopfte: Mein vollkommener Sieg zeichnete sich ab!

„Bleib bei Fuß!“

Aber auch ich musste nachgeben: Donar pinkelte sich an jedem Baumstamm, jeder Mauer und jedem Papierkorb aus, als hätte er seine Pippi just um diesen Marsch aufgespart. Die bewusste Bank war vakant, ich setzte mich, Donar setzte sich auf meine Schuhe und wartete der Dinge, die ich aus meiner Joppe hervorzaubern würde. Doris hatte mir ein paar Entwurmpillen mitgegeben, die ich nun in Brötchenhappen versteckte und Donar mit „Iss Donar!“ anbot. Dann machten wir uns zu einem Dauerlauf auf die Socken, der uns prustend und hechelnd in dreißig Minuten um den angrenzenden Wald brachte, wozu so genannte Spaziergänger die doppelte Zeit gebraucht hätten.

Da war wieder die Bank – doch halb besetzt! Ein älteres Ehepaar, das nach Hund roch und Donar und mich anerkennend betrachtete.

„Ist das dein Hund?“, fragte er.

„Oder führst du ihn nur aus?“, fragte sie.

Ich erklärte die Lage und verschwieg, dass ich für 1 Mark die Stunde jeden ausführen würde.

„Wir haben auch einen“, fuhr er fort, „können ihn aber nicht spazieren führen, weil unsere alte Karkasse nicht mehr mitmacht.“

„Sagte der Alte Fritz auch“, antwortete ich, „als er alt und sein Fahrgestell eingerostet war.“

Sie blickten verdattert drein.

„Wir suchen einen netten Jungen“, erklärte er dann, „der nachmittags, wenn er seine Schularbeiten gemacht hat, unseren Bello zum Kacken und Pinkeln ausführt, so ein zwei Stunden lang.“

„Könnt ich wohl machen“, sagte ich.

„Du bekommst dann Kaffee, Kuchen, Butterstullen und pro Stunde 2 Märker. Abgemacht?“

„Abgemacht.“

Es stellte sich heraus, dass sie nicht weit von uns in der Innenstadt wohnten und Bello und ich entweder einen Promenadenrundgang oder einen Marsch durch den Schlossgarten machen konnten. Donar und seine Kollegen

mussten derweil ein wenig zurückstehen. Wenn ich Bello ablieferte, der mein echter Freund wurde, entstand in der antik wirkenden Wohnung noch ein gemütlicher Schwatz. Bei einem kam das Fotografieren zur Sprache und ich verriet versehentlich, „dass Vater mir keine Kamera kaufen will, wegen drohender Kriegsgefahr, (das war 1938), wie er sagt“, und ich bis zur Konfirmation 1945 warten müsste. Da holte er seine Leica-Ausrüstung hervor und zeigte sie mir.
„Sie wird dein werden, Junge, wenn ich den Auslöser nicht mehr drücken kann.“

* * * * * *

1938 und 1939! Es war alles gutgegangen mit der Tschechoslowakei, doch nun wurde um Polen herumgenörgelt. Das kratzte uns Jungens wenig, doch Otto, Jahrgang 1923, begann um seine Zukunft zu bangen. Für mich wurde es ein Jahr, in dem Weichenstellungen stattfanden, die wir freilich nicht als solche ansprachen. Vater stellte in seinem Betrieb einen 16-Jährigen als kaufmännischen Lehrling ein, der August hieß und aus Kattenvenne und von einem mittleren 60-Morgen-Bauernhof stammte. Noch ahnte niemand unserer Familie, welche Folgen daraus entstehen sollten. Zunächst einmal konnte ich die Osterferien in Kattenvenne verbringen. Dies ist ein Dorf, heute zu Lienen gehörig, das an der Bahnlinie nach Osnabrück liegt, nahe Lengerich, und damals selbständig war. Rundum gab‘s viele Kleinbauern, die ohne Nebenverdienst nicht existieren konnten, dazu mittlere Landwirte, welche den größten Teil ihrer Ernten und Tierzüchtungen verkauften. Zwei Großagrarier, wie man sie nannte, bildeten mit 1.000- und 400-Morgen-Höfen die Ausnahme. (Zur Information: Ein Morgen = 2.500 Quadratmeter, vier Morgen = ein Hektar).

Der Hof, auf dem ich nun eine Woche lang mich austoben und vor allem lernen konnte, wurde von August und Bernhardine Hilgemann geführt, deren Sohn Fritz Hoferbe werden würde, und die außerdem einen weiteren Sohn Walter und eine Tochter Frieda ihr eigen nannten. Hier im Tecklenburger Land galt das Jüngstenerbrecht, so dass eigentlich Vaters neuer Lehrling August Junior Hoferbe hätte werden müssen. Aber man hielt ihn als „zu intelligent", Landwirt zu werden und man machte ihm das „Leben in der Stadt mit einem ordentlichen Beruf" schmackhaft.

Ich war also nun dort, bekam ein deftiges Mittagessen vorgesetzt und, während man Mittagsschlaf hielt, durfte ich die örtliche Tierwelt kennenlernen. Als da waren, hausten, lebten und sich vermehrten: Pferde, Kühe, Rinder, Kälber, Sauen, Ferkel, Hund, Katzen, Gänse, Enten, Hühner, eine Dohle namens Jakobus, Perlhühner, ein Pfauhahn und Mäuse über Mäuse; über Letztere verweise ich auf mein Buch „Ein Mäusekrieg". Hier hatte ich sie also alle beisammen, die ich vorher benannte und Helden dieses Buches geworden sind: Heim-, Haus- und Nutztiere!

Meine Begrüßung durch sie fiel unterschiedlich aus: Die Großtiere tummelten sich bereits bei Frühlingswetter auf den grünen Weiden und weideten; Katze „Mieze" umschlich mich misstrauisch; Jakobus, der ein Plappermaul war, trompetete mein Kommen in der Welt; ein Trupp schneeweißer Enten watschelte rasch auf den Teich, aber die ebenso schneeweißen Gänse unter Anführung ihres Ganters „Ganter" kamen in breiter Front auf mich zu und beobachteten, wie Ganter mich anfiel und die Schnürsenkel meiner Schuhe aufzuknüpfen versuchte. Ich gab ihm eins von Mutters Osterplätzchen, das er nur deswegen auf dem Erdboden zerbröselte, um seiner Vielweiberei solch ungewohnte Leckerei anzubieten. Der Pfauhahn rief dazu einmal „Mi-i-i-miau" und schwang sich aufs Scheunendach.

Das schien das Signal für die Perlhühner zu sein, in den Hühnerstall zu flüchten, als sei ein Habicht am Himmel aufgekreuzt.

Und der namentlich noch nicht genannte Hofhund, dessen Kette, an seiner Hundehütte befestigt, ihm nicht erlaubte, zu mir vorzudringen. Er stand stumm vor da, hatte mich beim Aussteigen aus Vaters Auto nicht verbellt, aber durch pausenloses Schwanzwedeln meine Aufmerksamkeit zu erregen versucht – er wurde der Erste einer Reihe von „Nellis“ oder „Nellys“, die meinen Lebensweg gekreuzt haben. Ich ging zu ihm, wo er mich in ungestümer Begeisterung begrüßte und mir ans Hosenbein pinkelte. Ich löste ihn von der Kette und beide stürmten wir wie Kindergartenkinder zum Tor hinaus ins freie Feld. Diese Heldentat hat Nelli mir nie vergessen.

Ich werde hier meine ersten Abenteuer auf Hilgemanns Hof nicht ausbreiten, zumal sie sich Ostern 1939 in gewisser Art und Weise wiederholten. Meine werte Leserschaft wird erst ab 1945 in den Genuss kommen, sie literarisch zu genießen – ich lebte nach dem Krieg bis 1948 auf diesem Bauernhof!

Schul- und Freizeit von 1940 bis 1948

Meine Gesamtschulzeit habe ich in unguter Erinnerung. Der Grund hierfür? Ist natürlich bei mir selbst zu suchen. Mit meinen Interessen, zum Beispiel beim Biologie-Unterricht Änne Nüssens, ein ältliches Fräulein, konnte ich mit Abstammung afrikanischer Termiten wenig anfangen, während sie Ratten so ekelhaft fand, dass sie die entsprechenden Seiten aus den Tieralben herausriss. Der Direktor des Gymnasiums begrüßte zwar meine „fabelhafte Idee“, seinen Garten wühlmaus- und maulwurffrei zu machen, aber er meinte, ein Honorar dafür stände mir nicht zu, weil ich ja Mäuse an Tiergeschäfte und den Zoo verscherbelte.

Nazigeschichtslehrer Fred Dunner begrüßte zwar meinen Einsatz für Theoderich den Großen, kritisierte aber meine geringe Begeisterung für Andreas Hofer.

Nun, das hat alles mit Tieren wenig zu tun. Der Zoodirektor war mein Freund, ich der seine, und so durfte ich ab 1940, als ich einen ordentlichen Geistes- und Wachstumsschub gemacht hatte, bei ihm „große Heim-, Haus- und Nutztiere" pflegen helfen. Oh, wie sie sich vor Wohlbehagen krümmten, schnurrten, gurrten, prusteten und die Haare aufstellten, wenn ich sie striegelte, schrubbte, bürstete oder einfach so mirnichtsdirnichts kraulte! Und ihr Verhalten steigerte zur Wohlfühl-Raserei, wenn ich meinen Lakritzvorrat unter sie verteilte.

„Wer hat schon einmal", fragte ich mich und meine Familie zu Hause, „ein Dromedar, einen Mantelpavian, ein Zebra, eine Giraffe oder einen Schimpansen beim Lakritzstangen-Lutschen, Salmiakpastillen-Ablecken und Malzbonbon-Knabbern beobachtet?"

Weil ich selbst auch zu den Konsumenten gehörte, Bruder Wolfgang ebenfalls, wäre unser beider Etat bald knapp geworden, wenn Wolfgang mit seinen Öl- und Aquarellbildern und ich mit meinen Mäuse-Einkünften nicht Nebeneinnahmen gehabt hätten.

In dieser Zeit, wo der Luftkrieg noch nicht ganz ernst genommen wurde, haben wir mit Vaters Erlaubnis wohl ein Dutzend Hunde aller Kaliber für eine Woche, - mehr Urlaub machten die meisten Leute gar nicht mehr -, in Pflege genommen. Das brachte viel Taschengeld ein und Vater bequemte sich dann auch, mit ihnen abends spazieren zu gehen. Das sah dann so aus, wenn wir einmal um den Hindenburgplatz gingen: Vater voraus mit Boxer „Vicky" an der Leine, der mächtig zog; Mutter mit Pinscherin „Murksi" im Schlepp, dann ich mit Dackelmischling „Theo" bei Fuß und schließlich Hermann, inzwischen 6 geworden, mit Karnickelbock „Böckling“ auf dem Arm hinterdrein. So ging‘s bis Anfang 1941, dann wurden solche in die Dämmerung reichenden Gänge wegen „wachsender Luftgefahr“ verboten. Das war richtig so, denn der Aufenthalt bei oft viel zu früh schießender „Flak“ (Fliegerabwehrkanone) war wegen der vom Himmel prasselnden Granatsplitter lebensgefährlich. Nachdem ganz allgemein viele Hundehalter sich weigerten, sowohl zu zahlen als auch sie gar nicht zurücknehmen zu wollen, mussten wir diese Gefälligkeiten aufgeben. Vater erinnerte in diesem Zusammenhang an den ersten Krieg von 14/18, in dem es solche Hungermonate gab, dass, wie er sagte, Hunde statt an der Leine in Kochtöpfen und Bratpfannen landeten.

Einer von ihnen, der sich bei Schulhin- und Zurückgängen manchmal mir anschloss und den ich Nelli II. nannte, wurde auf offener Straße von SS-Männern totgeschossen. Wohl, weil er aus mir unbekanntem Grund schwarze Lackstiefel nicht ausstehen konnte. Vorm Gauleiterhaus am Aasee hielt eines der schweren Autos, mit denen A.H. sich kutschieren ließ, und als Fahrer und Fahrgast, (ein „hohes braunes Tier“), aus dem Haus traten, pinkelte ein Hund an die hintere Radkappe. Wie im Wildwestfilm zog der Fahrer seine Pistole und erschoss ihn.
„Dein Hund?“, fragte der Obere.
Ich verneinte und er schien den Waffeneinsatz nicht zu billigen. Noch im selben Jahr sah ich einen wütenden Hund, der ein anderes Parteiauto im Sprint verfolgte und sich im Hinterrad festbiss. Er wurde dreimal mit herumgedreht und blieb dann auf der Straße liegen.

Ein Pferdeerlebnis aus dieser Zeit muss ich noch erzählen. Das Pferd, eine Stute, hieß Amanda und arbeitete für den schon erwähnten Spediteur. Sie stand mit ihrem Chef Pe-

ters eines Morgens vor unserer Einfahrt und Herr Peters sprach mich an:
„Junge, meine Amanda ist heute sehr nervös, kannste mal auf sie aufpassen, wenn ich zum Abladen ins Haus muss?“ Konnte ich gerne. Sie bekam den Hafersack ums Maul gebunden, als alle Sirenen des Stadtteils aufzuheulen begannen. Amanda war frisch vom Land eingestellt worden und kannte nur ruhige Gegenden. Nun ging sie vorne hoch, wollte mich wegschleudern, ich aber hielt mich eisern an ihrem Geschirr und ihrer Oberlippe fest. Zudem hatte ja der Fahrer die Handbremse angezogen, so dass Amanda auch mit dem Wagen nicht türmen konnte. Weil ich sah, dass ihr mein Griff an die Oberlippe sehr schmerzte, fasste ich noch fester zu und bezwang sie damit. Unterdessen schoss die Flak ihre Salven auf für uns nicht sichtbare Flugzeuge, so dass hier mit einem Hagel von Flaksplittern zu rechnen war – sehr ungemütlich das! In einer spontan aufkommenden Idee zog ich meine Joppe aus und warf sie Amanda über Augen und Ohren. Sie beruhigte sich augenblicklich, so dass ich ihr eine Stange Lakritz ins Gebiss schieben konnte. Der Fahrer kam zurück und schirrte auf meinen Rat Amanda aus und wir stellten uns während der Schießerei in unseren Eingang.

Können Tiere dankbar sein? Kurz und sehr gut: Für dieses Pferd blieb das Ereignis drei Jahre lang unvergessen: Denn bei jeder Fahrt durch unsere Straße hielt es vor unserer Hausnummer 8 an und erwartete mein Erscheinen. Kam ich nicht, was meist der Fall war, zog Amanda nach fünf Minuten unter sehnlichem Schnaufen und lautem Hufescharren weiter – bei einem der 1944er Angriffe ist sie gefallen…

* * * * * *

Von all diesen Querelen eines Krieges bekam ich in Kattenvenne nichts mit, wo ich Ostern noch einmal Ferien machen durfte. Vater bezahlte diese Woche zwar, aber Lehrling August Junior brachte jede Woche ein Fresspaket mit, an dem er auch als Mittagsgast des Hauses teilnahm. Hofhund Nelli I. empfing mich am Bahnhof, - inzwischen hatte Vater sein Auto abgeben müssen -, und bepinkelte mich wieder mit Begeisterung. Ich wurde richtig stolz, von Tieren derartig empfangen zu werden. Auch die beiden Arbeitspferde Klaus und Meta erkannten mich wieder und kamen von der Weide her angetrabt, als ich mich dem Hof näherte. Schnell ein Bonbon unter die Lippen geschoben. Ich wollte diese eine Woche auf dem Hof besonders genießen, denn nach den Ferien sollte ich in die Sexta des Schillergymnasiums aufgenommen werden – eine Alptraumvorstellung für mich, weil die Mitglieder dieser Schule als elitär galten, meist eine große Backe hatten und nichtreiche Neulinge mit Arroganz behandelten. Nun, eine Woche reichte, mich als „zu früh aufgenommen" zu klassifizieren und heimzuweisen. So kam ich im ersten Halbjahr 1941 in den Genuss der ersten Kinderlandverschickung (KLV) des A. H.- Regimes, noch auf freiwilliger Basis. Von dieser Expedition nach Hessen ist nichts Wesentliches über Tiere zu berichten. Außer, dass ich bei einem Bauern zum ersten Mal ein Gespann führen durfte. Dieser Altbauer besaß keinen Hoferben und hätte mich glattweg „an Sohnes statt" angenommen…

1941 dann, A. Hs. Sonne ging im Osten auf, kam ich in die Sexta und war dadurch im Schnitt ein Jahr älter als die Klassenkameraden. Der Direx und einige der Studienräte hatten sich über mich schlau gemacht und benutzten meinen guten Draht zum Zoo, um ihre tierischen Lieblinge nach dorthin loszuwerden: Junge Waschbären, Meerschweinchen, Streifenhörnchen, Hamster, Kaninchen,

Frettchen und sogar weiße Ratten, so dass der Zoodirektor in eine Zwangslage kam, weil er sich nicht den Groll der städtischen Beamtenschaft zuziehen wollte.
„Soll ich ihnen sagen", fragte ich ihn, „dass der Zoo im Notfall und bei kommendem Futtermangel alle Kleinsäuger verfüttern müsste?"
Es genügte, es dem Direx mitzuteilen.

Im Herbst 1941, - deutsche Soldaten mühten sich vor Moskau ab, die Stadt zu erobern -, geschahen im Schlossgarten wahre Wunder. Tiere, die dort nie gesehen worden waren und einen Winter schwerlich überstehen würden: kurz gesagt all jene, die ich oben aufgeführt habe.
„Wir Deutsche gelten als tierlieb", sagte Egon Krassmann vertraulich, „aber vielleicht ist es nur der Eine ganz oben – er soll einen gut erzogenen Deutschen Schäferhund namens Blondi haben."
„Hoffentlich ist das Tier arisch", mokierte sich Otto, der bereits des A. H. Uniform trug.

Meine Nebentätigkeit im Zoo sorgte auch dafür, dass viele geheime aber bisher unterdrückte Wünsche nicht in Erfüllung gehen konnten – Wünsche, bestimmte Tierarten zu Hause und im Garten halten zu können und zu dürfen. Wenn ich im Bett lag und kein Sirenengeheul meine Wachträume unterbrach, spielte ich mit jungen Waschbären, Fischottern, Baum- und Steinmardern, Erdmännchen, Dachsen, Jungfüchsen und Braunbären, denen, so meine Vorstellung, es bei uns zu Haus doch besser gefallen müsste als in einem Zoo. Eine halbe Stunde „Zuschauen" befreite mich vom Irrglauben. Denn Egon Krassmann vermittelte ein Treffen mit dem Tierfilmer und Tierhalter Stanislaus K. auf dem Land, nur zwanzig Minuten mit dem Fahrrad entfernt. Es war ein alter Kotten, den Stanislaus fürs Filmen und Fotografieren hergerichtet und auf einer Grundfläche

250 x 250 Meter eingezäunt hatte. Dort gab es einen Wasserlauf mit Teich für den Fischotter; Erdhöhlen für junge Wölfe; einen Fuchs- oder Dachsbau und Kaninchen- und Hamsterwohnungen. Zur Zeit fehlten Stanislaus die Aufträge, klar, denn Seegefechte, Panzerschlachten und Bombardierungen machten mehr her auf den Leinwänden der Kinos als putzige „Jungtiere aus Wald und Flur". Jungfischotter „Lutra" durfte auf dem Grundstück und in der Wohnung nach Herzenslust toben – und das tat er 24 Stunden am Tag, abzüglich 60 Minuten an Ruhepausen.
„Wer solche Tiere hält", erklärte Stanislaus, „wie auch immer, hat keine ruhige Minute mehr. Ich kann nur warnen: Das hält man einige Zeit aus, dann hat man die Nase voll und sehnt sich nach einer Gehörlosenanstalt."

* * * * * *

Ich lernte noch vor meiner Abreise nach Bayern einen jungen Mann mit Vornamen Florian kennen, der, den Einzug in die Wehrmacht schon in der Tasche, seine Doktorarbeit über den Maulwurf vorher noch abschließen wollte. Dazu brauchte er lebende Versuchstiere des *Talpa europäus* und war vom Zoodirektor an mich verwiesen worden.
„Wenn du mir hilfst, drei oder vier Maulwürfe lebend zu fangen, kriegste für jeden 10 Mark."
Nun denn, ich wusste, wo sie gern wühlen und sich bei dieser Arbeit verraten: in den Bockholter Bergen. Die bestehen nur aus Sand, Bäumen, Gebüschen und Wanderwegen, auf denen kaum frisches Grün hervorkommt, weil die vielen Sonntagswanderer das Gras niedertreten. Wer nicht nur in die Ferne sieht, sondern wie ich auch auf den Erdboden, der kann dort jene Laufgänge der Maulwürfe erkennen, mit denen sie der Menschen Wege untergraben.

Wir waren an einer von Menschen leeren Stelle eines Wanderwegs angekommen, wo es alle zehn Meter einen

Maulwurfwanderweg zu sehen gab. Wir traten sie mit kräftigen Schuhtritten fest und platt, so dass der Weg darunter, - aus der „Sicht“ der Maulwürfe -, verschüttet war. Die Tiere mussten also, wollten sie weiterkommen, sich „Schritt für Schritt“ freiwühlen: Das war von uns „oben“ zu sehen. Man hatte lautlos bis zu der Stelle zu gehen und seine Schippe oder den Spaten **hinter** dem Maulwurf in die Erde zu treiben. Damit war sein Fluchtweg abgeschnitten. Ein Schwupps des Spatens schräg hoch beförderte den schwarzen Wühler ans Tageslicht, hier auf den Weg – wo er sich innerhalb einer Minute wieder eingegraben hätte, wenn wir nicht gewesen wären.

Florian wusste wohl, was nun zu tun war: Bekommt ein Maulwurf nicht innerhalb einer Stunde seine Würmer und Engerlinge zu fressen, regt er sich so auf, dass sein Herz, schneller schlagend als jeder Schrittmacher, noch ein paar Takte zulegt und dann für immer stehen bleibt. Er gab mir die 40 Mark und seine Adresse innerhalb der Universität und brauste wie ein Sechstagefahrer davon. Ich bin nicht mehr dazu gekommen, seinen Weg weiter zu verfolgen...

In diesen Wochen knappte man mir von meiner knappen „Zeit für Tiere“ noch viele Stunden ab: indem man mich zum Pimpf machte. Diese Gruppe von jungen Menschen ist es, die A. H. meint, wenn er von „zäh wie Leder, hart wie Kruppstahl und flink wie Windhunde“ fabuliert. Pimpf war man von 10 bis 14, ehe man mit 15 Jahren H.- Junge wurde, und die Uniform wurde nicht wie in der Wehrmacht kostenlos gestellt, sondern musste von den Eltern gekauft werden. Entsprechend der Tradition meiner drei Brüder zeigte ich wenig Fleiß in den wöchentlichen Dienststunden, so dass Fähnleinführer Franz Kupferschmidt aufmerksam und um unser „Fähnlein Frundsberg“ besorgt wurde. (Ein HJ-Fähnlein entsprach der Kompanie der Wehrmacht).

„Du arbeitest nicht von Herzen mit“, rügte er, „das sieht unser Führer nicht gern, verstehst du mich?“
„Ich habe schon“, antwortete ich, „in der Schule genug Malessen mit Dreiern, Vierern und Fünfern auf den Zeugnissen, und meine Tiere kann ich auch nicht allein lassen.“
„Dann bleib hinterm Ofen sitzen“, grollte er, „wirst niemals Jungzugführer werden!“
Diesen 17-jährigen Fanatiker wurde ich schneller los als gedacht und sah ihn erst wieder, als sein Idol sich selbst in die finsterste Ewigkeit befördert und sein Fähnlein auf ihn selbst zusammengeschrumpft war.
„Willste für mich aussagen im Prozess, dass ich meine Pimpfe stets human behandelt habe?“
Wollte ich wohl und tat es auch…

* * * * * *

Eine Woche vor meinem und meiner Schulklasse Abgang nach Bayern wurde noch eine Weiche gestellt:
„Gott dem Herrn gefiel es nach kurzem Leiden das Ehepaar ….. zu sich zu nehmen…“
Es war jenes Ehepaar, dessen Name ich damals nicht nannte und auch jetzt nicht nenne. Seine beste Tat war einst, mir ihre Leica-Ausrüstung zu versprechen, „falls wir sterben“. Beides war nun geschehen.
„Ich nehme sie mit nach Bayern, Vater“, sagte ich.
Vater winkte ab:
„Wer weiß, was dort mit der Ausrüstung geschieht, welche doch einmal der Grundstock für deinen Beruf werden soll.“
Oh ja, Vater war schon der klügste in unserer Familie! Es blieb noch Zeit, diese Leica auszuprobieren. Sie ist eine kleine handliche Kamera, man muss sie aber trotz ihrer Einfachheit beherrschen können. Heutige Fotografen und Fotoamateure können sich gar nicht mehr vorstellen, wie

kompliziert das Filmeinlegen und die Handhabung des Entfernungsmessers war.

Objekt des ersten ernsthaften Versuchs war Bernhardiner „Rigi“, ein Brocken von Hund, der die komplette Couch der Kleinwohnung von Horst und Helene Piepenkötter in der Hoppengasse einnahm. Wie sie ihn satt bekamen, blieb ihr Geheimnis. Auf jeden Fall aß Rigi alles, das irgendwie kau- und verdaubar war – also tatsächlich auch jene Liebesgaben, welche Eltern boshafter und unzärtlicher Kinder spendeten, denen Rigi Lebenslust und Optimismus wiederbeschafft oder erst beigebracht hatte.

„So ein mächtiger Hund“, wusste Otto ohne Fachkenntnisse anzuraten, „muss wie ein Denkmal Bismarcks fotografiert werden – schräg von unten und gegen den Himmel.“

„Sieh auch zu“, schlug Wolfgang vor, der sich schon als Porträtist unter anderem von A. H. einen Namen gemacht hatte, „seinen Kopf stets, ob von vorn oder seitlich, aus gleicher Höhe aufzunehmen.“

So beraten und gut bewaffnet marschierten Piepenkötters, Rigi und ich zum Schlossgarten, der natürliche Hintergründe bot und Baumstämme oder Steinmauern, auf denen Rigi, da waren wir sicher, eine gute Figur machen würde.

Rigi und ich – nun, das wurde auf den ersten Blick eine Liebesbeziehung erstklassiger Garnitur, denn Rigi war besser erzogen als jeder Pimpf und gutmütiger als Hermann Göring, wenn er Mölders & Co. zum Dekorieren empfing. (Zur Erklärung für vergessene Namen: Mölders, Galland und Hartmann waren Luftwaffenhelden des Krieges). Ich fragte Rigis Herrchen, ob dieser schon einmal als Fotomodell agiert hätte.

„Nichts, wir sind zu dumm zum Fotografieren und zu arm für einen so teuren Fotoapparat.“

Ein normaler KB-Film (Kleinbildfilm) für die Leica Eins f, so hieß sie wohl, kam auf 36 Aufnahmen, natürlich in schwarz-weiß, und wenn ich aus dem Fachjargon wusste, dass die Hälfte aller Aufnahmen Ausschuss sein würde, - welch ein hässliches Wort! -, dann könnte ich zufrieden sein. Rigi war das geduldigste Fotomodell, das je einem Fotografen wie mir untergekommen ist. Zwar konnte ich ihm nicht befehlen, „jetzt nach rechts“, „das linke Bein vor“ und „genau in die Linse schauen“, aber wenn ich hinging, seine mächtigen Tatzen anders zu stellen oder den herrlichen Schwanz seitlich zu hängen, und wenn ich lockend seinen Namen rief - „heißa“ rief ich dazu, „du bist ein netter Kerl!“ Dann nickte er verständig.

Viele neugierige Gaffer fanden sich ein und wollten mit aufs Bild, ich wehrte sie mit „eine Mark bitte“ mühelos ab. Ich hätte hier und heute ein Dutzend Aufträge „fotografier unseren Mummi“ und so weiter annehmen können, musste aber wegen der KLV absagen. Rigi bewies seine angeborene Klugheit, als die Sirenen Voralarm heulten: Da hielt ihn nichts mehr, im echten Bernhardincr-Galopp preschte er los und war weit vor Herrchen und Frauchen zu Hause.

Den Film haben dann Vater, Mutter und Otto vollgemacht und den Piepenkötters übergeben. Wir haben nie Bilder von Rigi gesehen. Weil er nicht in einen Bunker oder Schutzkeller mitgenommen werden durfte, blieben er und sie bei Angriffen im eigenen Kartoffelkeller – alle wurden beim nächsten Angriff verschüttet.

* * * * * *

Über meine KLV-Zeit in Tegernsee und Lenggries von August 1943 bis Juni 1945 werde ich flott und zügig hinweggehen. Erstens weil sie zu unserem Thema nur wenig Ereignisse beizutragen hat und zweitens als Zeitzeugenbericht heute kaum interessant sein kann. Unangenehm war unser Verhältnis zur Bevölkerung und umgekehrt, weil sie „die verdammten Saupreußen“ für den Krieg überhaupt und dessen Verlauf nun verantwortlich machten. Tausende nord- und westdeutsche Schüler nebst Lehr- und Begleitpersonal waren in Bayern untergebracht, und der Staat zahlte pünktlich und reichlich dafür. Erst als sich auf meinen und Änne Nüssens Vorschlag hin zwei „Einsatzgruppen" bildeten, wurde es besser. Neben der Gruppe „zum Wohl alter Leute", die unser HJ- Lagermannschaftsführer unter sich hatte, befehligte ich die Gruppe „zum Wohl der Tiere". Wir warteten und hüteten die dem privaten Heim überlassenen Tiere und auch jene, welche von ihren senilen und Betten hütenden Herrchen und Frauchen nicht ausgeführt werden konnten. Mit Bedacht hatte ich mir einen Bauernhof am Rand Tegernsees ausgesucht, ein Ort, der von meinen Mitschülern gemieden wurde, „weil dort so viel Kacke rumliegt, es nach Pippi stinkt und die Leute eine Sprache sprechen, die schon die alten Bajuwaren von anno Toback benutzten". Nun denn, ans gute Essen hatten diese Groß- und Quermäuler wohl nicht gedacht.

Nachdem ich mich nun mit den Pferden, Kühen, Schweinen, Hühnern, Hunden, Katzen und Gänsen bekannt gemacht und ihre Freundschaft gewonnen hatte, konnten auch die Haus- und Hofbesitzer nebst flotten Maiden und einigen Kriegsgefangenen aus Frankreich nicht umhin, mich anzuerkennen:

„Dös is an Deubelmordsbub, sakrament noch eenmoal!"

Diese Hofbevölkerung war zu ihren Tieren sehr indifferent eingestellt und hatte scheinbar noch nichts davon gehört, dass, - wenn der Mensch ein Geschöpf Gottes sei -, es auch die Tiere sein müssten und umgekehrt, wenn der Mensch ein Produkt von Evolution und Millionen Jahren Anpassung sei, dies auch für Tiere zuträfe.

„Bist an Evangeliker?", fragte die Großmutter.

Ich gab es zu und wusste, dass man mich rausschmeißen könne.

„Mei Mannsbild“, fuhr sie fort, „war an Evangele aus München und is doch a Pfundskerl gewest – wie du, Bu-ab.“

Hier bei diesen braven Leuten konnte ich natürlich nicht jeden Tag einkehren, weil wir vormittags ganz normal Unterricht hatten, dann folgte das Mittagessen, danach Ruhe- und Schlafpause, gefolgt von drei Stunden „Schularbeiten machen“. Im Winter war‘s dann schon dunkel. Drei Jungs waren abwechselnd dem Küchendienst des Hotels zugeteilt, - das war der heute noch stehende Adelhof, - und mussten für den nächsten Tag Kartoffeln schälen, Möhren schrubben und Steckrüben putzen. Es gab richtige Schulferien für zu Hause auch, bei denen wir Wanderungen machten und ab 1944 amerikanische Fliegende Festungen beobachteten, die von Italien herüberkamen und München bombardierten. Tegernsee und Lenggries waren für dieses Buch weniger geeignet als für „Wildtiere“ und „Kriechtiere“, über die ich mich stärker ausgelassen und je ein Buch geschrieben habe – (siehe Anhang).

Es konnte nicht ausbleiben, dass ich bei der Tierwelt „meines“ Hofes bald Liebling Nummer Eins wurde. Hier hatte Revierförster Felix seine beiden Deutsch-Drahthaar-Hunde „Tip“ und „Top“ in einem Zwinger in Pension gegeben, weil er selbst zur Zeit mitten in Tegernsee wohnte.
„Wenn sie dort bellen“, sagte er und sah mich etwas mageren 14-Jährigen mitleidig an, „kommt sofort der Ortsgruppenleiter der Partei und macht Rabatz. Sie bebellen jeden Fremden.“
Den Begriff „Bebellen“ kannte ich noch nicht und warf ein:
„Mich aber nicht, ich streichle sie durchs Gitter.“
„Mag sein, sie täuschen gerne. Wenn du reingehst, reißen sie dich in Stücke.“

„Mich nicht.“
Und ehe er sich‘s versah, saß ich innen auf der Bank zwischen Tip und Top und streichelte ihre feinen Köpfe.
„Er ist halt oan guata Junge“, sagte der Bauer anerkennend, „und nimmt oan Schnakerli (eine Schnecke) von der Straße auf.“
„Hast oanmal nen paar Fuchserln sehen im Leben?“, fragte Felix.
Ich bejahte und wir brachen sofort auf. Fuchsbauten sind in bergigen Hängen schlechter zu finden als im Flachland, aber jeder Jäger kennt die oft Generationen alten Baue, die immer wieder bewohnt werden. Um mein Wissen zu demonstrieren sagte ich:
„Ein gutes Fuchsrevier ist immer besetzt, mögen die Jäger herausschießen, soviel die wollen. Aus umliegenden Revieren rücken stets neue nach.“
Der Förster staunte und erklärte nun, dass die Jungfüchse, welche wir jetzt aufsuchten, erst seit zwei Tagen aus dem Bau nach oben kämen, noch keinerlei Erfahrungen mit einer schlechten Welt hätten und demgemäß leicht zu zähmen seien.
„Wollen Sie die Jungfüchse fangen, Herr Felix?“, fragte ich.
„Ja, sie sollen auf einer Försterei, die ich dir noch zeigen werde, gehalten und domestiziert werden. Tip und Top werden sie behutsam greifen und uns bringen.“
Na, dachte ich, das kann ja noch heiter werden!

Wurde es auch. Am Bau selbst, der an einem Hang und in so dekorativer Sonne lag, dass ich bedauerte, meine Leica zu Hause gelassen zu haben, war ein Hochsitz errichtet worden, „aus dem heraus“, sagte Felix, „im Lauf von hundert Jahren, immer wieder erneuert, wohl schon tausend Winterfüchse erlegt worden sind. Wir Förster schießen hier nur erwachsene Füchse, denn der Verkauf ihrer Felle ge-

hört zu unserem regulären Nebenverdienst. - Du kannst am besten auf den Stand gehen, Jung, da hast du den besten Überblick.“ Ich weigerte mich und fragte:
„Darf ich sie nicht friedlich fangen? Wenn Tip und Top sie greifen, und noch so behutsam, bekommen sie den Schock ihres Lebens. Lass mich machen, Herr Felix, ich kann das.“

So setzten wir vier uns unten vor zwei dicke Fichtenstämme, ich zog wohlweislich meine Joppe aus, legte mein Butterbrot griffbereit und so wollten wir erwartungsvoll und geduldig warten – da das ersten Keckern, wie man bestimmte Lautäußerungen bei Füchsen nennt, und zwei Kerlchen schossen aus einer „Röhre“, wie man die Aus- und Eingänge eines Baus nennt. Sie schauten erst her, als ich mit dem Butterbrotpapier raschelte und ihnen einen Brocken oberbayerischen Stutens hinwarf. Tip und Top muss ich noch erwähnen: Ihre Nerven mussten zum Bersten gespannt sein, dass sie sich nicht wie Wölfe, ihre Vorfahren, auf die Füchse stürzten. Ehe ich das registrierte, waren die beiden Jungfüchse bei mir und wollten mehr haben. Da gerieten sie freilich an den Falschen: Denn ehe sie sich‘s versahen, hatte Felix sie fest im Griff und ließ sie im Rucksack verschwinden. Sie sagten vor Schreck und Überraschung keinen Pieps.

Nur zwei Jungfüchse in einem Wurf?

„Das gibt es kaum“, sagte Felix.

Und wie auf sein Kommando quollen noch vier andere Jungfüchse aus dem Bau und schienen sich zu wundern, allein zu sein.

„Soll ich sie auch heranlocken?“, fragte ich.

„Einen könnte ich noch gebrauchen“, antwortete Felix.

Dazu kam es nicht. Rechts ab erklang das Gebell eines Fuchses.

„Die Alte kommt“, sagte Felix, „und bringt gewiss Beute mit.“

Ganz richtig! Ein im letzten Sonnenlicht goldgelb leuchtender Altfuchs trabte scheinbar sorglos heran und trug einen toten Fasan im Fang (Schnauze). Er ließ ihn auf dem Bau fallen und seine vier Kinder brachten es fertig, diesen innerhalb einer Minute völlig zu zerreißen; Federn stoben im Wind - da bellte die Fähe (Fuchsmutter) grell auf, denn sie hatte wie wir das Hilfewimmern eines ihrer Kinder in Felix‘ Rucksack gehört. Im Nu war die Schaubühne der Natur leer.

Es wurde dämmerig, wir mussten heim und ich durfte nicht zu spät kommen. Denn morgen sollte es für mich heißen, nach Garmisch-Partenkirchen abzugehen, um an einem Nazilehrgang teilzunehmen, der die „Deutsche Kultivierung des Ostens“ zum Thema hatte. Man hatte mich auserwählt, „weil du von allen Schülern hier das meiste Wissen über Haus- und Nutztiere besitzt und weil die östliche Kultivierung eine landwirtschaftliche sein wird“. Welch eine Ehre! Niemand der Klasse, auch die Lehrkräfte nicht, warf ein, dass jetzt, - wir schrieben den August 1944, - der Krieg schon aus Russland herausgetragen war; beinahe, korrigiere ich mich! (Gerade um diese Zeit, wie wir später erfuhren, muss Bruder Otto das Schicksal vieler Soldaten getroffen haben).

* * * * * *

Zurück aus Garmisch, mit Beginn des neuen Schuljahres und ehe wir von Tegernsee nach Lenggries umziehen mussten, konnte ich noch einmal vor versammelter Klasse meine „Macht über große Tiere“ demonstrieren. Das war im Forst unterhalb der Neureuth, (ein Berg dort), wo wir wanderten und böses Geschrei hörten, das wir als eine ins Bayerische übersetzte unflätige Schimpfkanonade identifizierten. Bauer Seppl, ein jähzorniges Großmaul, sprach mit

Amanda, eine nette und gutmütige Haflingerstute, die als Rückepferd tätig war – also gefällte Bäume aus dem Wald „rücken" musste. Sie wollte nicht, entweder schien sie zu wissen, dass der Stamm zu schwer für sie war oder, wie ich mutmaßte, Seppl ihr keine Arbeitspause gegönnt hatte. Ich trat an Amanda heran, kraulte sie am Ohr und summte in dieses die Melodie „Freude schöner Götterfunken..." hinein. Sie horchte beglückt. Dann brach ich eine Stange Lakritz, (auch schon Mangelware), und schob ihr ein Stück zwischen die Zähne. Sie kaute erst verdutzt und hatte Mühe, die klebrige schwarze Masse von den Zähnen loszuwerden, und brach dann in ein wieherndes Gelächter aus – so jedenfalls soll es durch den Wald geschallt haben. Dann zeigte ich Amanda den Rest Lakritz und ging voran zum Waldweg, wo der Baumstamm abgelegt werden musste. Alle Zuschauer klatschten Beifall, den ich nicht auf mich bezog, und ich gab Seppl ein paar Stangen Lakritz für eine Mark, „damit ich mir für ähnliche Fälle neues kaufen kann", die er mürrisch aus der Hinterntasche zog und noch mürrischer mir überreichte.

Alle anderen Landwirte des Tegernseer Tales, bei denen ich solche Taten vollbrachte, wollten mich mit Naturalien auszahlen; davon hatten sie ja trotz oder wegen des Krieges genug. Ich lehnte das aus zwei Gründen ab, die eng zusammengehörten: Ich hätte diese gekochten Eier, Mettwürste und Butterstullen allein aufessen müssen, was ich entweder nicht schaffte oder mir eine Gewichtszunahme, gar Verfettung eingebracht hätte, die jedem aufgefallen wäre, oder ich hätte mit Kameraden teilen müssen, denen der Neid aus den Ohren quoll. So verlangte ich nur „Mitessen an Ort und Stelle" und ein paar Pfennige oder Fünfziger, „um Lakritz, Pastillen und Bonbons nachkaufen zu können." (Der Nachschub von zu Hause kam immer spärlicher, wahrscheinlich, weil die Postzüge immer mehr zerbombt wurden.)

Förster Felix war's wahrscheinlich, der Kasimir auf meine Spur setzte. Leider blieb mein Besuch „in seinem Kleintierreich" einmalig, weil wir kurz darauf nach Lenggries verlegt wurden. „Einmalig" ist wohl das richtige Wort! Einen Holzschuppen, der im Sommer hübsch kühl und im Winter nett warm war, hatte er zu einem großen Zoo für kleine Tiere eingerichtet. Als da waren und sich auf Ästen, in Höhlen, auf Schultern und Mützen und sonstwo tummelten und vergnügten: Haselmäuse, Gartenschläfer, Siebenschläfer, Baumschläfer und einige Tiere, die ihm Soldaten aus Afrika, Griechenland, Norwegen und Finnland mitgebracht hatten – Lemminge, Schneemäuse und Wüstenmäuse. Das war ein Wuseln und Wispern, Rennen und Springen, Piepsen und Pfeifen. Mich interessierten am meisten die einheimischen Bilche, wie Garten- und Siebenschläfer genannt werden, und die mir schon bekannte Haselmaus. Sie waren alle so vertraut, dass sie an uns hochstiegen und von Mann zu Mann sprangen. Ich reichte ihnen rasch meine Spezialitäten und freute mich daran, dass sie dann eine Weile still dasaßen und manierlich mit den Händen und Fingern aßen. Bei allen meinen jetzigen Aktionen und Besichtigungen fremder Tiere dachte ich bereits Jahre voraus: Wenn ich sie einst vor meinen Kameras agieren sähe.

Was ich in Lenggries so alles getrieben habe, bis der Krieg beendet war und die braven Amerikaner uns heimschickten, habe ich in meinem ersten Buch „Meine Wildtiere und ich" ausführlicher beschrieben als hier. Natürlich war ich es, der amerikanische Offiziere auf deutscher Jagd begleitete und ihre Hunde, die sie vorher deutschen Soldaten und Zivilisten geklaut hatten, spazieren führte. In Lenggries war ich Stammgast bei Tante Lisa, die den in die Alpen geflüchteten deutschen Gauleitern und anderen hohen braunen Tieren ihre Hunde abgenommen hatte, welche diese tapferen Männer lieber abschießen als den Feinden überlassen würden. Jetzt hielt Tante Lisa sie mit Teilen gewilderter Rehe und Hirsche bei Futter und verkaufte sie unter den Anpreisungen „Görings Hofhund", „Gauleiter Meyers Wachhund", „Himmlers Hühnerhund" und „Welpen von Hitlers Blondi" an biedere GIs und spendable Militärpolizisten. Die Amerikaner hatten in ihrer Zone alle Schulen vorläufig geschlossen, so dass wir mehr Zeit hatten als zu essen. Nur ungern rückte die bayerische Bevölkerung ab Kriegsende an uns Lebensmittel heraus, so dass die amerikanischen Besatzungsbehörden genug hatten von deutsch-deutschen Querelen und Zänkereien und uns ab Juni 1945 heimschickten – Dank ihnen!

* * * * * *

Ob man es mir nun glaubt oder nicht: Erst jetzt begann mein eigentliches Leben mit Heim-, Haus- und Nutztieren! Und zwar dort, wo ich meine Leserschaft schon einmal hingeführt habe: in Kattenvenne. Denn auf dem schon genannten Hof August Hilgemann Senior und Junior lebte meine Familie, - jener Teil, der noch nicht zurückgekehrt war -, im Exil. Dorthin waren Vater, Mutter und Hermann vor den Bombenangriffen auf unsere Heimatstadt geflüchtet und warteten nun auf ihre vier Söhne; Otto war offiziell als „vermisst" gemeldet, Wolfgang und Martin waren ganz zum Schluss kriegsgefangen und nach Belgien verbracht worden. Als wir von Lenggries aufbrachen war es nicht möglich gewesen, eine Nachricht zu geben. Der Bus brachte uns bis zum Gymnasium, wo alle nach auswärts gehenden oder fahrenden Schüler den Koffer stehenlassen konnten. Die meisten wohnten gar nicht weit weg in den nächsten Straßen. Ich musste zum Bahnhof, wo bereits Züge

fuhren, jedoch nur Güterwagen und ohne Kontrolle und Fahrkarten. Aus einer unter Dampf stehenden Lokomotive schaute der Führer heraus und fragte mich, wohin ich wolle: „nach Kattenvenne“. Ich gab ihm einen Dollarschein herauf, den mir ein amerikanischer Offizier in Lenggries vermacht hatte, und er rief:
„Steig ein, wie fahren nach Osnabrück. Im Kattenvenner Bahnhof fahre ich so langsam, dass du abspringen kannst. Leb wohl, Junge!“

Es klappte. Nun schlenderte ein müder Fünfzehnjähriger noch die drei Kilometer am Warenhaus Lindemann vorbei nach „Kattenvenne IIc.“ Und er wurde vor Ankunft von drei Persönlichkeiten mit phänomenalem Gedächtnis erkannt und begrüßt. Das habe ich Nelli, Klaus und Meta nie vergessen – ja, sie waren‘s! Als ich von der Hauptstraße in den geschotterten Seitenweg einbog, der mich direkt zum Hof führte, sah ich sie beide. Wie üblich bei aufgeweckten Persönlichkeiten warfen sie die Köpfe hoch, ich rief ihre Namen und sie ruckten zusammen, als hätte sie der Schlag getroffen. Und dann donnerten sie heran und wieherten so laut, dass alle Vögel verstummten, alle Tiere unter ihren Hufen wie Wühlmäuse und Maulwürfe erstarrten und das Dröhnen und Zittern des Erdbodens sich kaskadenartig fortpflanzte. Erst vor der Stacheldraht-Einzäunung stoppten sie abrupt, aber da war ich an diesen herangetreten und klopfte mit beiden Händen ihre Hälse ab und ließ sie meine Joppenärmel beknabbern und mit ihren Nüstern Lakritzen suchen. Es befand sich noch meine eiserne Ration in den Taschen: Brötchen mit Margarine und Honig, Eukalyptus-Bonbons und verlorene Veilchenpastillen, die so schön an den Zähnen kleben. Die allerletzte Ration hielt ich für jemand anderen zurück, dessen rasendes Gebell ihn ankündigte: Nelli!

Er kratzte den Belag der Straße, dass es schepperte und staubte wie bei einer Herde Schafe und seine Zunge beinahe über den Boden schleifte. Kein Mensch war zu sehen, denn es war Mittagszeit, hier None = neunte Stunde genannt, und so schallte mein Ruf „Nelli – Nelli – komm her zu mir!“ in seine im Laufwind schlabbernden Ohren und sorgte dafür, das Letzte in diesem Sturmlauf herzugeben. Ich blieb stehen, damit er mir an die Brust und nicht ins Gesicht sprang, und doch fiel ich hintenüber und wäre fast mit dem Kopf an einen Begrenzungsstein geprallt. Immerhin, dadurch ging sein Begeisterungs-Pipistrahl an mir vorbei und düngte das Gras. Wie lautet ein altes Heimkehrersprichwort:
„Wiedersehen macht, dass man des Scheidens nicht acht.“

* * * * * *

Mein dann folgendes Wiedersehen mit Vater, Mutter, Hermann und der Gastgeberfamilie war zwar auch nicht von Pappe, konnte aber keinen Vergleich mit dem vorigen standhalten. Nachdem ich mir am Bauerntisch den Bauch wie ein Kattenvenner Vielfraß vollgeschlagen und die Nacht wie eine Hausratte mit Schwipps ohne Unterbrechung durchgeschlafen hatte, begann mein erster Versuch einer Berufsergreifung – er scheiterte 1954. Das war weder die Schuld der ländlichen Bevölkerung noch ihrer vielfachen Tierwelt, sondern ganz allein meine eigene. Wäre durch Vaters Nachlässigkeit nicht die geerbte Leica-Ausrüstung hopsgegangen, - man erinnere sich, mit der ich Bernhardiner Rigi so famos fotografiert und in Szene gesetzt habe -, dann, nun dann wäre ich schon Jahre vorher abgesprungen. Doch bereue ich nichts:
Denn erstens weiß ich nicht, ob unsere Familie, hätte sie die Jahre bis 1948 in der Stadt verbringen müssen, dort nicht verhungert oder erfroren wäre. Und zweitens habe ich

bei vier Landwirten, deren drei Lehrbetriebe waren, eine Tierwelt kennen- und liebengelernt, die mindestens so viel Bedeutung hat wie die freilebende. Von ihr muss ich jetzt viele Seiten berichten. Denn wie lautet der Titel dieses Buches: „Meine Heimtiere und ich“.

Noch am Abend meiner Heimkunft war vom hohen Rat beider Familien festgelegt worden, dass ich nur dann hierbleiben könne, wenn ich mitarbeitete. Klar doch! „Nichts wie ran an die Bouletten“, sagten im Krieg die Berliner, ehe man ihre Stadt kaputt warf. Das Problem war aus Sicht der Familie Hilgemann nur, dass ich nicht wie 15-jährige Bauernsöhne ein Jungberserker war, sondern ein zwar ziemlich zäher, aber etwas mickerig wirkender Stadtjunge, der wohl ein paar Jahre flotten Wachstums brauchte, bis man ihn richtig entlohnen müsste.
„Da haben wir den casus cnactus“, sagte Vater, „du sollst gegen Essen, Wohnen und Schlafen arbeiten, kein Lehrlings- oder Taschengeld und so – wenn du nicht das Gymnasium fortführen willst. Also?“
„Kein Also!“

Weil in diesem Buch Tiere, nicht Menschen die Hauptdarsteller sind, will ich die Zeit bis 1948, als ich zu einem richtigen Lehrbetrieb wechselte, nur Tiere vorstellen, die es verdient haben, aus dem Sumpf des Vergessens gezogen zu werden. Wer verdient den Anfang? Kein anderer als Nelli!

Nelli

Woher kam er? Hatte er Papiere bei sich? Oder andere Empfehlungen, die üblich sind, wenn man Arbeit sucht? Nichts davon!
„Veni – vidi – vici “, sagte ein großer Römer, der dennoch gemordet wurde, und auch Nelli hätte „bellen“ können: „Ich kam – sah – siegte!“ Obwohl bekanntlich Landleute

auf Schönheit und Herzensgüte ihrer Tiere weniger achten als zum Beispiel dekadente Stadtfrauen, - stimmt das eigentlich? -, fand Nelli sofort schon deshalb begeisterte Zustimmung, weil die Stelle eines Wachhundes vakant war. Dörfer in Bahnhofsnähe wurden damals eher und öfter von Spitzbuben heimgesucht als einsam liegende; der Grund war, mit der Eisenbahn schneller verduften zu können als zu Fuß. Und Nelli bekam nach seiner Einstellung, die mit einem Topf frischer Bratkartoffeln mit Bratwurst besiegelt wurde, etwas zu tun.

Denn „Ede der Knacker", aus dem Knast Lengerichs ausgebüchst, wusste um die Schwachstellen eines sonntäglichen Hofes wie Kattenvenne IIc. Vormittags war Kirchgang angesagt, nur eine Person, meist diejenige, welche mit Pastoren und Pastorinnen wenig am Hut hatte, blieb im Haus, meist in der Küche – damit bei Rückkehr der Frommen Kartoffeln, Gemüse und Fleisch fast fertig waren. Ede blieb unter der ersten Eiche stehen und rekognoszierte. Aha, dort die hölzerne Hundehütte, die Kette lag lose davor! Also war kein Hund drinnen. Nun schlenderte Ede locker ums Anwesen nebst Garten, bis er hinten ein Lüftungsfenster geöffnet vorfand und in Großvater Augusts und Großmutter Bernhardines Kammer einsteigen konnte. Von hier führte der Weg über die Gute Stube und den Flur in die Wohnküche, wo Frieda Hilgemann zwar jemanden erwartete, nämlich einen so genannten Verehrer, und nicht einen hungrigen Mitesser.

Jetzt hätte noch alles in christlicher Nächsten- und Sonntagsliebe ablaufen können. Aber des Herrn Wege, alle Spitzbuben sind darüber im Knast informiert worden, sind unbegreiflich und scheinbar unlogisch. Ede betrat forsch, durch Braten- und Kochdüfte angelockt, die Küche und sah nur einen ihrer zwei momentanen Bewohner: Frieda. Nelli

lag unterm Tisch und rührte sich nicht, während Frieda im Kartoffelbrei rührte - „Püree" sagte man hier nicht.
„Gib mir was zu futtern, Fräulein", bat Ede höflich und zungeschnalzend.
„Was darf's denn sein, Mann?"
„Alles das, was ihr nachher verputzen wollt."
„Gemach, gemach, die Kellnerin kommt gleich, setz dich schon."
Ede gehorchte und horchte erschrocken auf ein scharfes Knurren unterm Tisch, - „da geschah folgendes", (wie Thomas Mann es gern formulierte): Nelli biss Ede ins besonders schmerzempfindliche untere Schienbein und Frieda stülpte ihm den heißen Kartoffelbrei samt Topf über den Kopf.

Werte mitlesende Leserschaft, eine Frage bitte: Wenn dir ein solches Malheur am Sonntagmorgen passierte, würdest du auch äußerst verwundert sein! Vielleicht aber auch über die Lebensmittelverschwendung, jetzt kurz nach dem Krieg, empört sein! Kartoffeln satt! Das hatte Ede sich immer gewünscht beim blöden Fraß im Lengericher Knast. Und er geriet jetzt an eine Frieda, die ihm den Brei abputzte, ihn ihm zu essen und einen Klaps auf den Hintern gab, „zu verschwinden, ehe die anderen vom Kirchgang zurückkommen". Auch Nelli war besänftigt und geleitete ihn bis zur Straße.

Nellis Gene und Anlagen stammten zweifellos von Hunderten purer Rassemischungen, wie sie im Lauf der Zeit vor allem in Städten wie von selbst entstanden sind. Ich erkannte nur Anteile von Terrier, Münsterländer, Pinscher, Dachshund, Pudel und Wolfshund, möchte mich aber nicht festlegen. Sein Alter? Knappe zwei Jahre. Ich plädierte bei der Familie dafür, ihn nicht an die Kette zu legen, „das ist für jeden charakterstarken Hund eine Beleidigung", und ihn einem echten Herrchen zuzuweisen: Friedrich, genannt

Fitten, erster Sohn und Hoferbe, verheiratet mit Lina aus Ladbergen und jetzt Vater von Ewald, Gisela und im nächsten Jahr auch von Wilfried. Zum Hof gehörte noch Fittens Schwester Frieda, eifrig auf Partnersuche, und auch Fittens Geschwister Walter und August, der eine in britischer, der andere in russischer Gefangenschaft. Dieser, uns schon bekannt, ist oder war Vaters Bürolehrling.

So etwas wie ein Lehrling war nun auch ich. Gelehrt wurde nichts! Es wurde nur angeordnet, was meine Alterskollegen vom Land längst kannten und konnten: Holz mit einer Einmeter-Axt spalten, den Garten zwanzig Zentimeter tief umgraben, Bäume und Gebüsche roden, Pferde anspannen und mit ihnen nach fünf Minuten Einweisungszeit pflügen, Milchkannen zur Molkerei bringen und so weiter und so fort. Es baute sich ein Muskelkater auf, der vierzehn Tage anhielt und schmerzte wie Mittelalter- Folterungen. Dann sagte sich mein Ego wohl, „jetzt nichts wie ran, zeig‘s ihnen, wo der Weg langgeht!“ Haupttrost war mein Verhältnis zu den Tieren des Hofes, allen voran Nelli – dem ich nun ernsthaft ein paar Seiten widmen werde.

Es war eine Zeit von Nullkommanix, dass Nelli begriff, wer hier auf dem Hof echter Tierfreund war oder nicht. Ich habe nicht festgestellt, dass Bauern ihre Tiere schinden, sie müssen freilich arbeiten und Nutzen bringen. Brachte Nelli Nutzen? Ja, noch bis Ende des Jahres 1945 waren in Deutschland von West nach Ost und Nord nach Süd und querfeldein namen- und heimatlose Völker unterwegs, von A.H. aufgescheucht, verhaftet und wussten nicht wohin. Bis Ende des Jahres gingen die Kattenvenner Männer nachts Streife, ich gehörte dazu, Nelli nicht. Ab 1946 wurde das ruhelose Umherziehen der Völker weniger, dafür kamen die Städter in Bewegung, deren Mägen knurrten – für sie machte das hässliche Wort „Hamsterer“ die Runde.

Nicht „Ein Herz und eine Seele“ galt bald für mich und Nelli, sondern korrigiert „Zwei Herzen und eine Seele“. Ich erinnere mich eines Schlagers, der in etwa lautete: „Wo du bist, da bin auch ich – wo ich bin, da bist auch du“ - treffender kann ich unser Verhältnis nicht beschreiben. Ich schildere jetzt einen x-beliebigen Tag der vielen Tage mit Nelli im Sommer 1946, als ich bereits „ein tüchtiger Knecht“ geworden war.
Morgens um 5 Uhr wecken durch sein Geknurr und Gekratze an meiner Kammertür. Zum Waschen in die Wohnküche, denn ein Badezimmer gab‘s nicht. Dann zum Primitiv-Holzklo auf der Diele, wo ich nicht abzuschließen brauchte, denn Nelli hielt Wache. Nun zu den zwei oder drei Pferden Klaus, Meta und Hektor in den Stall, den Nelli freilich nicht betrat, sie zu striegeln und zu kämmen und danach zu füttern. Inzwischen hatte Frieda das erste Frühstück gerichtet, an dem Nelli seit meinem Eintritt in die Familie teilhaben durfte: Spiegeleier mit Speck, Vollmilch und eine Schnitte mit Blut- oder Leberwurst. Nelli hockte unterm Tisch auf meinen Holzklotschen und erwartete stumm seinen Anteil; bekam er. So war‘s 6 oder 6 Uhr 30 geworden.

Ich spannte Klaus vor den einscharigen Pflug und hatte das Stoppelfeld, das nach der Ernte des Roggens entstanden war, zu „schälen“. Schälen bedeutet, nur fünf Zentimeter tief zu pflügen und den Boden sozusagen umzubrechen, - also die Stoppeln nach unten zu kehren und das frische schwarze Erdreich nach oben, - damit neu eingesät werden konnte: Nämlich die so genannten Stoppelrüben, welche bis zum Spätherbst noch reiften und ein vorzügliches Viehfutter abgaben. Für dieses leichte Pflügen genügte ein Pferd. Nelli lief anfangs „Furche um Furche“ mit, bis ihm dies zu langweilig wurde. Um 9 Uhr spannte ich aus, brachte Klaus auf die Weide und ging nun zum „Zweiten Frühstück“ ins Haus, Nelli natürlich mit. Nach einer halben

Stunde Schwelgen bei Brot mit Schinken, Kaffee und Pumpernickel mit Rührei ging's wieder zum Pflügen hinaus. Nelli packte sich dabei ein paar flüchtige Mäuse und schüttelte sie tot. Um 12 Uhr, als die Kattenvenner Kirchenglocken diese Zeit verkündeten, spannte ich wieder ab und Klaus konnte mit den anderen Pferden auf der Weide fressen, trinken und ruhen. Mittags gab's Linas fabelhafte Bratwürste mit Karottengemüse, Salzkartoffeln und braune Soße, danach Vanillepudding ohne Vanille - ausverkauft, nicht lieferbar! Von 13 bis 15 Uhr war Ruhe- und Schlafpause. Um 15 Uhr 10 war ich wieder mit Klaus und Nelli auf dem Stoppelfeld, um es bis zum Abend gegen 19 Uhr gepflügt zu haben. Bis 20 Uhr waren auch Meta und Hektor im Stall zu pflegen, ihnen ein Kraftfutter aus Häcksel und Hafer zu verabreichen und auf die nächtliche Weide zu bringen. Um 20 Uhr 30 saß die Familie am Abendtisch und aß Bratkartoffeln, Mehl- oder Kartoffelpuffer oder Würstchen mit Kartoffelsalat. Dazu gab's Saft von eigenen Früchten aus dem Garten. Um vorm Schlafengehen noch abzuspannen gingen Nelli und ich zu einem nahen Hochsitz, den Nelli geschickt über die übliche Leiter besteigen konnte; nur abwärts musste ich ihn untern Arm nehmen. War es noch hell, las ich ein Buch, während Nelli das Feld vor uns betrachtete und jedes jagdbare Stück Wild mit verhaltenem Knurren meldete. Wenn ich meine Schlafkammer, - mehr war es nicht -, im ersten Stock aufsuchte, wollte Nelli gerne mit; beim zehnten Versuch grollte er nicht mehr und trollte sich auf die Diele in seinen Schlafkorb. So weit dieser Tag mit mir und Nelli…

Um ihn meiner Leserschaft gebührend bekannt zu machen, füge ich nun ein paar Geschichten und Abenteuer bei, die seinen Charakter als Heim-, Haus- und Nutztier beweisen. Sie spielen bis 1948, als ich den Hof und Nelli verließ, um in einem echten Lehrbetrieb ausgebildet zu werden. Da hatte es auch schon die Währungsreform gegeben und Geld war wieder wertvoll geworden.

* * * * * *

Wie schon verkündet: Ein Bad gab es hier nicht, aber baden wollte man. Und eine Zinkwanne besaß man, die draußen als Viehtränke diente.
„Nichts wie ab mit ihr in die Küche!“, befahl Gisela kraft starken Willens. Wenn sie dann am Samstag den Hauptteil ihres Schaumbades hinter sich gebracht hatte, durfte Nelli einspringen und damit entstand ein Theater, das leider nirgendwo an einem Theater gezeigt wird – dort würde es Ränge füllen. Nelli paddelte in der Wanne wie eine Landschildkröte, die in einen Teich gefallen ist, tauchte unter Gisela hindurch, schnappte nach Schaum und prustete wie ein Nilpferd. Gisela schrubbte und bürstete ihn und reinigte ihm Augen und Ohren mit einem Waschlappen. Danach sprang Nelli in einem weiten Satz aus der Wanne und fetzte wie ein Irrsinn aus dem Haus, auch wintertags, versteht sich, um einige Runden drehen und Fußgänger zu erschrecken. Halb angetrocknet kehrte er zurück und ließ sich willig von Gisela föhnen, kämmen und striegeln.

Großvater Bernhardt mütterlicherseits war vom Ladberger Altersheim hierher gezogen, „um zu sterben“.
„Ich kann die Milchsuppe nicht mehr beißen“, sagte er auf plattdeutsch, „und kein Aaß hilft mir dort im Heim!“
Aber er schaffte doch noch so Allerlei: Wegschlabbern von Kraftbrühe oder Hühnersuppe, zahnloses Mampfen von Kartoffelbrei mit Gehacktem, Zerknabbern des hausgebackenen Stutens und Ausschlürfen des Kümpkens, einer Tasse ohne Henkel. Wenn Bernhardt tagsüber auf dem Kanapee lag und das Landwirtschaftliche Wochenblatt erst las und dann dessen Seiten in DIN-A-5-Stücke fürs Klo

zerriss, leistete ihm Nelli gern Gesellschaft. Er hörte mit schief gestelltem Kopf zu, wenn Großvater von alten Zeiten berichtete, vom letzten Kaiser und einem Krieg, „wo man von oben nichts kaputtwarf und hungern musste“. Die Familie wunderte sich oftmals, dass Großvater gesegneten Appetit hatte und die Teller ratzeputz reinleckte…

Für das, was an Großvaters letztem Lebenstag geschah, gibt es zwei Zeugen: Ewald und Nelli. Ewald saß nämlich in Großvaters Zimmer, um in dieser Abgeschiedenheit seine Schularbeiten zu machen Er saß also mit dem Rücken zu Großvater und Nelli, las, schrieb, radierte, rechnete und kaute am Stift, kratzte sich hinter den Ohren und war so vertieft in seine Arbeit, dass ihm Großvaters Schlusssatz erst wieder einfiel, als er sich zwecks Aussage erinnern musste. Großvater aß, und Nelli beobachtete den einzigen Königsberger Klops, der noch auf dem Teller lag. Großvater sagte:
„Hier, lieber und guter Nelli, der du stets lieb zu mir warst, dieses ist noch einmal und zum letzten Mal ein Happen für dich. Ich muss jetzt sterben, auf Wiedersehen, Hundchen.“
Damit reichte er Nelli den Klops, legte seinen Kopf auf dem Kissen zurecht und starb.

Man weiß nicht genau, wie lange Nelli unbeweglich dagesessen haben muss, auch der rechnende Ewald nicht. Niemand von uns kennt auch jene Welt der Ahnungen, die sowohl Menschen als auch Tieren geöffnet ist. Jedenfalls: Der erste Schreck des Tages fiel auf Ewald, der Kopfarbeit sein und den Griffel fallen ließ. Denn wer kann schon geistig arbeiten, wenn Wolfsgeheul das Arbeitszimmer füllt! Nelli hockte auf seinen Keulen, so, wie unsere Urahnen beim Mondschein heulende Wölfe vom Lagerfeuer aus beobachten konnten! Großvaters Abgesang – kann ein Mensch, fragte ich mich später, besser verabschiedet werden als durch den Gesang eines guten Freundes?

* * * * * *

Allen Beobachtern fiel auf, wie diszipliniert sich Nelli bei allen Spaziergängen mit bekannten Menschen verhielt. Besonders bei jenen, die irgendwie behindert waren. Für einen lebhaften, zu allen Streichen aufgelegten Hund muss es doch eine Pein sein, den ältesten Bewohner Kattenvennes, nämlich Urpapa Hesekiel, 99, bei Spaziergängen zu begleiten. Man stelle sich vor: Er schaffte mit Mühe und Not auf drei Beinen, das eine aus Buchenholz, einen Kilometer in zwei Stunden. Dabei umrundete ihn Nelli ein dutzendmal, kreuzte seinen Weg ebenso oft, überholte ihn noch öfter und fing dabei Hesekiels angelutschte Hals- und Magenbonbons auf, die dieser ihm entgegenspuckte – sie förderten gewiss beider Gesundheit.

Ich nutzte einmal die positive Stimmung im Haushalt meiner Arbeitgeber, drei Tage „Urlaub“ zu fordern.
„Ich muss mal raus und woanders hin!“
Aufgewiegelt zu dieser sozialen Forderung hatte mich Schäfermeister Kurt Schuriegel, der mit seinen dreihundert Schafen auf Hilgemanns Wiese Rast machte und mich zu überreden suchte, mit ihm durch Wald und Flur, durch Dick und Dünn und mit den Schafen durch die Lande zu ziehen.
„Mach‘s mal zur Probe, gel?“
„Nur, wenn ich meinen Hund Nelli mitnehmen darf.“
Den hatte Kurt schon liebäugelnd betrachtet. Fitten erlaubte beides.

Ich will nur so weit auf dieses Abenteuer eingehen, dass ich mitteile, zwar ungeheuer begeistert gewesen zu sein und dass es auch Nelli so erging, aber nie der Gedanke aufkam, es für immer zu tun.
„Man kommt zu keinen anderen Gedanken als an Schafe und Hütehunde zu denken: Mal lahmt ein Tier, Hund

Nummer eins hat sich den Hinterlauf verstaucht, das Leitschaf hat Durchfall und so weiter. Positiv war, dass alle Schafe nach dem ersten Tag mich und nicht Kurt als Leitschaf anerkannt hatten – Ruhe gab's nicht einmal in der Übernachtungshütte."
So mein Fazit zurück bei Hilgemanns.

Ich könnte noch ein Dutzend solcher Nelli-Anekdoten hier unterbringen, doch der Platz würde nicht reichen. Ich brauche nicht zu betonen, dass unsere gegenseitige Freundschaft „ewig" angehalten hätte, wenn mein Schicksal anders als geschehen entschieden hätte. Ich brauche ebenfalls nicht zu betonen, dass Nelli ganz bestimmt zehn Jahre länger gelebt hätte, wenn ich auf dem Hof verblieben wäre – eventuell als Friedas Ehemann.

Wo und wie „Nelli der Einzige" gestorben ist, bleibt unbekannt. Ich habe mir die letzten Umstände erzählen lassen. Nachdem ich Nelli verlassen hatte, trat die Zäsur seines Lebens ein und er wurde wieder das, was er anfangs gewesen war: ein Wanderer oder Streuner. Eines Tages hatte er wieder seine „Hundstage" und man erkannte, dass er streunen wollte: Ohne Blicke zurück und ohne sich noch einmal auszupinkeln verließ er den Hof und tauchte am Ende der Straße nach Lengerich unter:

„Quo vadis, Nelli? - Wohin gehst du, Nelli?"

Nacht über Kattenvenne! Nachfolger als Hofwächter Schäferhund Nelly III. schlug kurz an, was alle überhörten. Eine Stunde später klingelte das Telefon der Guten Stube: „Sie sollten mal vor Ihre Haustür schauen!"
Man tat's und fand eine Kiste, in der ein Kindersarg untergebracht war – gefüllt mit Nellis Leichnam! Diesem wurde ein Grab unter Rosen, Lilien, einem Holderstrauch und dem Honigbirnbaum zugewiesen:

„Nelli I. - Requiescat in pace!"

(Alle nachfolgenden Nellis wurden Nelly geschrieben – was ja wie allgemein bekannt, beim Rufen ohne Bedeutung ist.)

Hektor

Wenn ich jetzt Hektor dem Nelli folgen lasse, überspringe ich Klaus und Meta. Es ist nicht so, dass ich mit ihnen keine Abenteuer erlebt hätte, nur: Persönlichkeiten waren sie nicht!

„Hektor“, lehrt ein Lexikon, „ist eine Gestalt aus Homers berühmter Ilias, aus dem viele der heute bekannten Informationen aus der griechischen Mythologie stammen. Er ist vor seinem jüngeren Bruder Paris der älteste Sohn des Königs von Troja, Priamos, und von dessen Frau Hekabe. Er ist der wichtigste Held und Heerführer Trojas im zehnjährigen trojanischen Krieg.“

Nun, „unser“ Hektor war auch ein Held, wie aus meinen folgenden Berichten einwandfrei hervorgeht, und sein Herkommen ist zwar auch fraglich, aber nicht fragwürdig und sagenhaft. Hektor war das dritte Pferd meines Landwirtes und eingestellt worden, dass ich mit ihm alle Themen der Landwirtschaft erlernen könne. Er war pechrabenschwarz wie die Rassepferde Ostfrieslands, Trakehnens und Norddeutschlands, ohne deren Niggelichkeiten zu besitzen.

„Er ist treu, gehorsam und einem anständigen Halter und Führer ergeben“, versicherte sein ehemaliger Besitzer, „ein echter Deutscher!“

Nun denn, damit war er bei mir an die richtige Adresse geraten! Seine Vorvorbesitzer hießen Anton und Anna Teepe und waren im Dorf als Jähzorner, Geizkragen, Intoleranzler und Prügler bekannt. Sie belohnten Hektors Fleißarbeit mit Gerten, Peitschen, Fußtritten, Kinnhaken und Kopfnüssen so lange, bis Hektor „den Hals voll hatte“ und Anton einen fulminanten Magentritt verpasste – aus dem dieser als Frührentner hervorging, der noch froh sein konnte, Hektor für 500 Mark loszuwerden.

Bei uns lernte dieser Wohltaten wie Striegeln, Kämmen, Putzen, Bürsten und pünktliches Essen kennen. Dazu meine Pferdeflüsterei und Gratiszugaben in schwarzer Farbe. Meine erste selbständige Aktion mit Hektor war eine sonntägliche Kutschfahrt. Weil Hektor den Weg ins Dorf oder zur Kirche inzwischen kannte, brauchte ich nur „ins Dorf" oder „zur Kirche" zu sagen, prompt brachte er mich hin. Ich parkte mit ihm direkt vor der Kirche. Er bekam seinen Futtersack vorgehängt, und während er aß, dachte er auch an andere, ebenfalls hungrige Wesen: An die Dorfspatzen, die überall auf Bäumen und Hausdächern warteten, dass er seine dampfenden und gehaltvollen Pferdeküttel abließ. Ich versuchte manchmal auf dem Kutschersitz einzuschlafen, doch im Winter stand ich vorn neben seinem feinen Kopf und wärmte mir die Hand an seinen warmen Nüstern.

Mein Zeitvertreib mit Hektor bestand nach getaner Arbeit hauptsächlich in liebevoller Behandlung. Zum Beispiel wintertags: Da konnte es für ein intelligentes Pferd ziemlich langweilig werden. Ging ich, oft singend, brummend und flötend an seinem Stall vorbei, machte er sich durch zartes Wiehern bemerkbar. Dann musste ich für eine Weile zu ihm gehen. Im Stall angekommen kraulte ich ihm die Kruppe, was ihm ganz ungewöhnliche, gar nicht zu Pferden gehörige Grunzer entlockte. Er bedankte sich dann, - auch das seine gute Eigenschaft -, mit intensivem Beknabbern meiner Bekleidung, besonders der ledernen, in welcher sich ganz offensichtlich Lakritzduft länger hielt als in herkömmlichen Stoffen.

Am liebsten hatte Hektor, wenn ich seinen Kopf niederzog und ihm mal ins linke, dann ins rechte Ohr flüsterte: Schuberts und Beethovens Lieder, Max und Moritz, Odysseus' Abenteuer oder „om mani padme hum - oh du Lotosblume du". Dabei hielt ich mich so fest, dass mein Körper unter seinem Hals baumelte. Bei solchen Gelegenheiten hielt Hektor seine Pferdeküttel zurück. Je nachdem, was er gegessen hatte, waren diese trocken duftig oder feucht stinkig: unverdauter Häcksel, platt gekauter Hafer oder vergorene Runkel- oder Stoppelrüben. Wenn diese aufs Hofpflaster klatschten, war das ein Signal für gefiederte Feinschmecker der Hofgesellschaft: Hühner, Perlhühner, Puten und Truthähne, Spatzen und Türkentauben. Und wenn Nelli sich genötigt sah, an einem der vier schwarzen Beine sein Bein zu heben, mochte Hektor der warme Pipistrahl eine Wohltat sein.

Wenn ich mit Hektor auf einem entfernten Acker von mittags bis abends arbeitete, bekam ich Butterbrote und eine gefüllte Kaffeekanne mit. Bäuerin Lina wusste, dass Hektor ebenfalls belegte Brote aß und Wasser aus einer Bierflasche trinken konnte. Mir fiel auf, dass er seine Butterstulle manierlicher aufaß als die meisten Landleute bei Tisch es taten. Nur sein weithin hörbares Pupen, das einem aufkommenden Gewitter glich, konnte ich ihm nicht abgewöhnen.

* * * * * *

Mein einziger Beinahe-Todesritt mit Hektor gehört natürlich auch hierher. Solche Ritte waren uns damals durchs Kino gezeigt worden, wo amerikanische Westernhelden sie uns präsentierten: Gary Cooper, Alan Ladd, Burt Lancaster und Genossen. Aber m e i n e n Ritt mit Hektor hat niemand gefilmt. Ich hatte Hektor zum Arbeitseinsatz von der Weide zu holen, schwang mich behände auf seinen Rücken, um in einem mächtigen Galopp diese Weide in einem Sprung übers hölzerne Heck, (das Tor), zu verlassen. Das Pferd war gut gelaunt und ausgeruht, drehte stark auf und verlangsamte das Tempo auch nicht, als wir uns dem Heck näherten. Ich glaubte, dass er, ein nicht besonders eingeübtes Sprungpferd, es wie ein Vogel überfliegen wollte. Nichts da! Er donnerte, das Altholz prasselte zu allen Seiten auseinander, wie ein T 34, - ein russischer Panzer des vergangenen Krieges -, hindurch und ließ die Fetzen fliegen! Zu meinem Glück landete ich auf weichem Gras. Noch ehe ich mich aufrappelte, trabte Hektor verhalten wiehernd herbei, beschnoberte mich, stupste mich an und brach dann in ein wieherndes Gelächter aus. Ich musste ihn belohnen und gab ihm eine unangebrochene Rolle Lakritz von der letzten Kirmes im Dorf - „Haribo macht Pferde froh", schon damals!

Als Hektor ins Licht der Öffentlichkeit trat, was für jeden Star, ob vier- oder zweibeinig, unerlässlich ist, war mein Verhältnis zu ihm das einer „ewigen Freundschaft" geworden: „bis dass der Tod uns scheidet". Da wurde er Hauptdarsteller des Kulturfilms „Ein-PS-Hafermotor". Mitte 1949 kurvte ein Filmemacher seinen Altmercedes auf den Hof, auf der Suche nach einem attraktiven Arbeitspferd, und hatte Hektor draußen auf der Weide bereits scharf in Augenschein genommen. Meine sehr konservativen Landleute hielten nichts von Filmen und Filmern, dachten aber anders, als von einem „Honorar" für Hektor die Rede war. So durfte denn mein Hektor in folgenden Sondereinsätzen zeigen, was **er** im Kasten hatte.
Erstens: Einspännig pflügen, und zwar bildwirksam von hinten nach vorne in die Kamera hinein, bis nur noch seine schwarzen Füße im Bild zu sehen waren.
Zweitens: Holzrücken. Das war seine Spezialität. Normalerweise nur im Winter, aber jetzt fällte man ein paar Bäume, welche im nächsten Winter sowieso an der Reihe gewesen wären: Starke Eichen, die Hektor scheinbar leichtfüßig aus dem Wald zog. Dazwischen zeigten ruhige Sze-

nen seinen gesunden Appetit, als er zufrieden aus seinem Hafersack seine verdiente Belohnung aufaß.
Drittens: Treideln am nahen Kanal. Diese Tätigkeit habe ich schon beschrieben.
Viertens: In den Graben gelenkte Automobile herausschleppen. Diese Arbeit braucht nicht näher beschrieben zu werden.
Fünftens: Als Höhepunkt dieser imaginären Filmhandlung ein niedliches Schauspieler-Ehepaar zur Dorfkirche fahren, das später tatsächlich geheiratet haben soll. Dabei erregte der schwarze Hektor mehr Aufmerksamkeit als die weiße Braut, so sehr sie sich auch an ihn schmiegte und den ebenfalls schwarzen Bräutigam abseits stehen ließ.
Sechstens: Getreide dreschen wie anno dazumal: Über einen Holzbalken, der mit einer Achse in der Mitte des Kreises verbunden ist, wird ein Zugtier in die Runde geführt und tritt dabei mit seinen Hufen aufs ungedroschene Stroh auf dem Erdboden. Immer herum, einen lieben langen Tag lang. Hektor musste natürlich nur ein paar Runden drehen, dann war genug Film im Kasten.
Siebtens: Ein paar kleine Szenen dienten der Auflockerung des Films: Hektor wird gestriegelt und gefüttert, angeschirrt, grast auf grüner Weide, macht seine Küttel immer ordentlich an Ort und Stelle, steht angestrengt äugend da, und auch zum Wiehern musste ich ihn bringen, indem ich ihm zwei Stangen Lakritz vor seine Nüstern hielt. Zum Finale trabte er mit einem Fohlen an der Seite aus der Filmszenerie vondannen…

Und was hatte ich von der ganzen Chose, wo ich doch vorher zustimmen musste, alles „h.c“, also der Ehre wegen zu machen? Die Erkenntnis, dass Fotografieren von Tieren ein Leben ausfüllen könne – der Versucher kam mit Kameras, Objektiven, Stativen und Lampen daher und kreuzte meine noch unsicheren Wege...

* * * * * *

Ehe wir von Hektor Abschied nehmen, sind noch ein paar bedeutende und außergewöhnliche Abenteuer zu berichten. Wenn Pferde sich im Stall niederlegen und auch dann nicht aufstehen, wenn ihnen Futter und Trinken gereicht wird - „dann ist was los"! Ich war mit Hektor am Wegedienst beschäftigt, den jeder Landwirt des betreffenden Gebiets mit und ohne Pferd abzuleisten hatte. Da hieß es, mit einer zweirädrigen Sturzkarre Steine und Sand zu transportieren, der eingearbeitet werden sollte. Das ging im April von Sonnenauf- bis Sonnenuntergang mit nur einer Ruhe- und Fütterungspause für die Pferde. Von ihnen „kippten einige aus den Pantinen", Hektor jedoch hielt stand und legte sich dann im Stall, wie berichtet, nieder. Fritz und ich füllten seinen steinernen Trog mit Rübenschnitzeln, purem Hafer und frischem Heu – nichts half, Hektor reagierte nicht. Auch meine Streicheleinheiten am Hals, an den Nüstern, hinter den Ohren und Gesänge in die Ohren, dann das Vorzeigen und Riechenlassen von Lakritz - „Himmelsakra du dummes Vieh!", schrie Fritz und verabreichte Fußtritte auf die Pobacken – nichts und wieder nichts.

„Wir machen einen Einlauf", riet ich, „wie's der Tierarzt auch tun würde."

Ich ging in die Küche, löste Lakritz und Salmiakpastillen in heißem Wasser auf, dass das ganze Anwesen von diesem Geruch „durchduftet" wurde und Hektor zu schnaufen anfing. Dann nahm ich einen Schlauch, steckte ihn auf einen Trichter und ging in den Stall zurück, wo Hektor noch immer nicht aufgestanden war. Ich schob ihm den Schlauch einen Meter weit ins Maul, bis er „oben" am Hirn angekommen war und sich nach unten neigte. Gluck-gluck-gluck gluckste die Lakritzlösung in seinen Magen, etwas lief vorbei auf die Zunge und den Geschmacksnerv – wie vom Peitschenschlag getroffen erhob sich Hektor, hustete und wieherte den Schlauch ins Freie und – ward nie wieder so krank, dass er sich niedertun musste.

Ich hätte nie gedacht, wie schnell die Jahre enteilen. Doch im Frühjahr 1950, nach der so genannten Gehilfenprüfung, wechselte ich meinen Arbeitsplatz nach Obermehnen im Kreis Lübbecke.
„Noch einmal im Galopp über Stock und Stein", bat ich den Bauern, - es war nicht mehr Fitten Hilgemann -, „und das war's dann wohl!"
Lief Hektor Trab, dann war's unbequem auf ihm, bekam ich ihn aber ans Galoppieren, machte er sich lang wie Old Shatterhands Hatatitlá und flog tatsächlich über Stock und Stein. Es wurde ein Abschied wie immer, als ich Hektors rechtes Ohr mit musikalischen Grüßen Mozarts und Beethovens füllte und er zum letzten Mal sein Maul in meiner Jacke versenken konnte. Alle Versprechungen wie „wir sehen uns wieder", „bis bald" und „vergiss mich nicht" wurden nicht eingehalten – die Wege wurden zu weit, ein Auto gab's noch nicht und „Alles Vergängliche ist nur ein Gleichnis"!

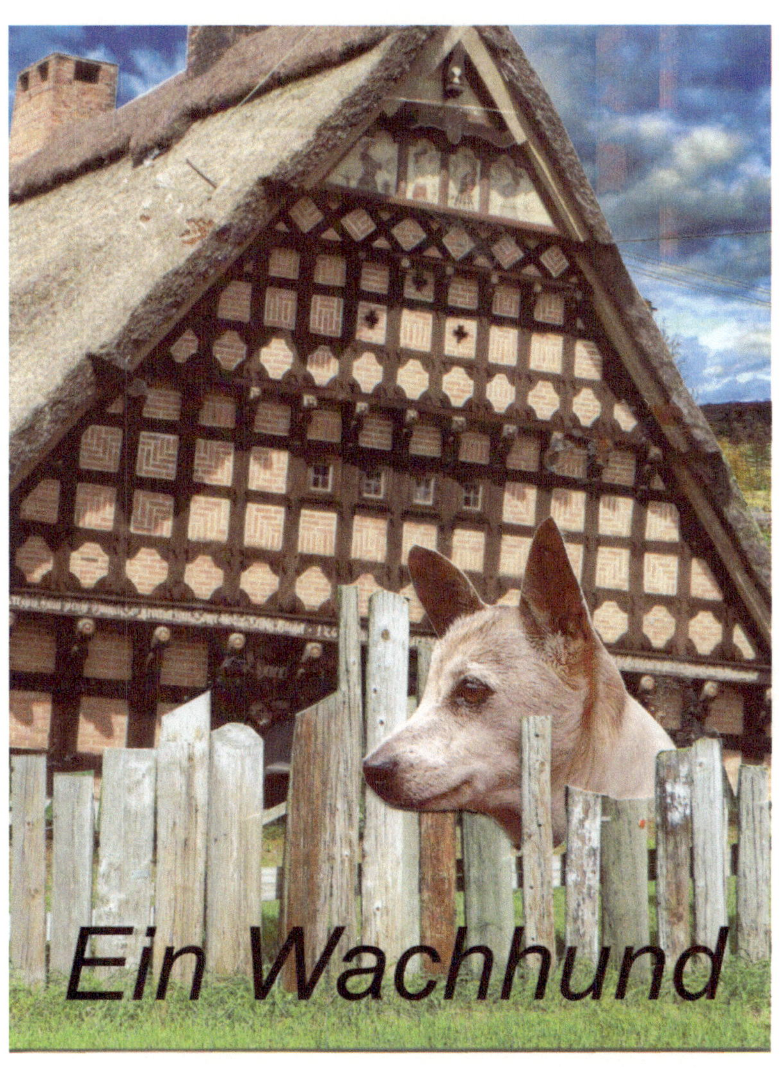
Ein Wachhund

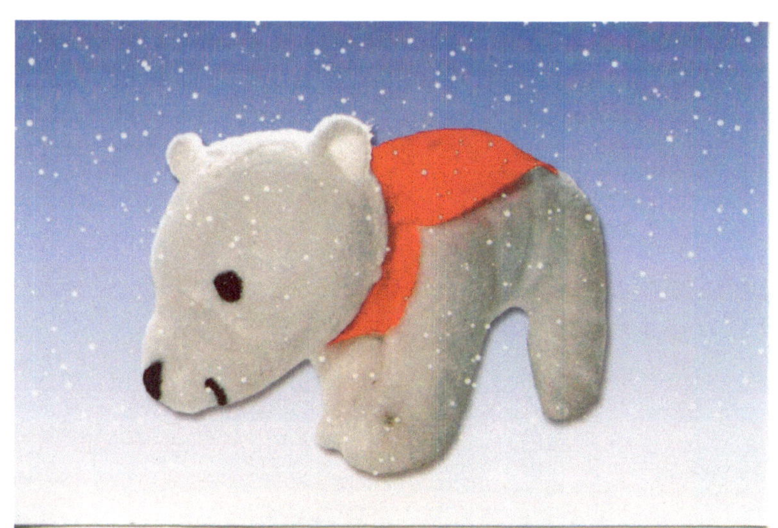

Meine ersten Schmusetiere

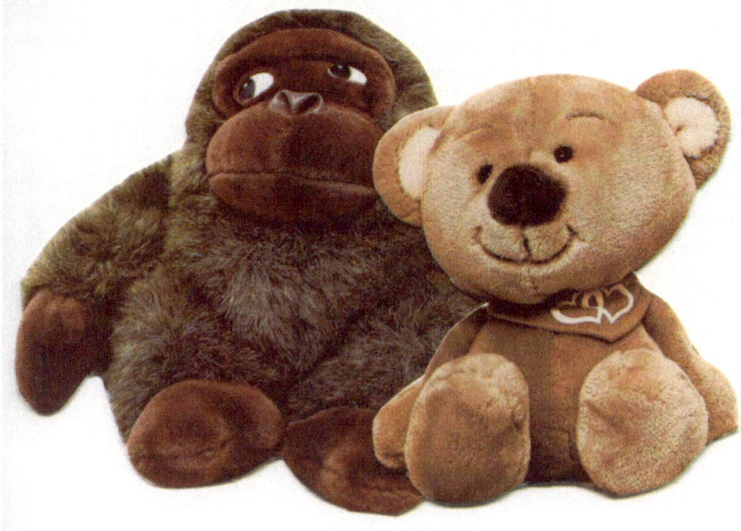

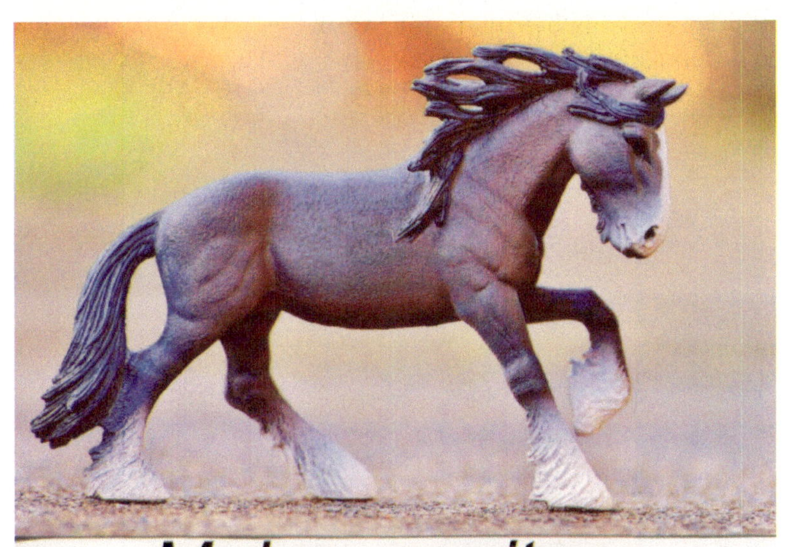

Meine zweiten Schmusetiere

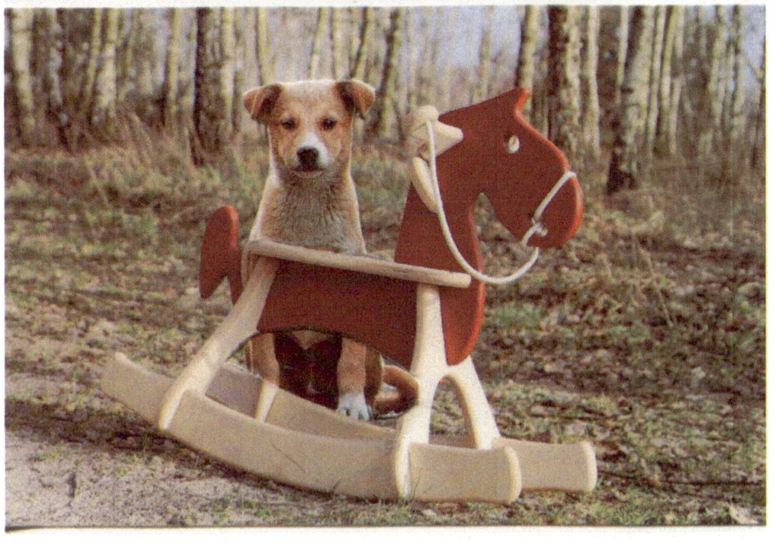

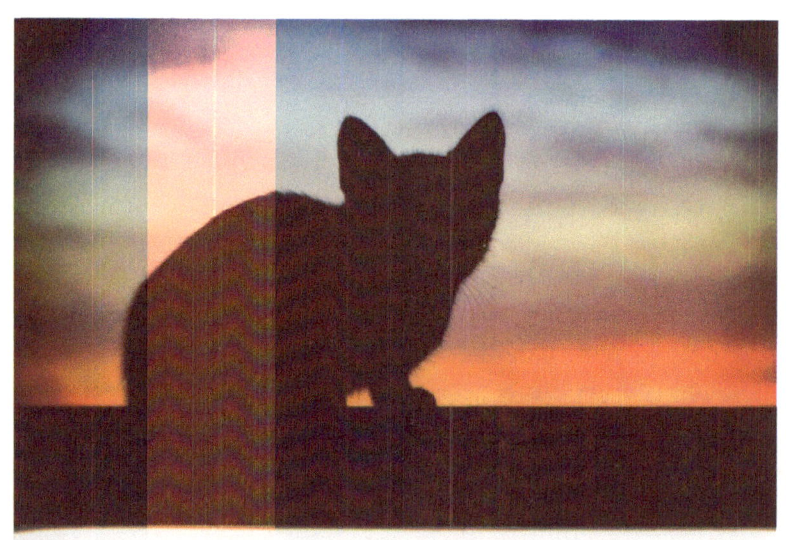

Katzen sind Schmusetiere

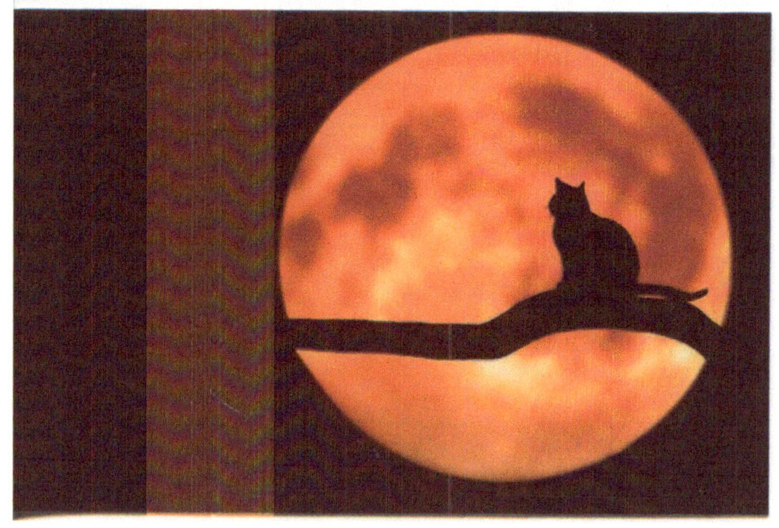

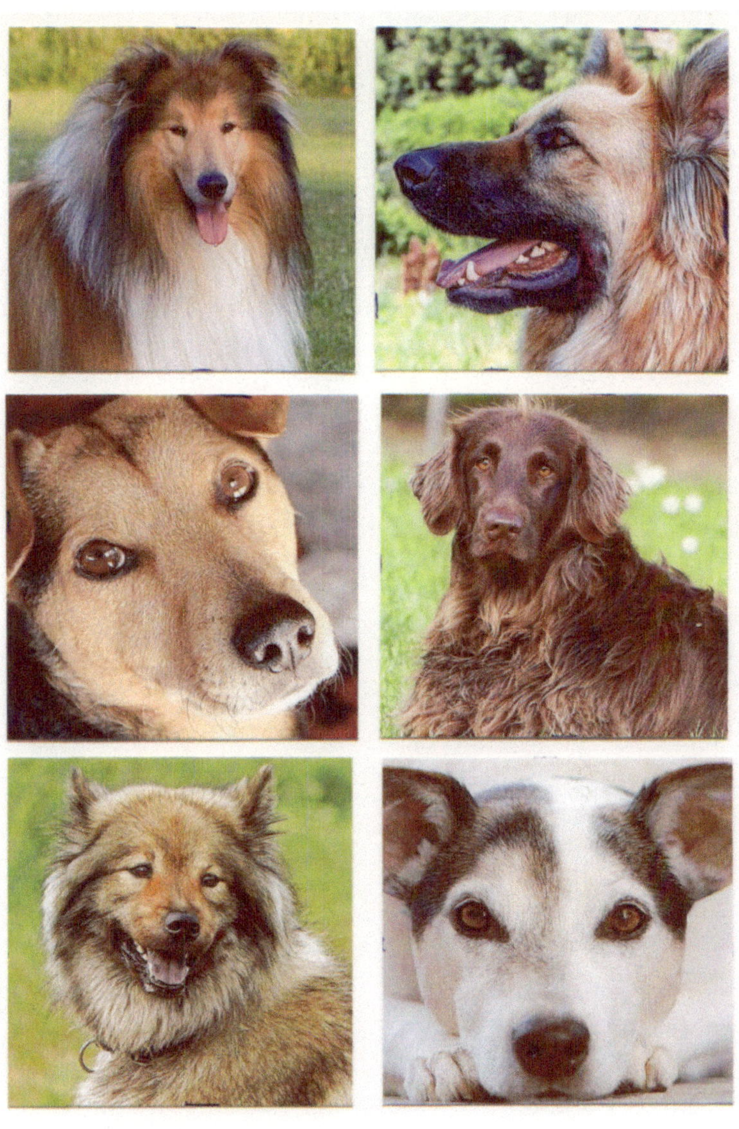

Tafel vier: Nellys Freunde

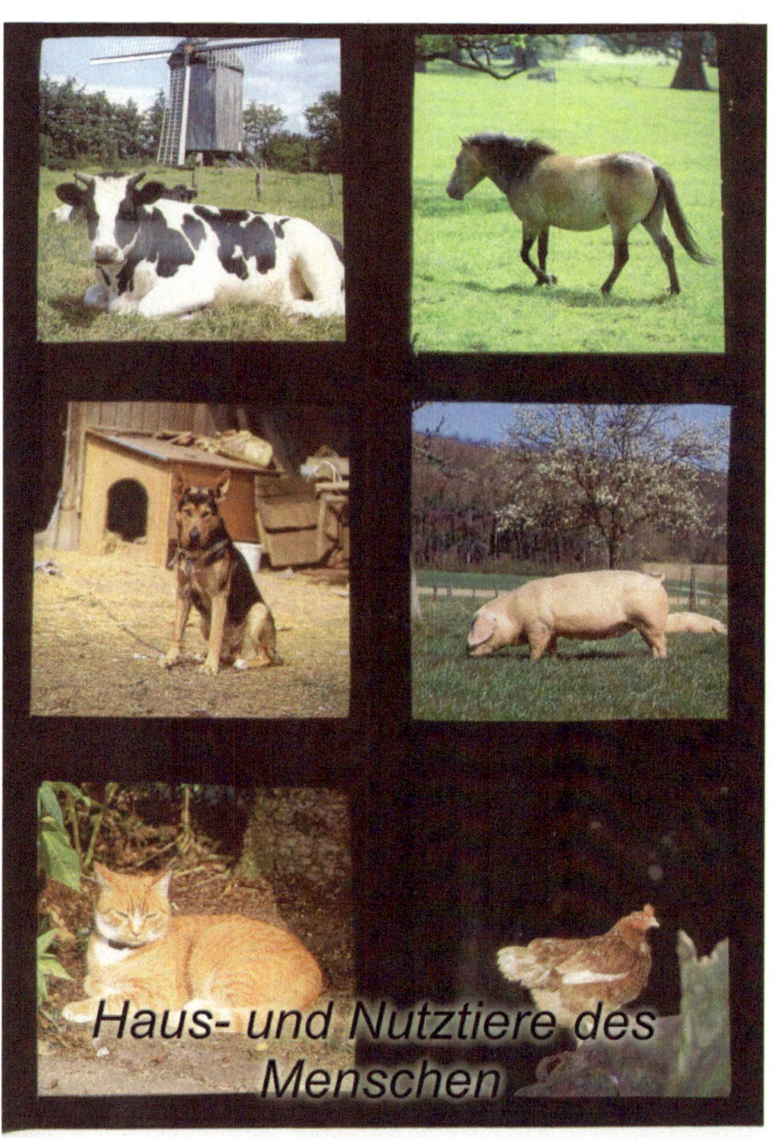
Haus- und Nutztiere des Menschen

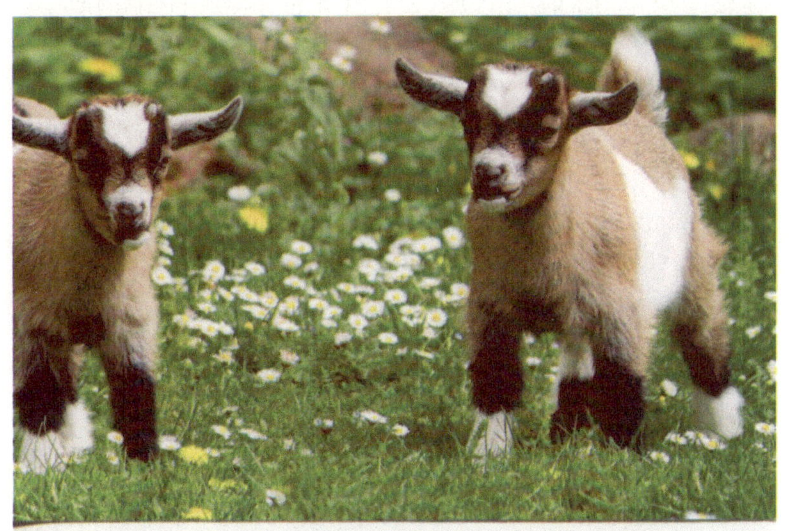

Tierkinder sind überall niedlich

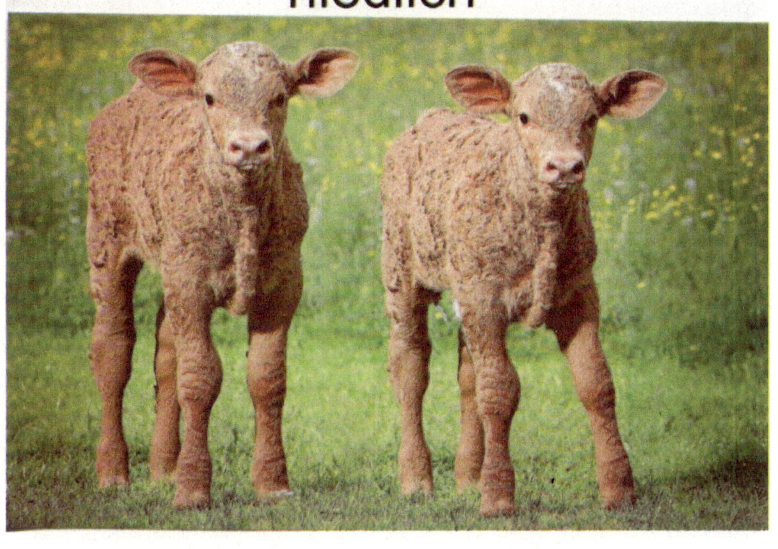

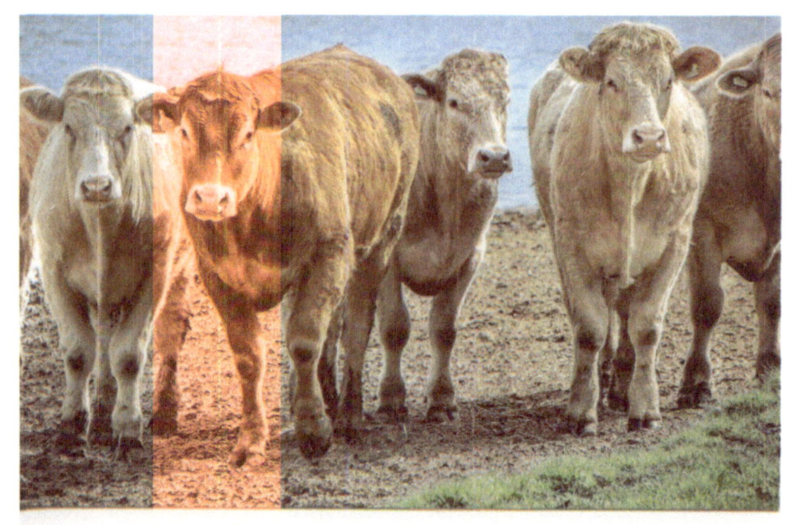

Rinder sind neugierig

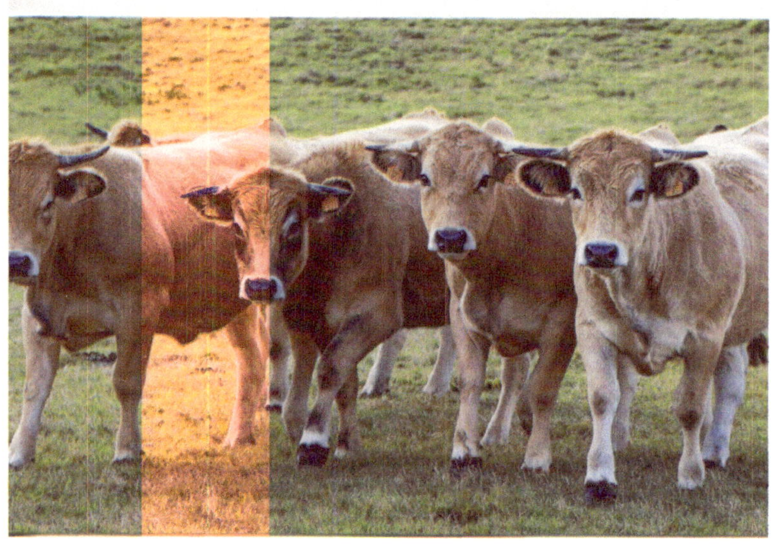

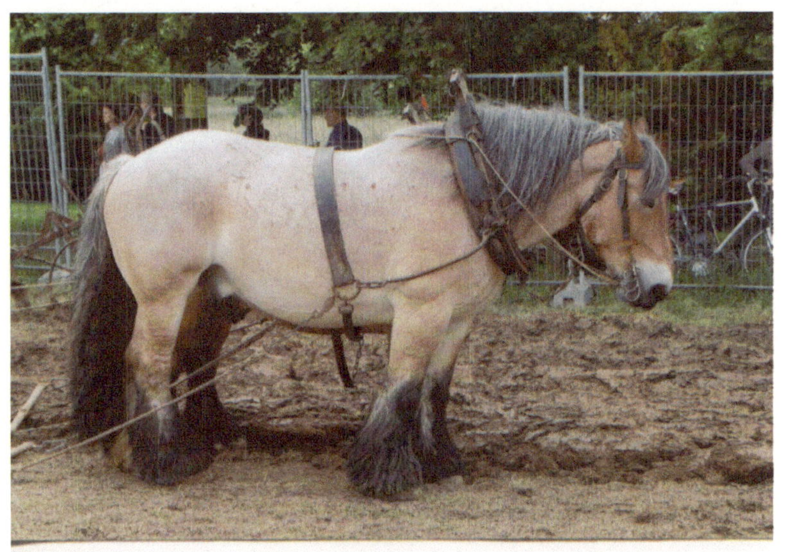

"Rückepferde" schmusen auch gern

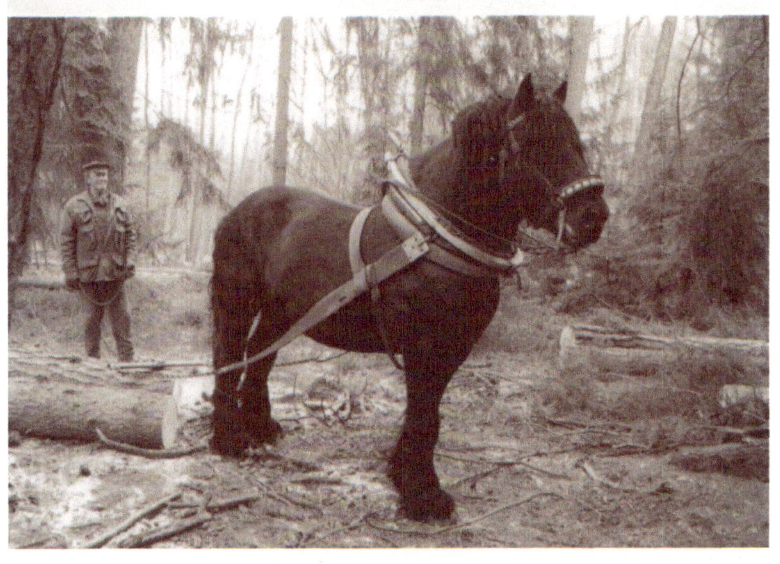

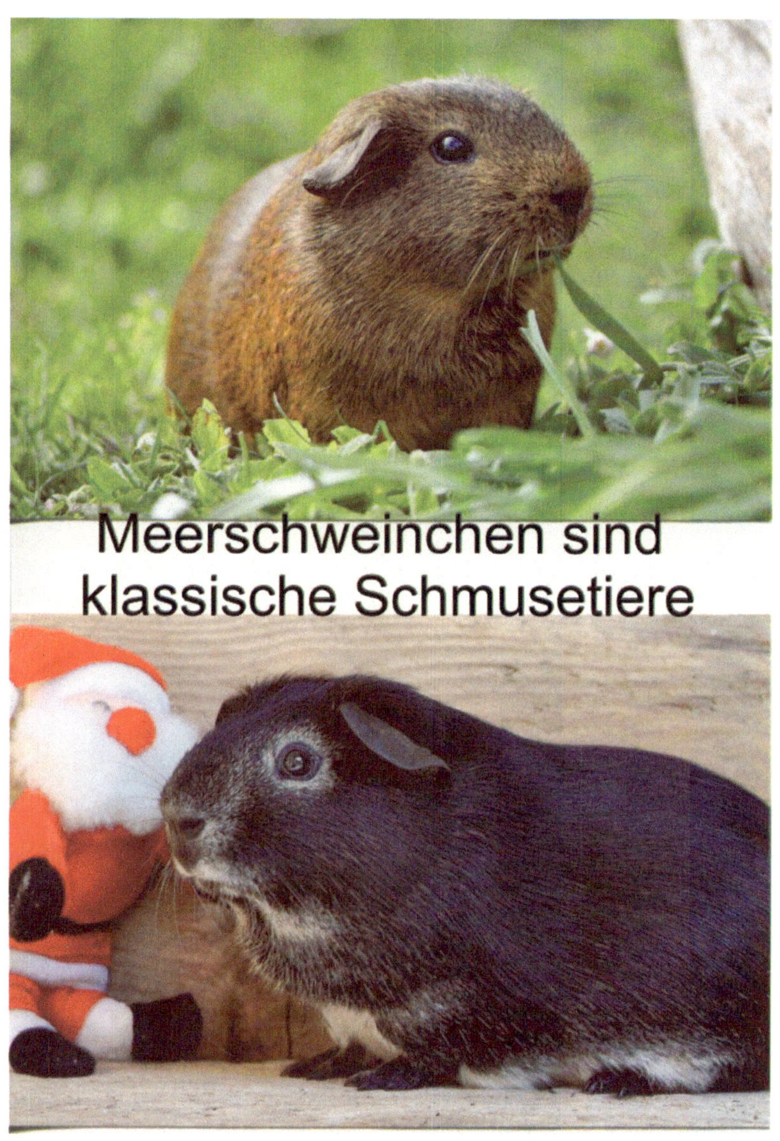
Meerschweinchen sind
klassische Schmusetiere

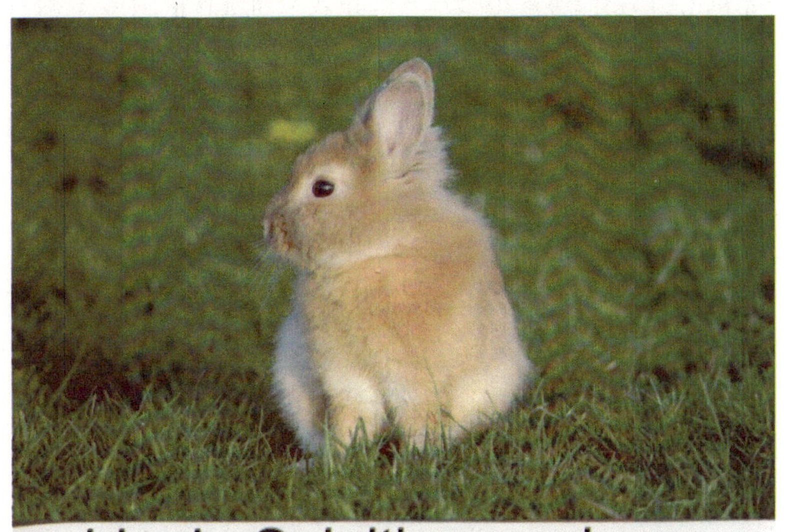

ideale Spieltiere: zahme Kaninchen

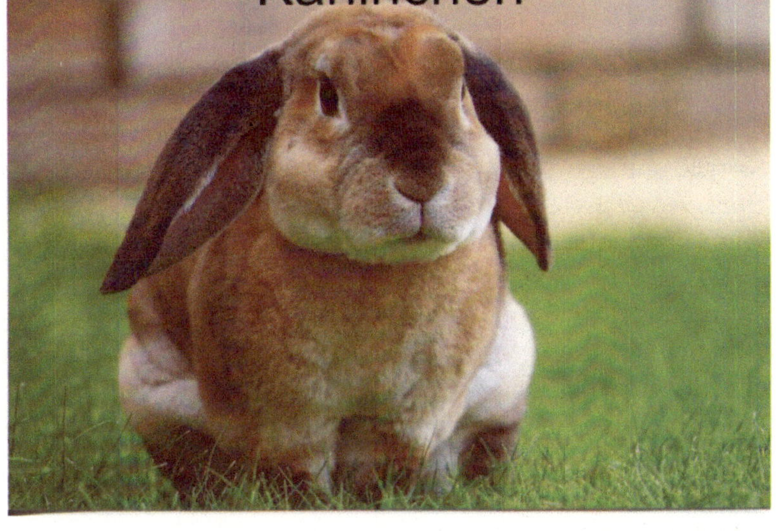

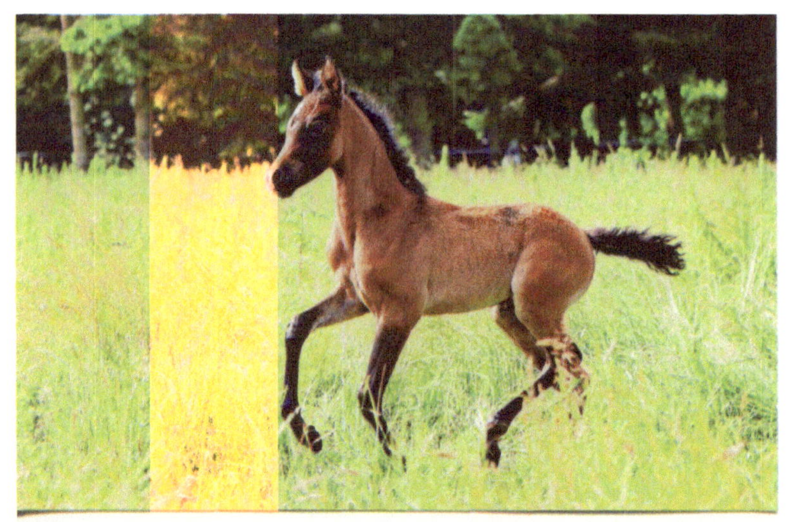

junges Pferd - alter Hund

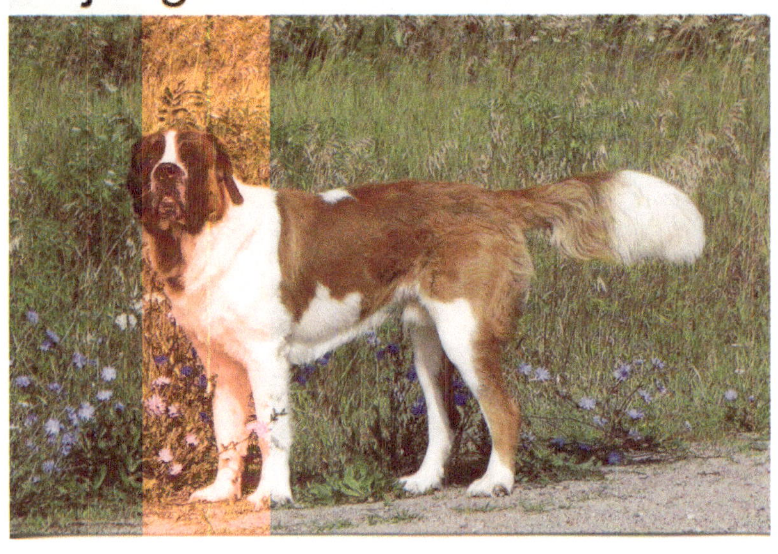

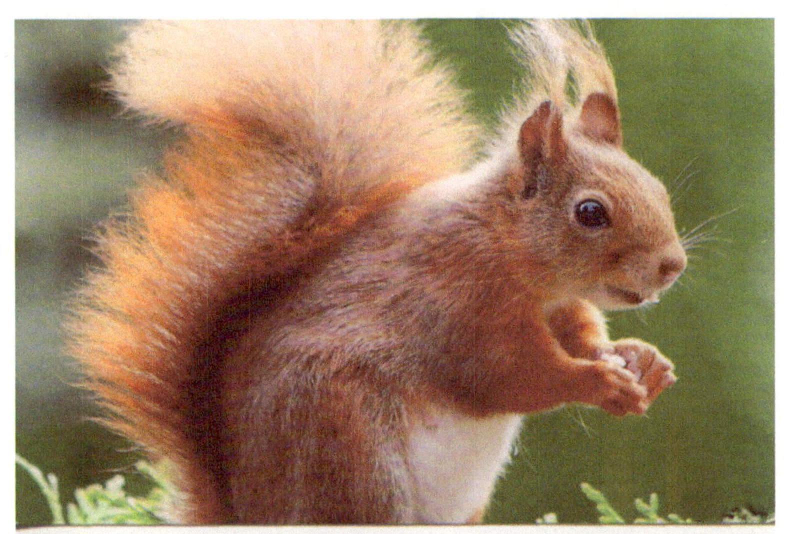

zwei Spielgefährten

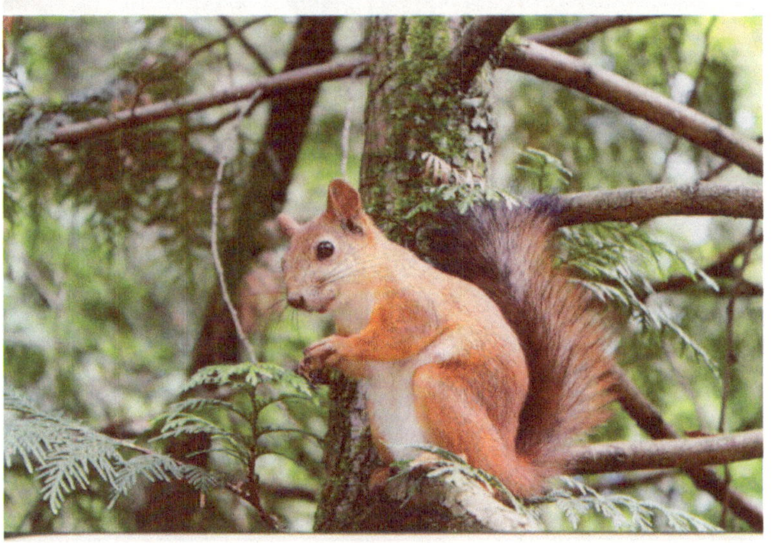

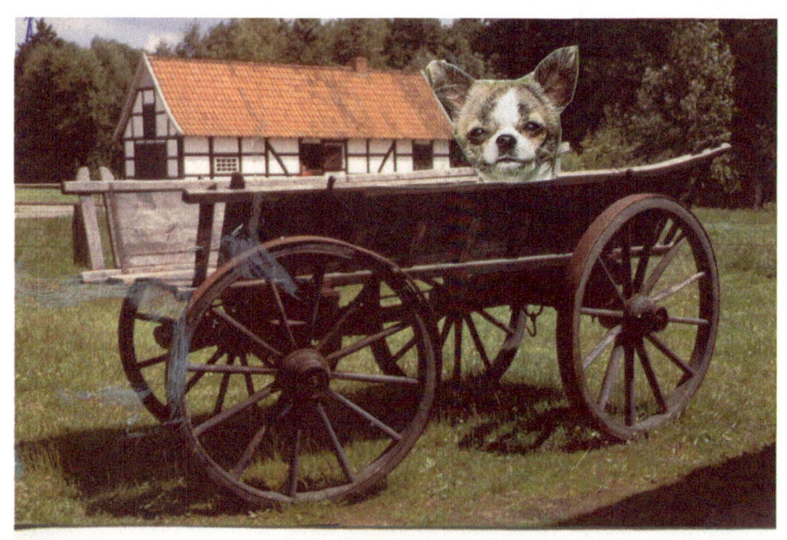

Ruheplatz Karre
Aussichtsplatz Esel

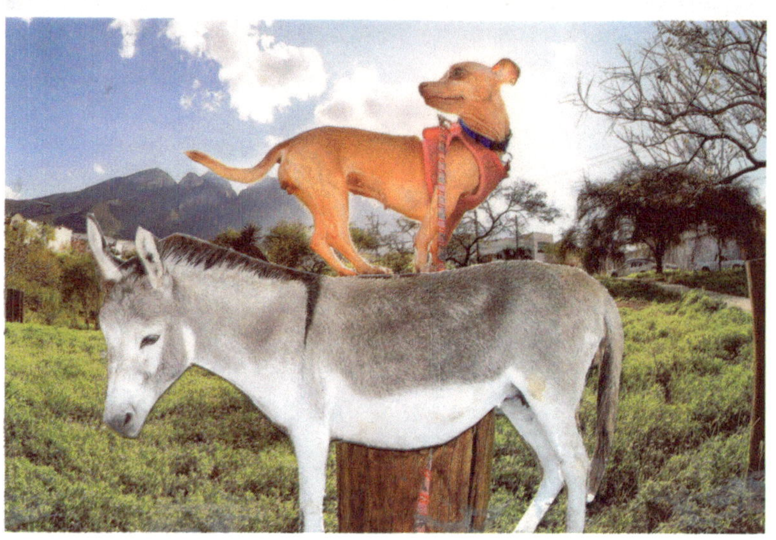

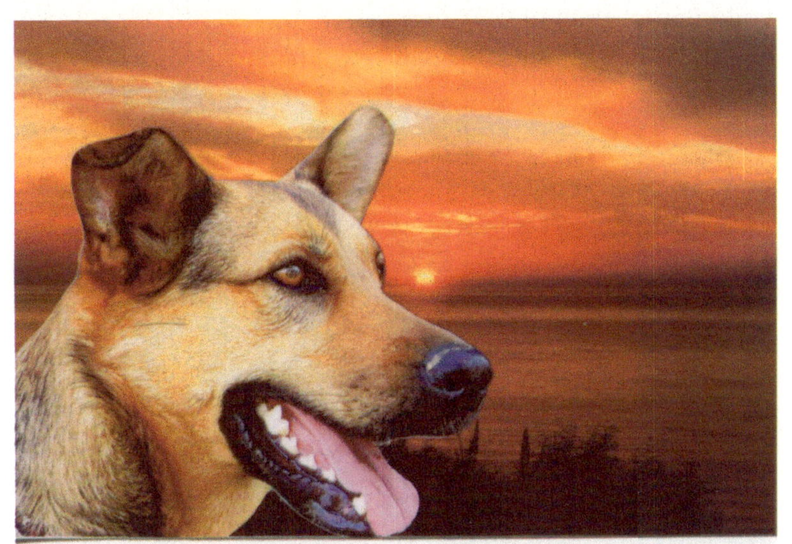

zwei Wachhunde

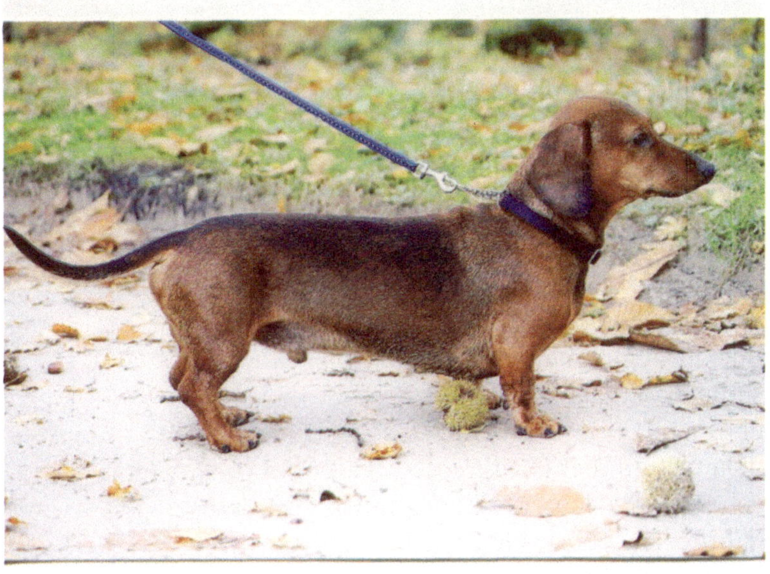

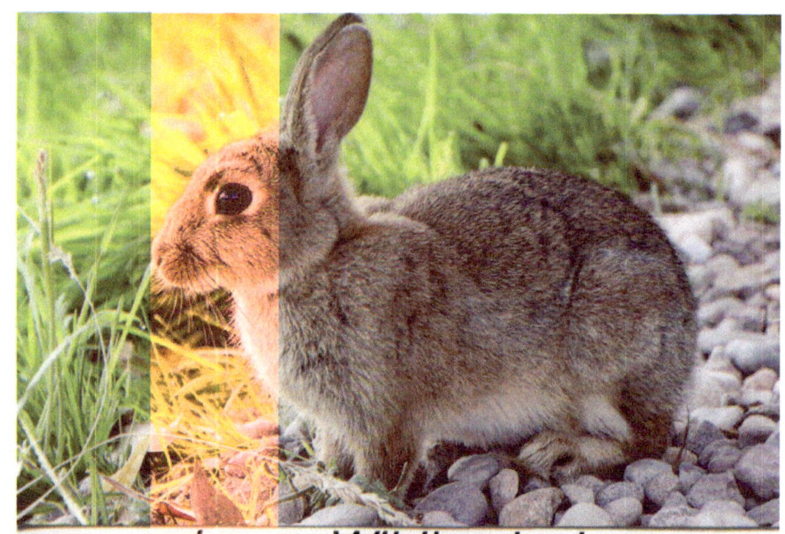

zahmes Wildkaninchen

Schmusestunde

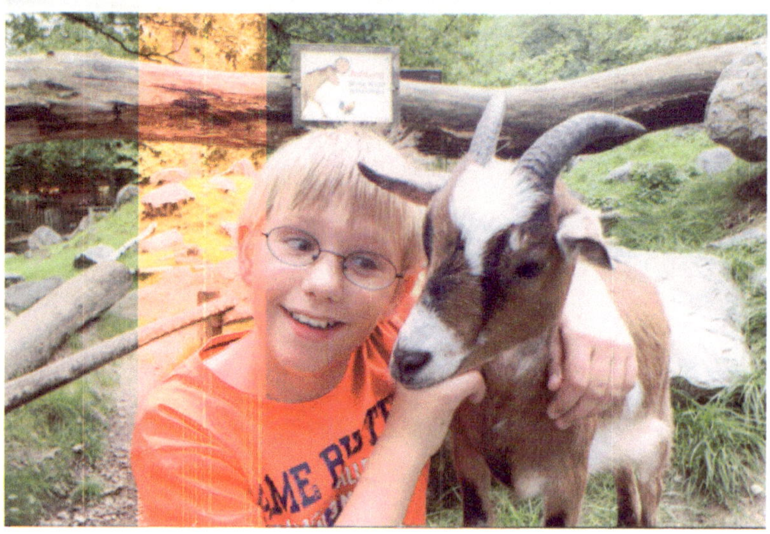

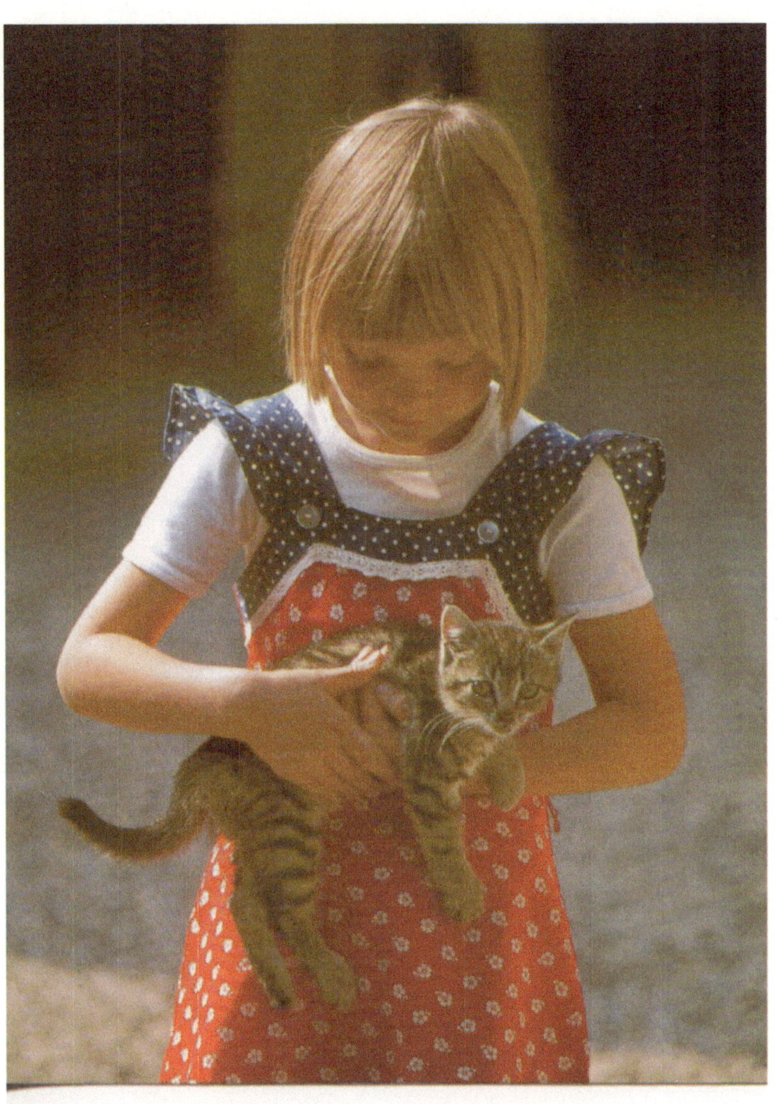

in guten Händen

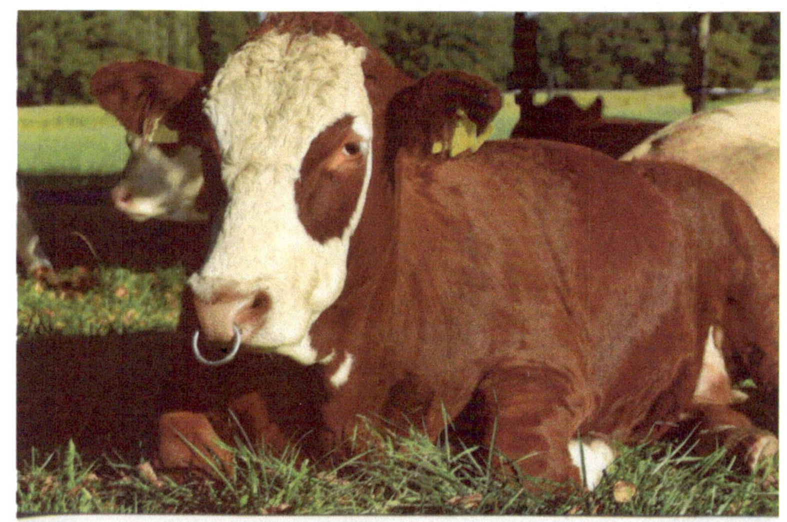

Leidwesen für unsere Rinder: Nasenring und Rinderbremse

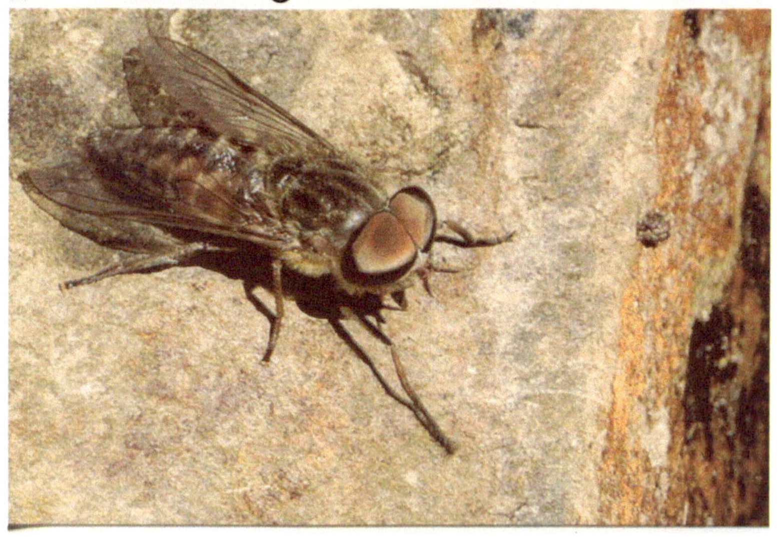

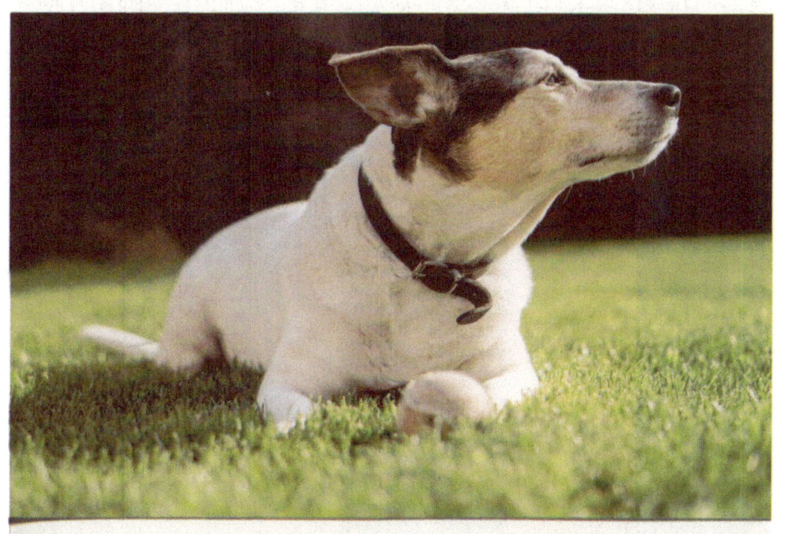

zum Spielen aufgelegt
Goldfisch zum Betrachten

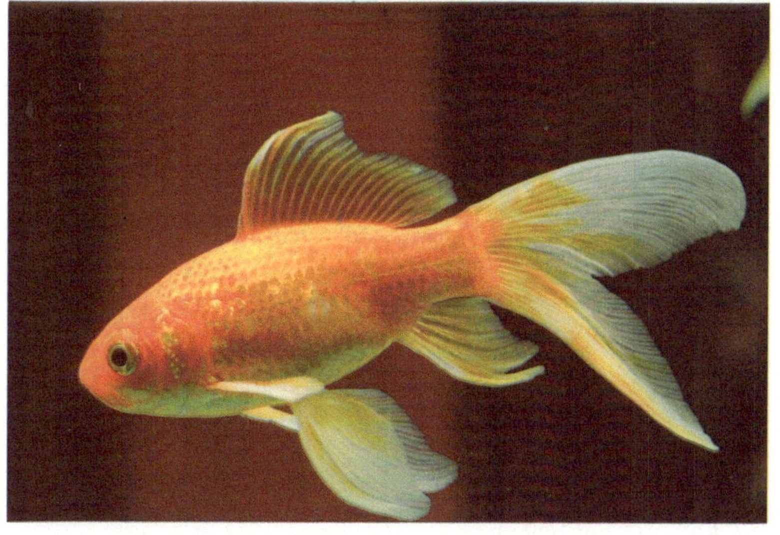

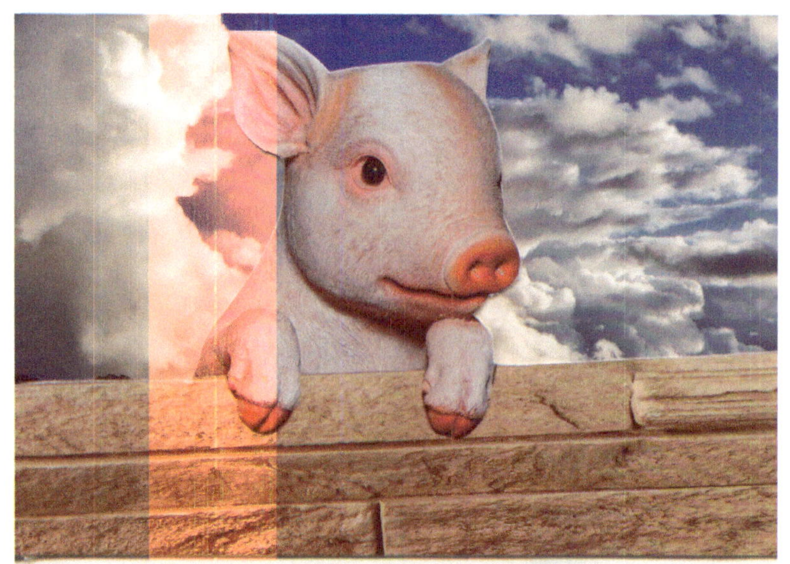

Glücksferkel Anita
Frischling Horst

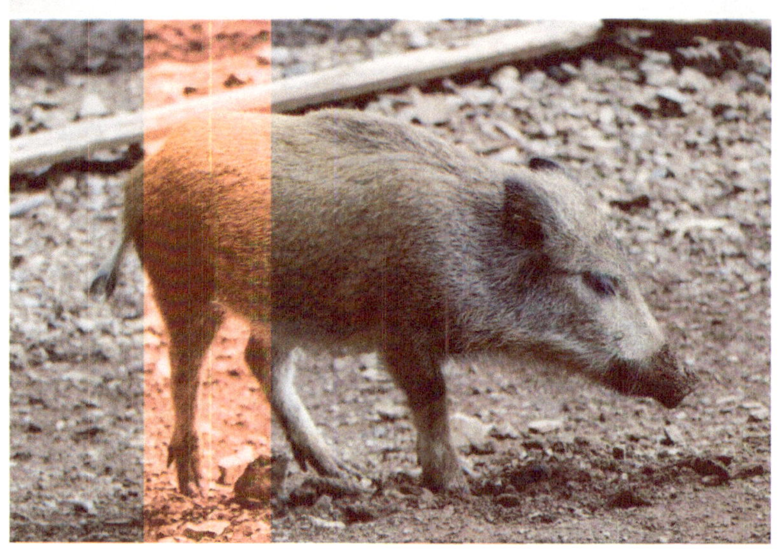

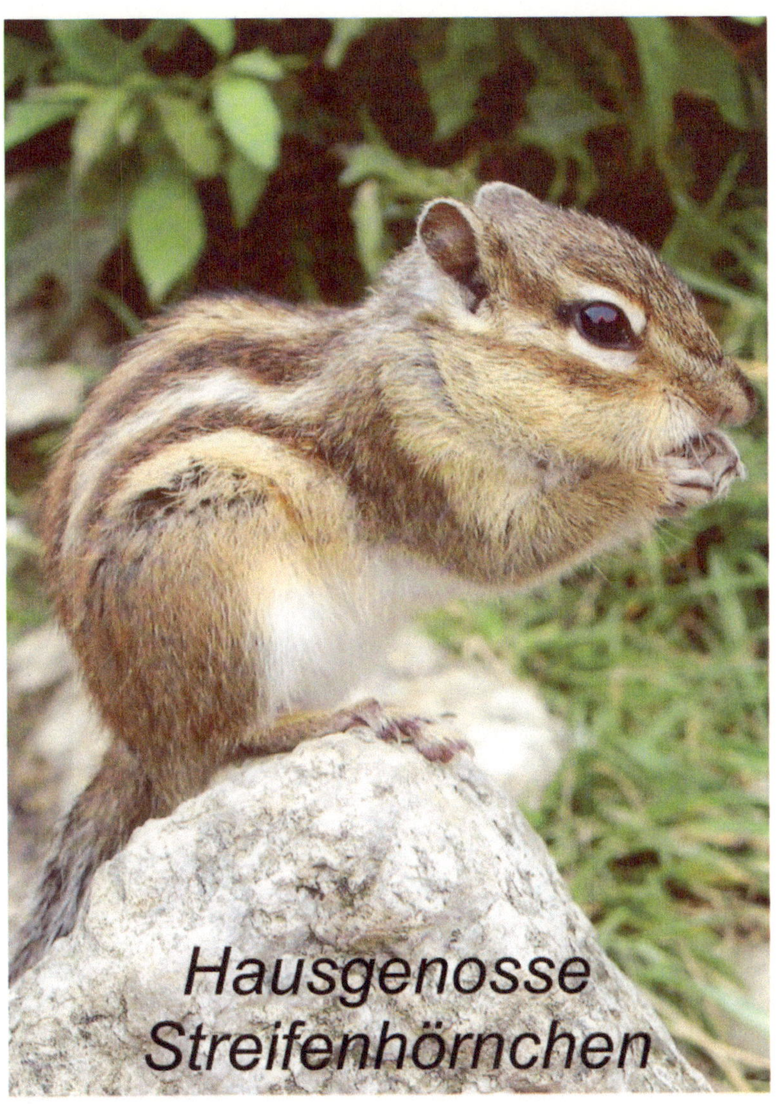
Hausgenosse
Streifenhörnchen

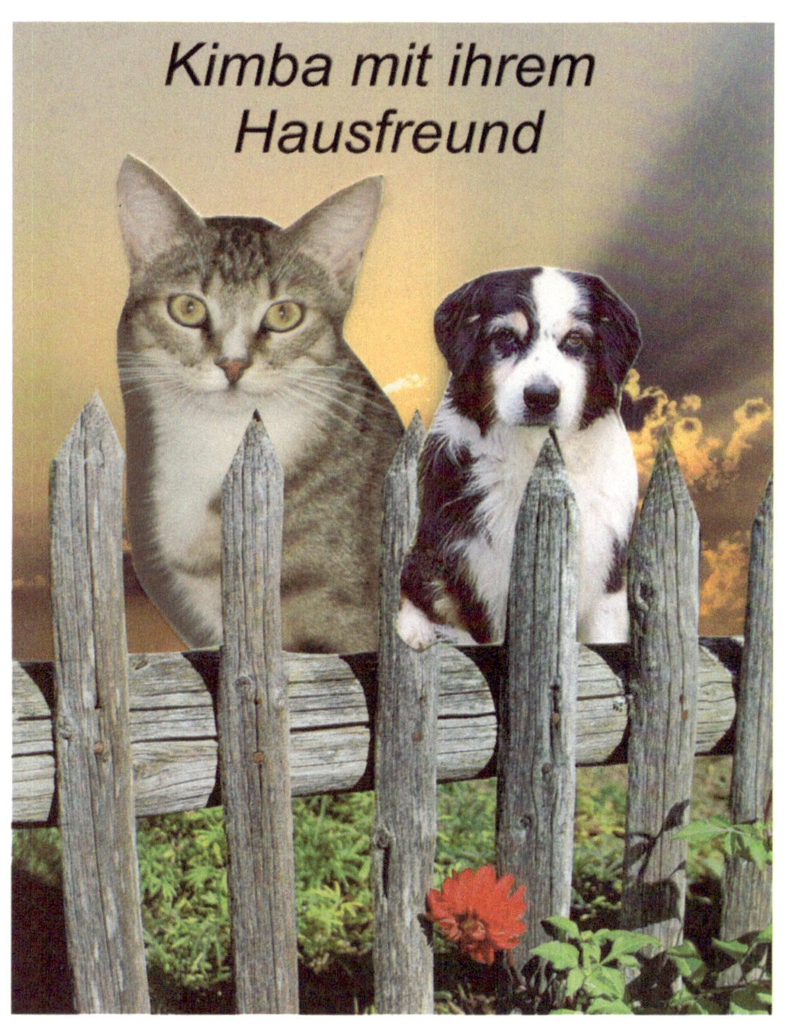
Kimba mit ihrem
Hausfreund

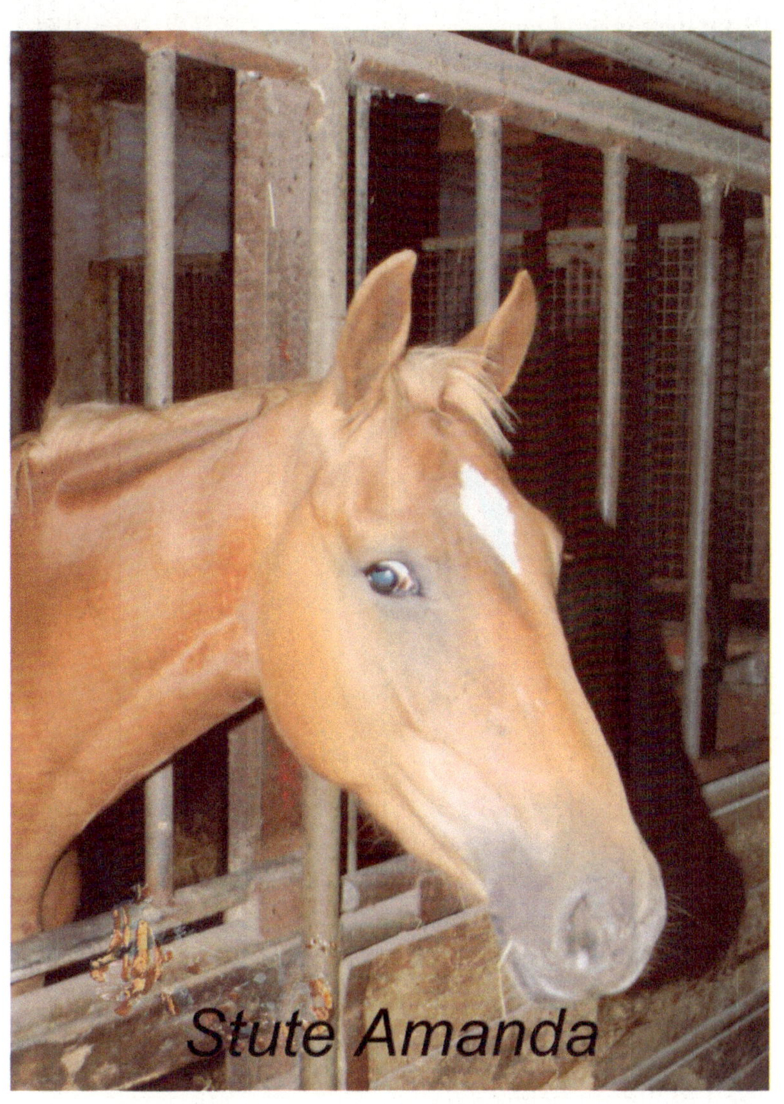
Stute Amanda

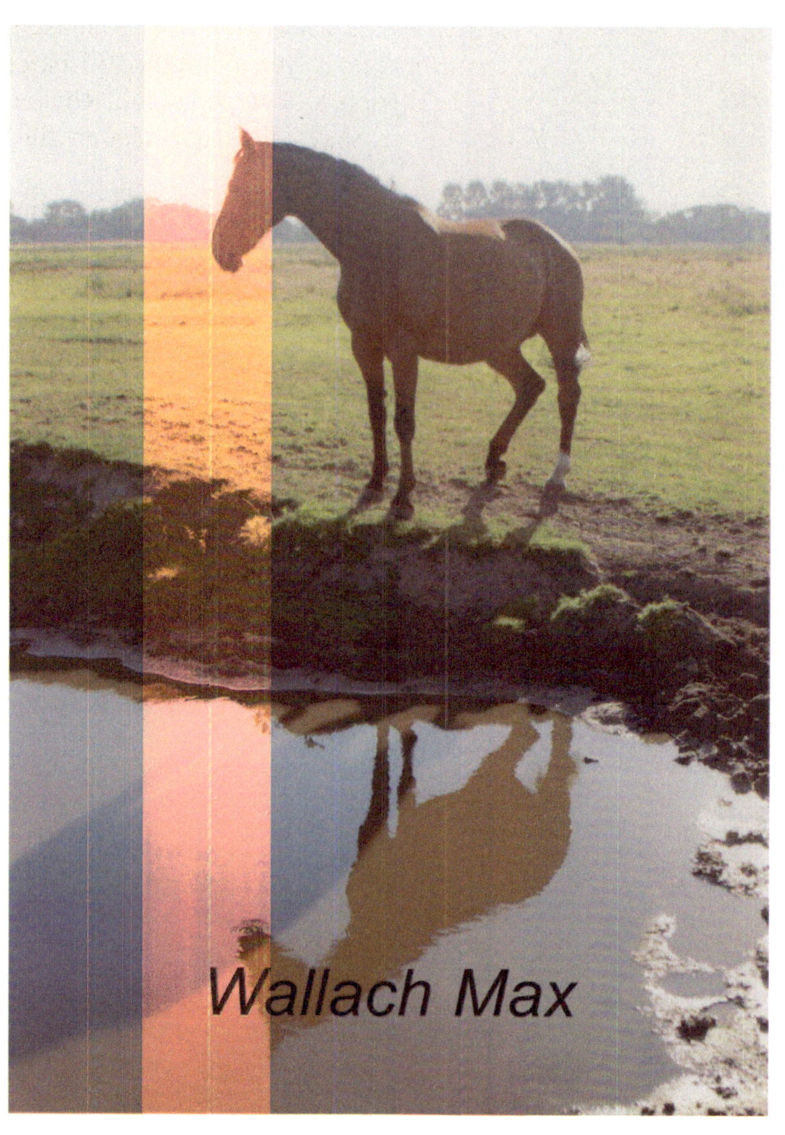
Wallach Max

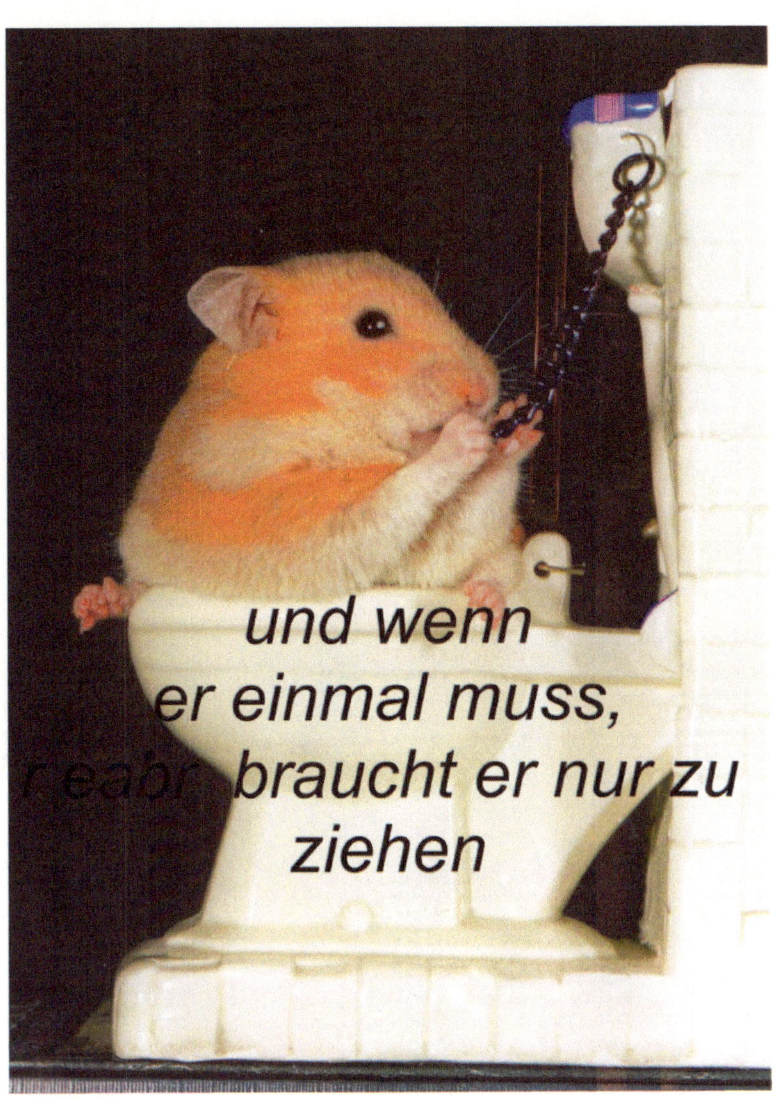
und wenn
er einmal muss,
braucht er nur zu
ziehen

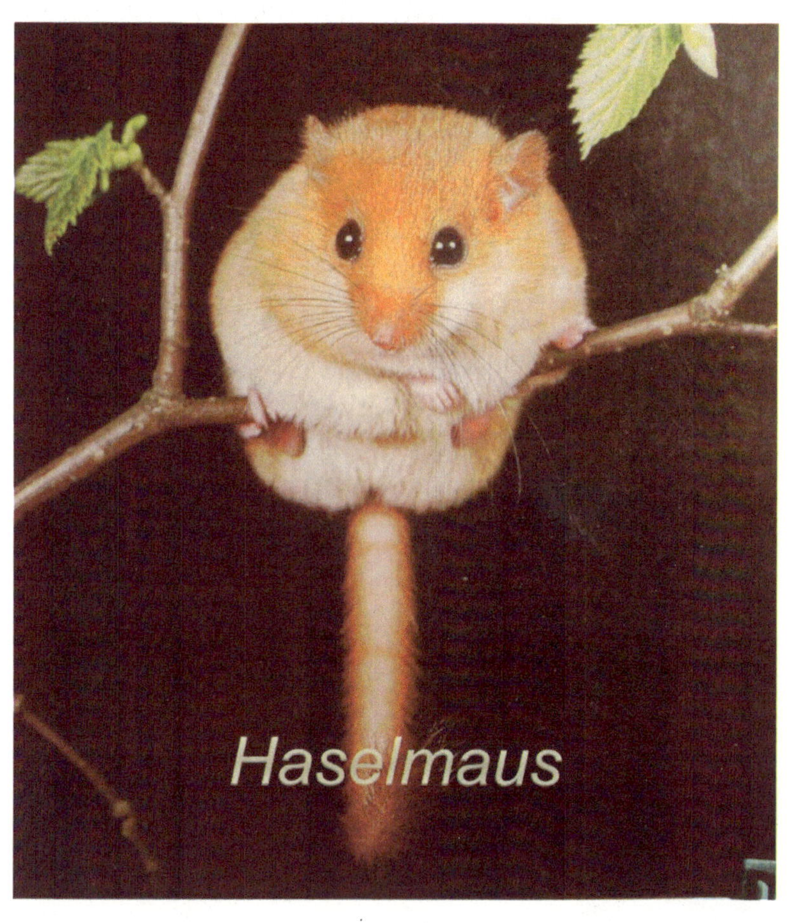
Haselmaus

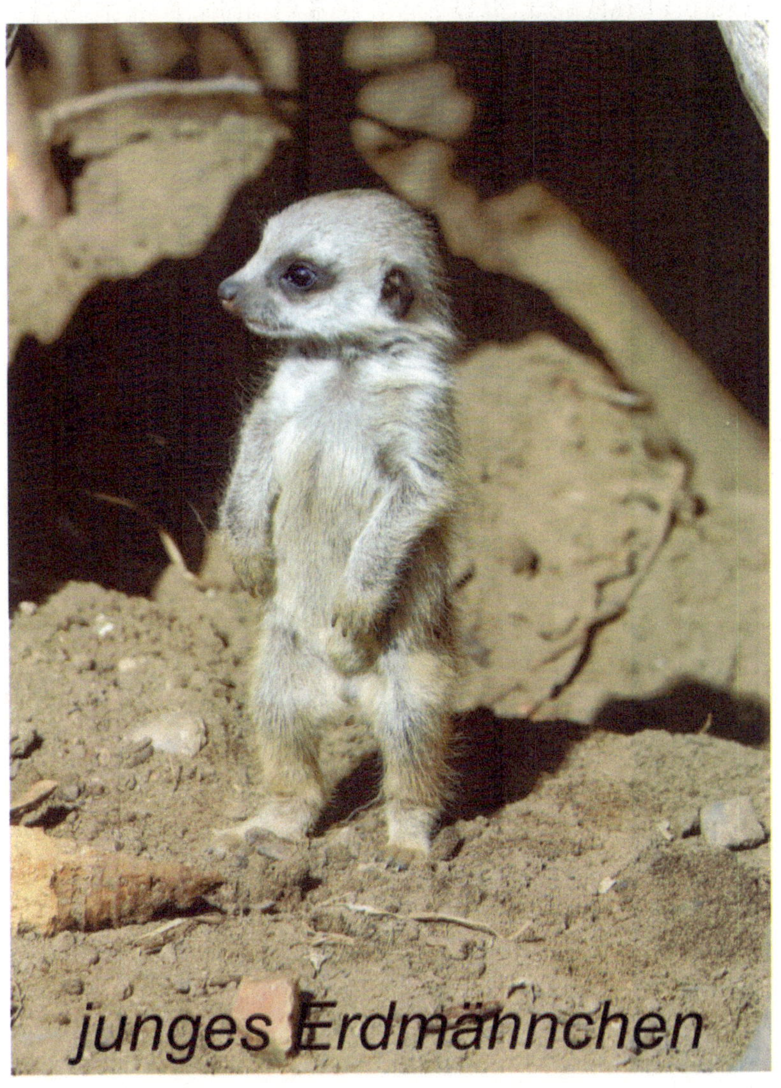

junges Erdmännchen

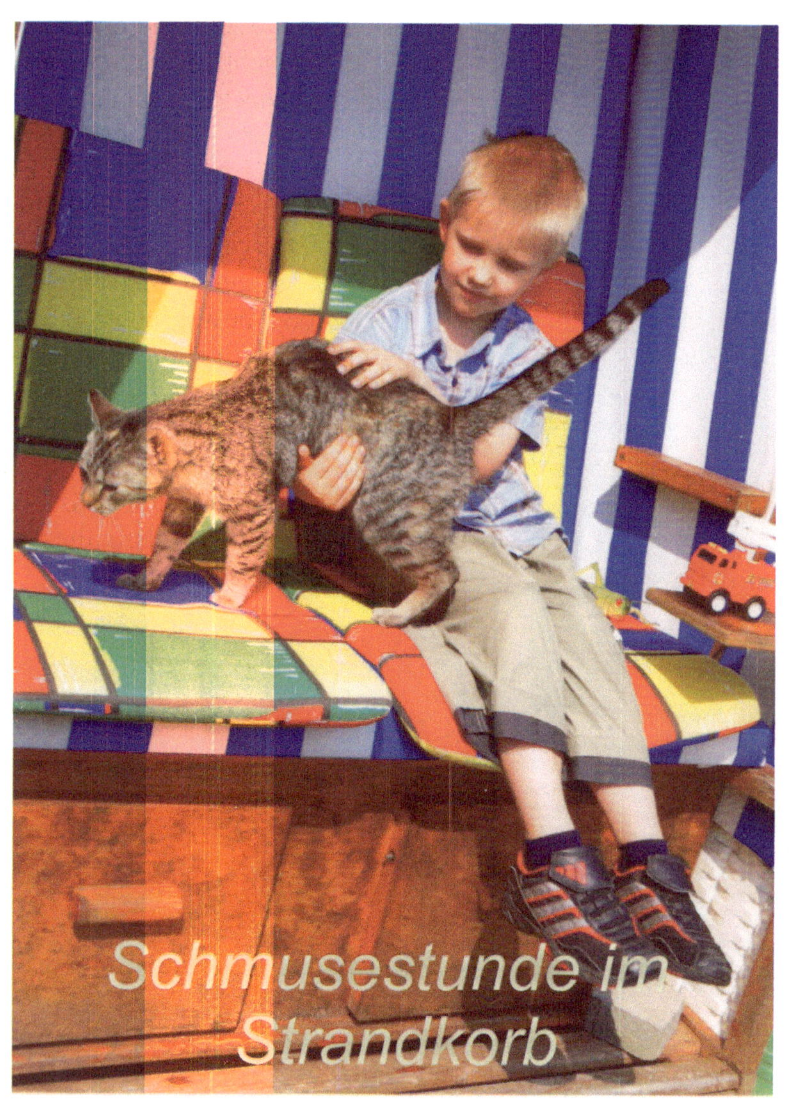
Schmusestunde im
Strandkorb

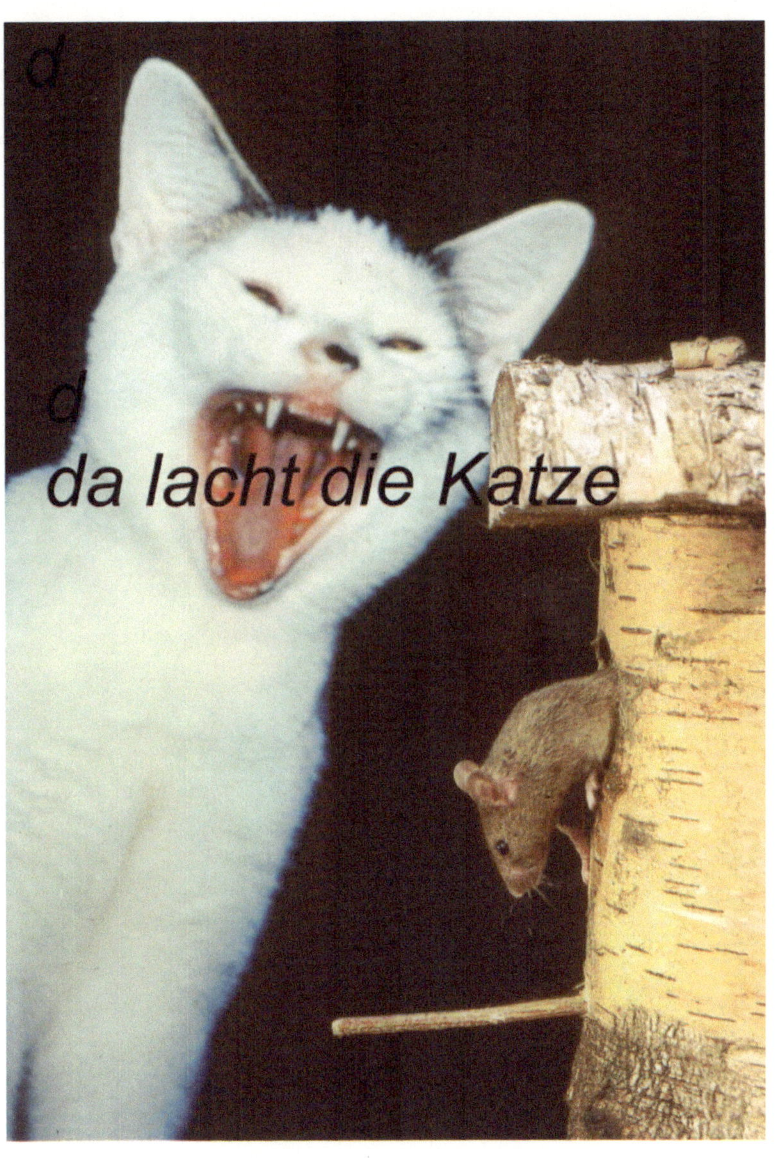
d
d
da lacht die Katze

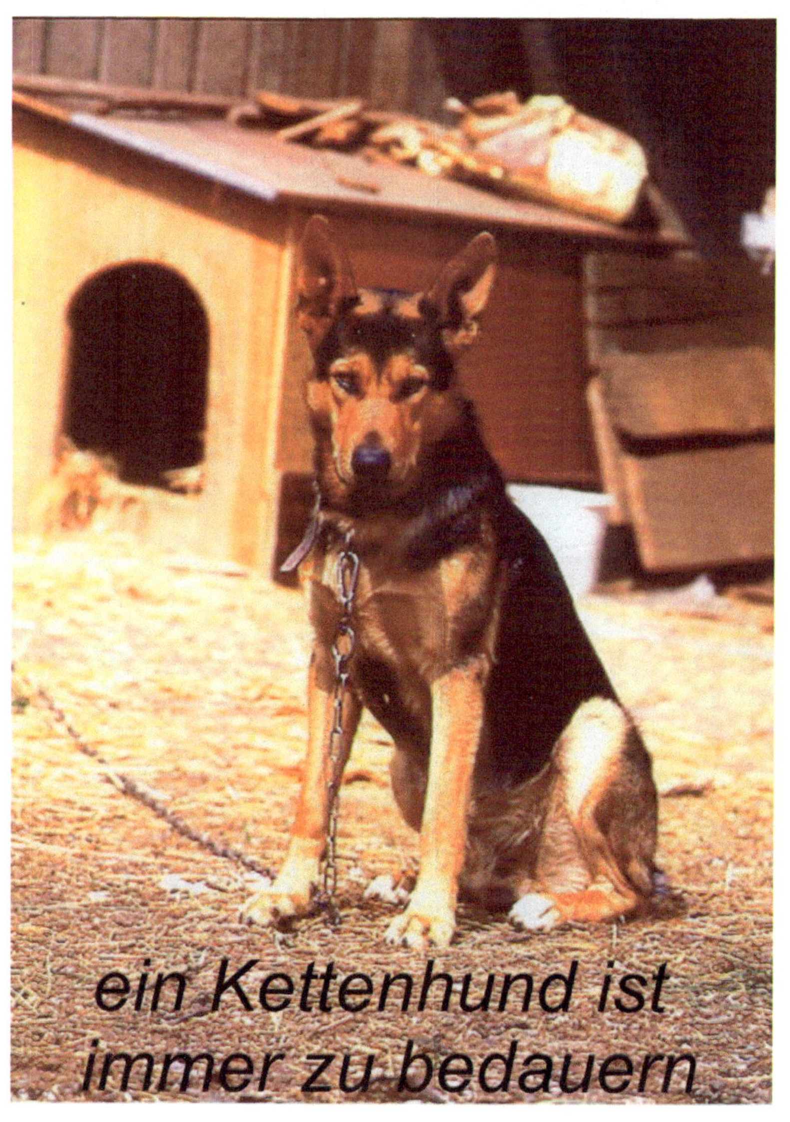
ein Kettenhund ist
immer zu bedauern

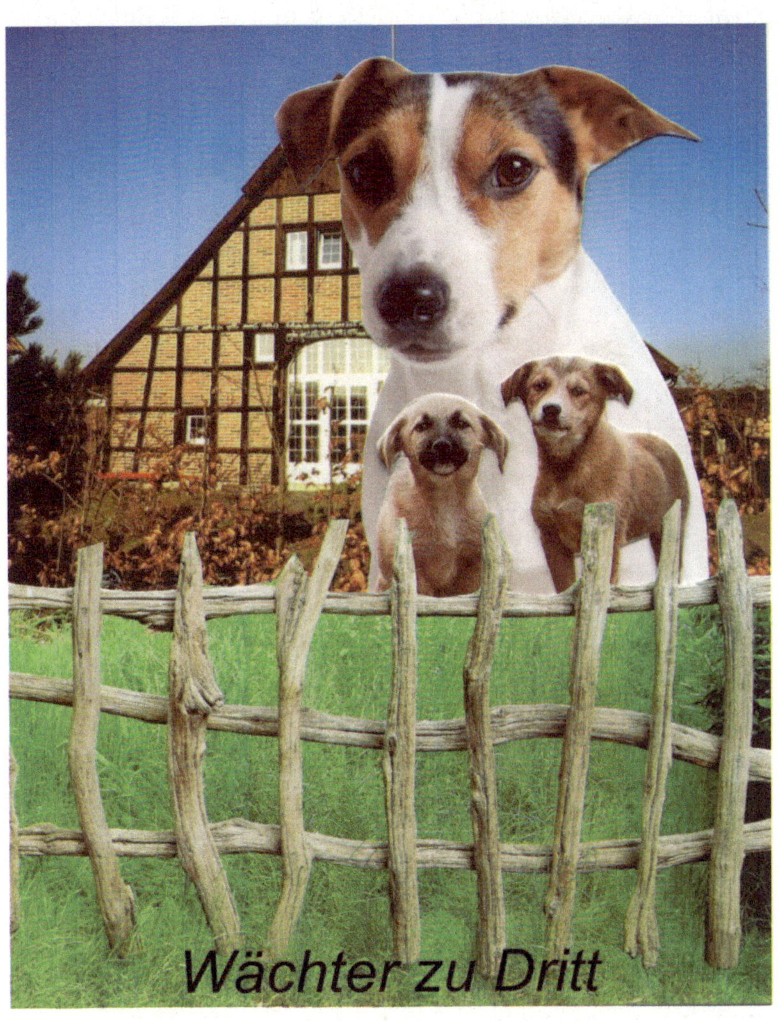

Wächter zu Dritt

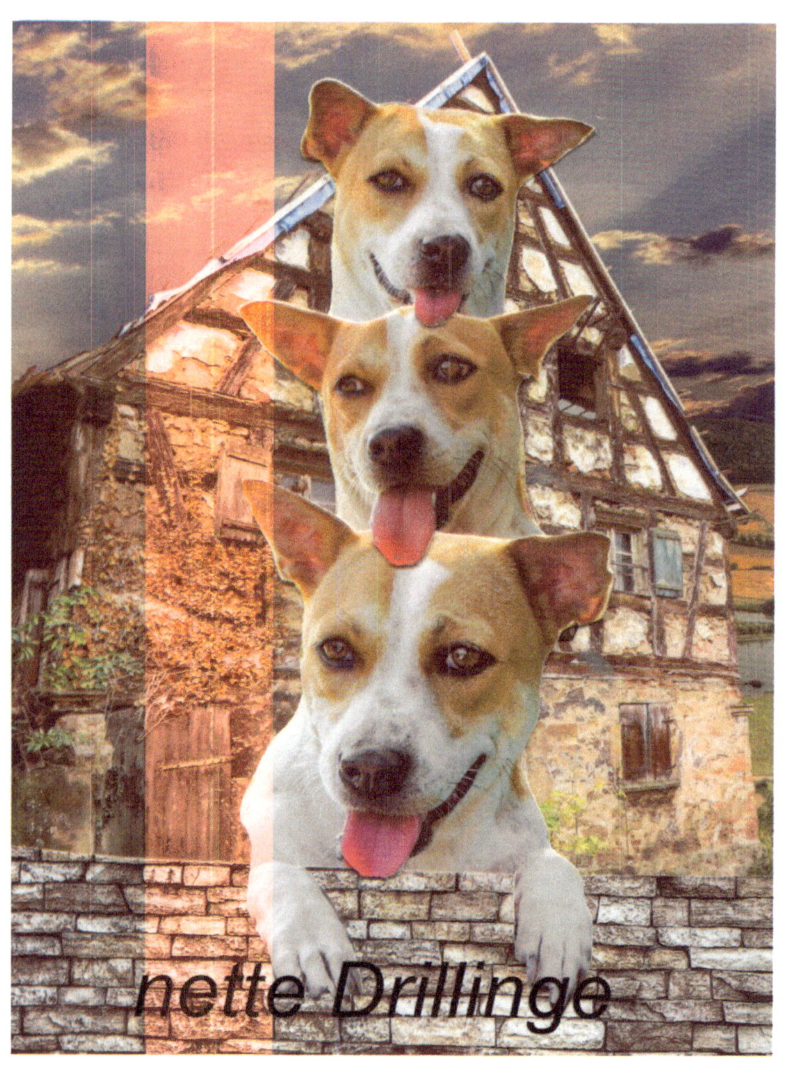
nette Drillinge

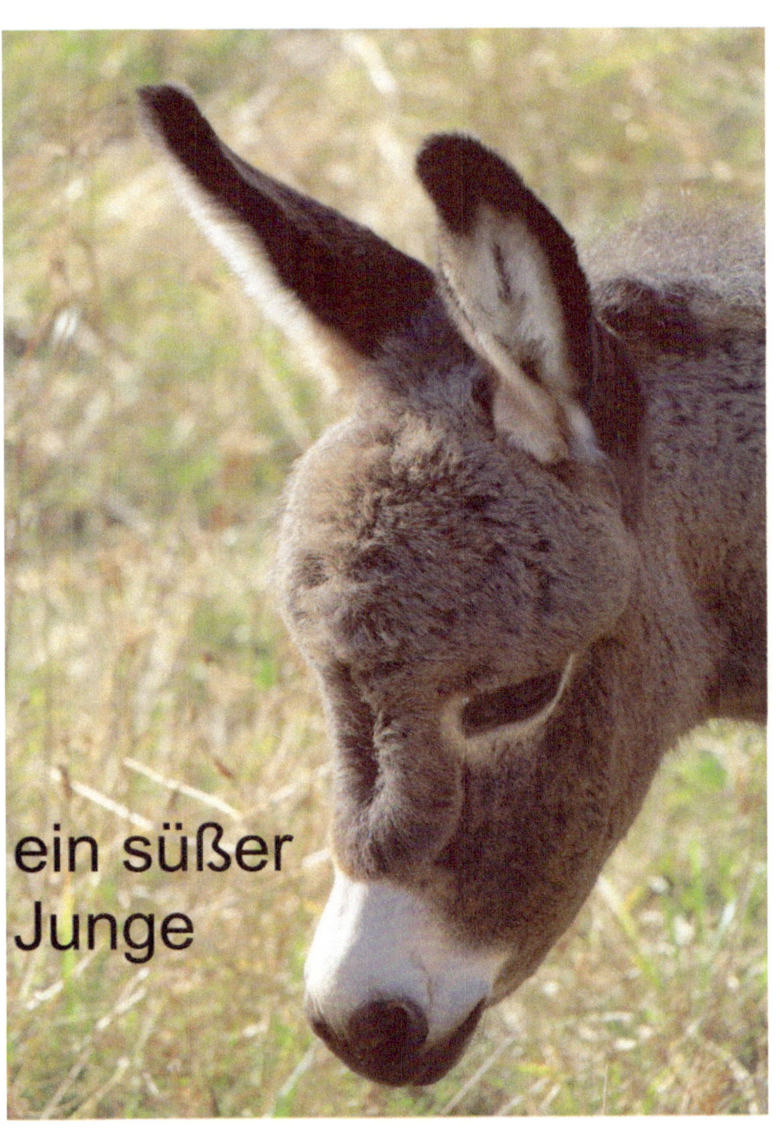
ein süßer
Junge

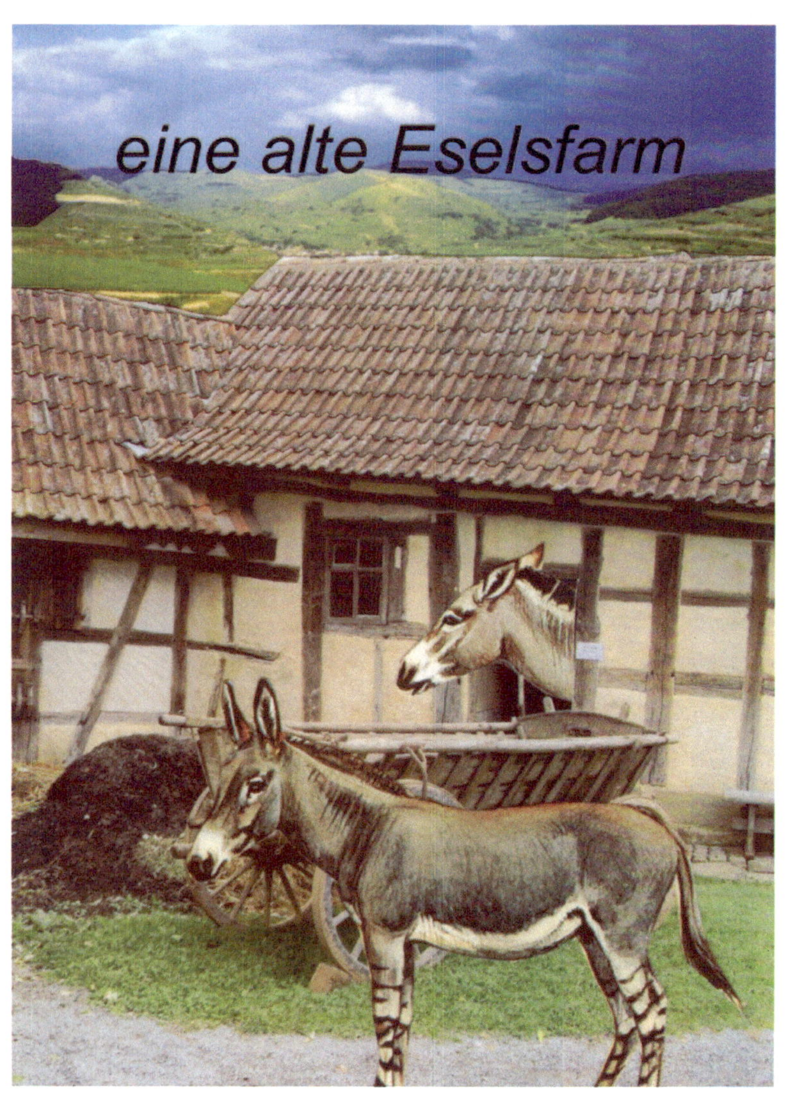
eine alte Eselsfarm

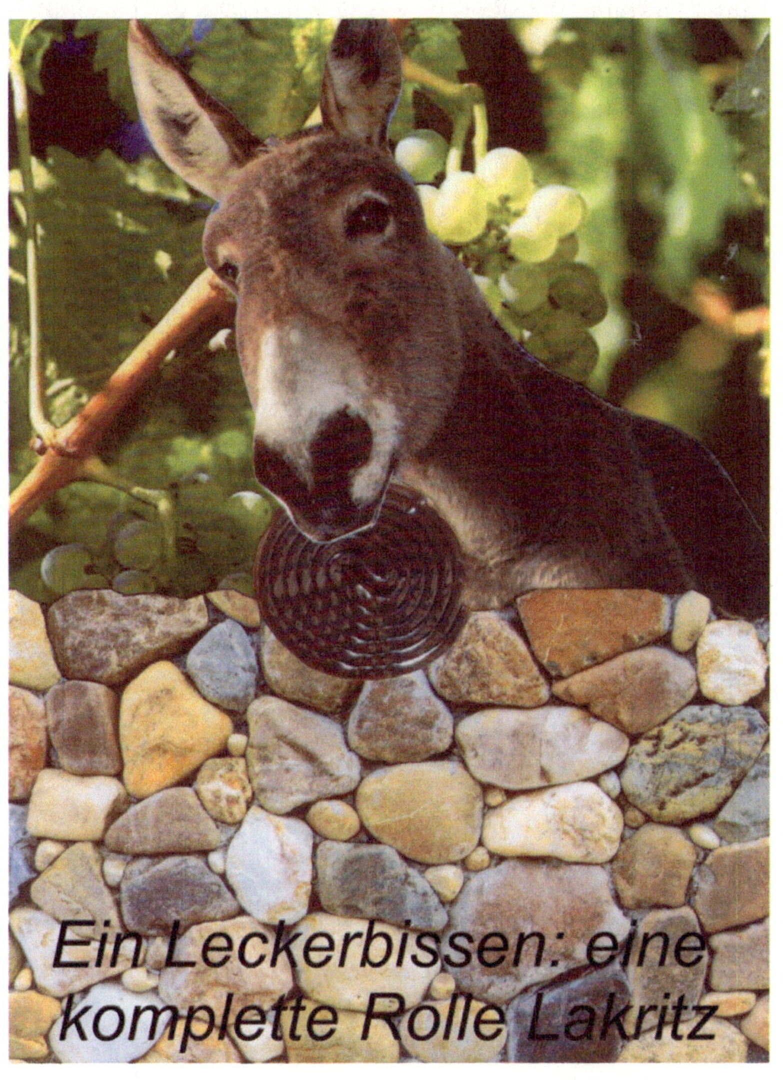

Ein Leckerbissen: eine komplette Rolle Lakritz

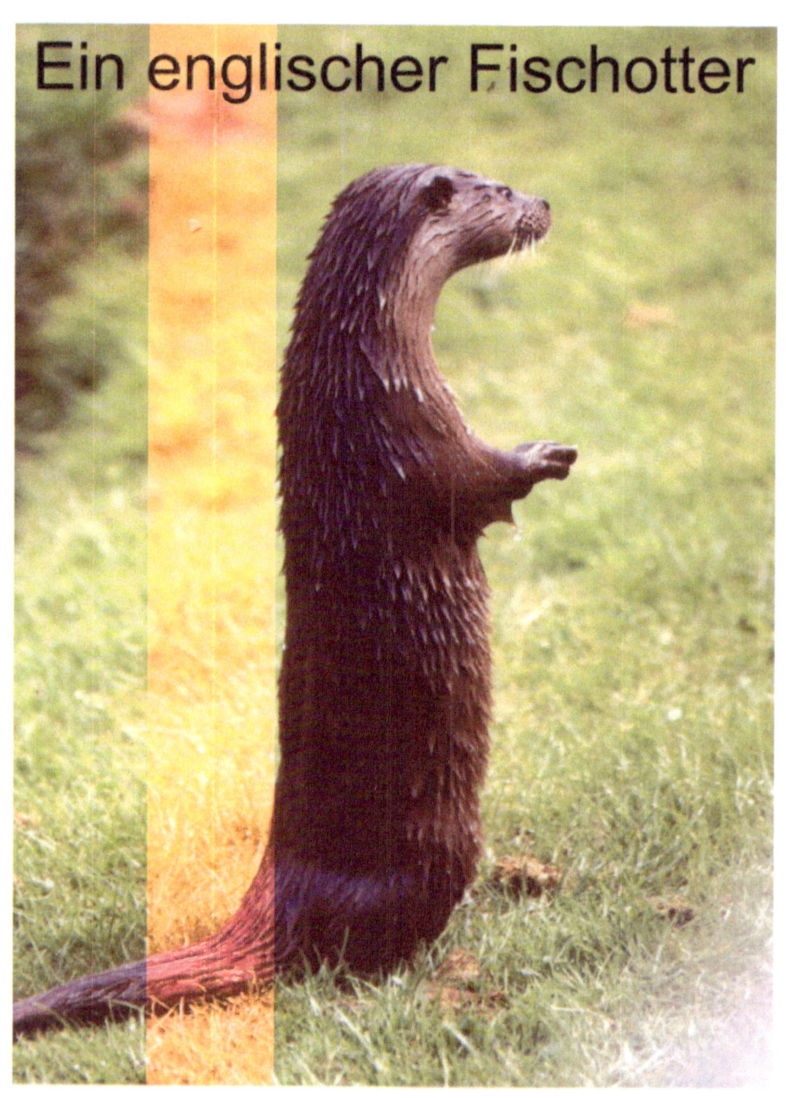
Ein englischer Fischotter

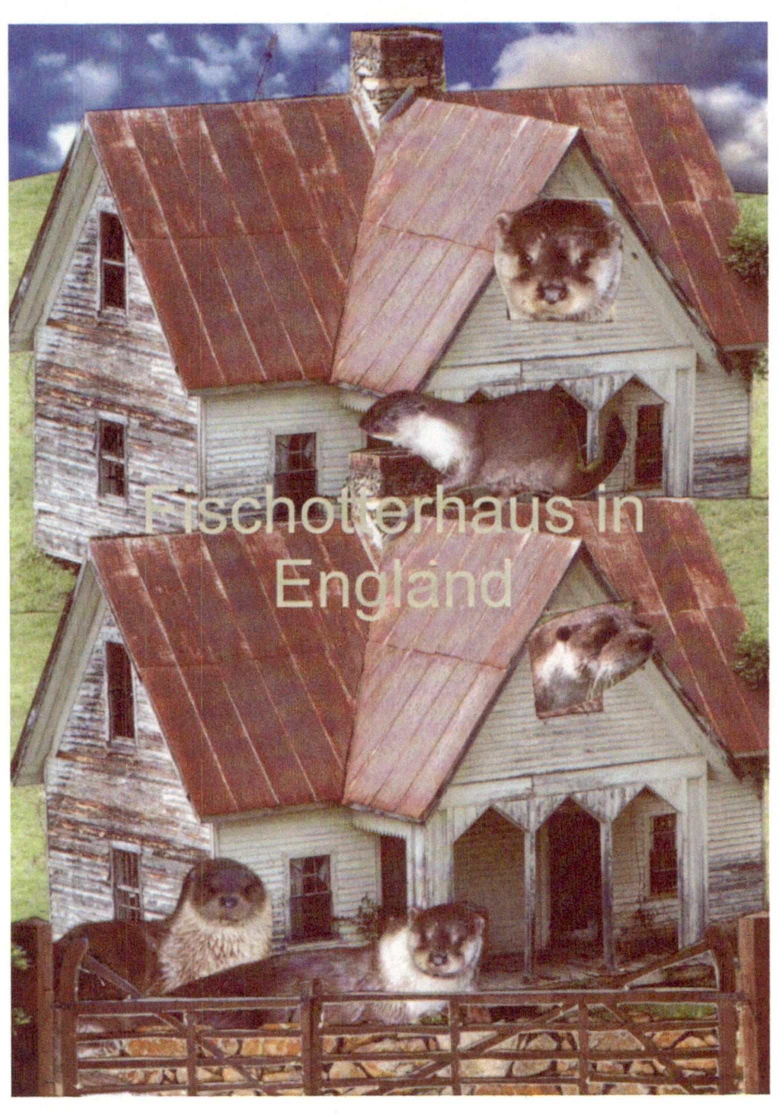
Fischotterhaus in
England

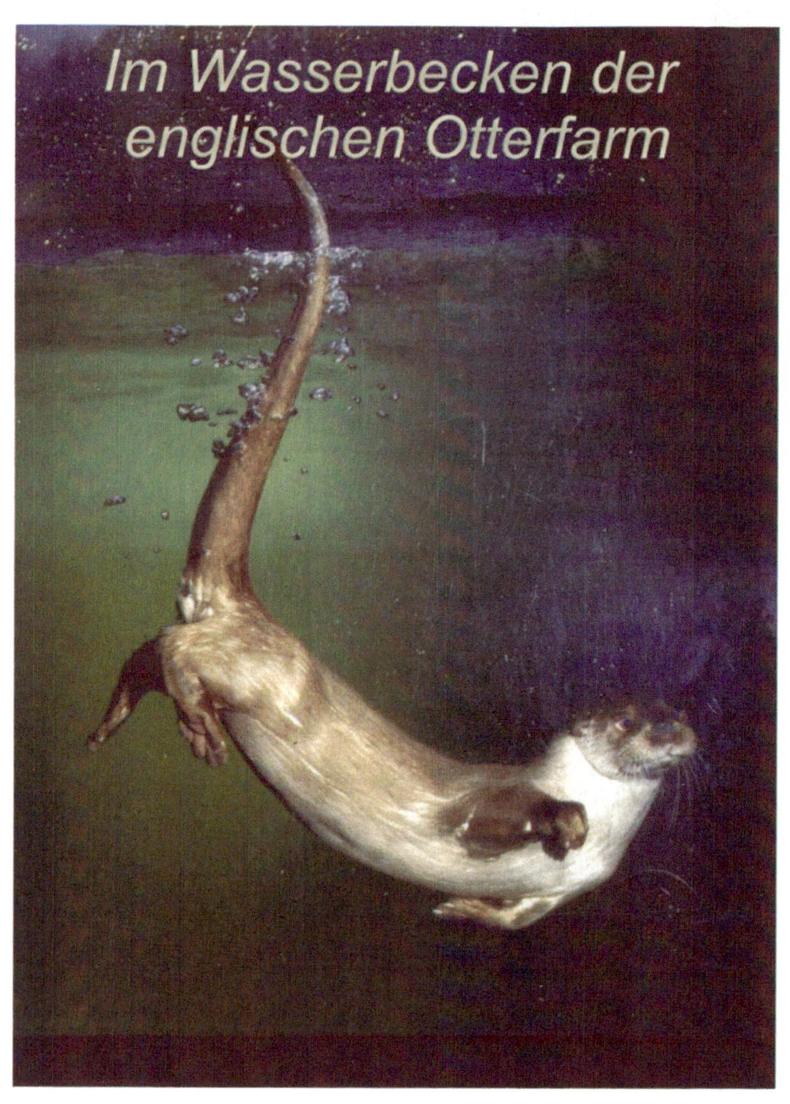

Im Wasserbecken der englischen Otterfarm

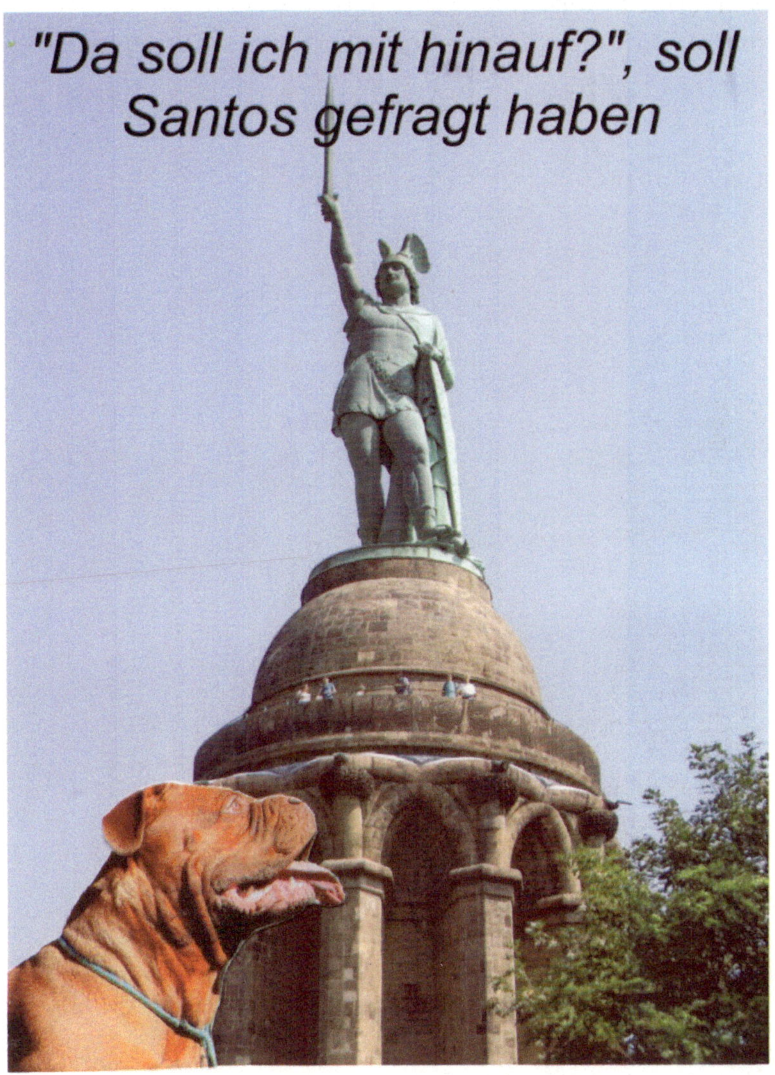
"Da soll ich mit hinauf?", soll
Santos gefragt haben

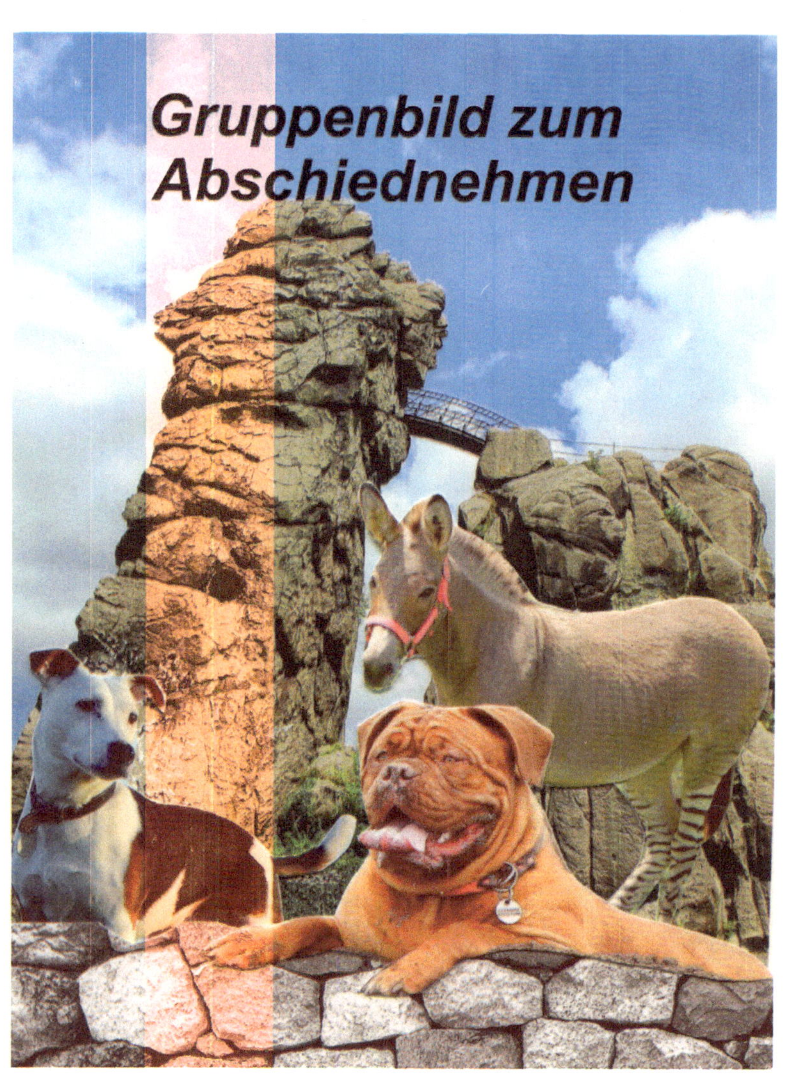
Gruppenbild zum
Abschiednehmen

Allerlei vergängliche Schmusetiere

Von allen Tieren aus meiner Landwirtschaftszeit haben nur Nelli und Hektor einen Gedenkplatz ersten Ranges in meinem Gehirn eingenommen. Ich fasse hier einige ihrer Kollegen kollegial zusammen, um sie gebührend zu würdigen, was man mit Toten ja lieber tut als bei Lebenden. Ich behaupte nach der Einsicht eines langen Lebens mit Tieren, dass man auch „mörderische Viecher" wie Klapperschlangen, unbeherrschte wie Tasmanische Beutelwölfe und verfressene wie Nilkrokodile zähmen kann, wenn man Zeit genug hat und zu frühes Ableben nicht scheut.

Aber gefährlich waren meine folgenden Abenteuer bei unterschiedlichen Landwirten nicht. Auch wenn es bei „Kastor und Pollux", warum nur immer diese blöden antiken Tiernamen?, nicht so aussah. Diese beiden Hundepersönlichkeiten lebten in einem Zehn-Quadratmeter-Zwinger und bellten mich Fremden an, wo ich an sie herantrat, als ob ich Zeus persönlich wäre! Na wartet! Ihr wäret die Ersten, die mich kleinkriegen! Wie nebenbei und unpersönlich ließ ich ein paar Lakritzbonbons in den Zwinger kullern, nahm beide Führleinen vom Haken, schrie „Aus!" und knallte die Lederriemen ans Drahtgitter.

„Geh da nicht rein!", schrie der Chef, „sie reißen dich in Stücke!"

Nun, hatte ich das nicht schon einmal gehört!

„Hau lieber ab, Chef", riet ich ihm, „sie mögen dich nicht leiden."

„Darum will ich sie ja auch verkaufen, verstehste?"

Kastor und Pollux, zwei Langhaar-Jagdhunde ohne entsprechende Ausbildung, mochten ja manche Szene ausgenutzt haben, sich als Herren aufzuspielen, hier kuschten sie vor einem energischen Oberbefehlshaber, nämlich vor mir. Sie waren gehorsam bei „sitz" und „down", ließen sich die Leinen anlegen und folgten mir nebeneinander gehend

nach draußen. Als ich ihre Köpfe streichelte und, sie dringlich ansehend, mit Worten lobte, wären sie mein „auf ewig“ gewesen, wenn ich das gewollt hätte. Aber es sollte nicht sein.
„Wo du einmal dabei bist“, sagte der Chef, „und sie dir aufs Wort zu gehorchen scheinen, bring sie doch dem neuen Besitzer ins Haus. Sie kosten 100 DM das Stück. 20 Mark für dich, wenn‘s klappt. Pass auf, dass sie dir nicht durchgehen!“
Es klappte, wieder ein Abschied von Freunden…

Auf Fittens Hof lebten, ganz klar, auch Katzen. Eine Schmuserei mit ihnen war ein ganz anderes Abenteuer als mit anderen Tieren. Nelli war ein geborener Katzenfeind und wurde deswegen auch Katzennelli gerufen, aber mit Jungkatzen, die hier aufgezogen wurden, kam er wie ein Vater zurecht. Das war mit „Lilli II.“ der Fall, welche Lilli I. ihm mit einem knappen Miau vor die Füße gelegt hatte. Wodurch er Stiefvater geworden war. Hauptkatze und Revierherrin war jedoch „Mucki“, schon 17, mit Rheuma in den Pfoten und Nierenkoliken auch wohl, denn sie fauchte verhalten, wenn man beim Schmusen diese drückte. Sie mochte mich sehr, störte sich aber immer daran, dass ich nach Hund roch, wenn ich mit Nelli geschäkert hatte – Liebe ohne Eifersucht scheint‘s auch im Tierreich nicht zu geben. Alle Katzen mochten mich gern, eine Liebe über Mägen war das aber, weil ich der größte Mäusefänger des Hofes war und meine Beute an alle Katzen gleichmäßig verteilte. Nelli war der zweitgrößte, denn im lockeren Boden des Gartens scharrte er so lange die Humuserde, bis er ein Geheck von halbstarken Mäusen ausgebuddelt und den Katzen zum Verzehr überlassen hatte.

Eine Zeitlang war Anita meine beste Freundin. Sie war mit sieben Geschwistern als erste innerhalb einer halben Stunde auf die Welt gekommen und dieser Vorsprung machte sich nach zwei Wochen bezahlt. Da stand ich nämlich im Stall und hatte normale Schuhe mit Schnürsenkeln an. Wie sollte ich wissen, dass Ferkel, wenn sie satt und spielfreudig sind, dennoch immer gern etwas zum Nuckeln haben? Als auch die zweitbeste Manchesterhose an- und abgenuckelt werden sollte, bückte ich mich und nahm den Nuckler auf den Arm – wenn ich sage „der“ Nuckler, so stimmt das nicht, denn es war eine „sie“. Alle männlichen Ferkel waren nämlich schon mit einem Rasiermesser unter mächtigen Schmerzensschreien kastriert und dadurch misstrauisch und scheuer gegen menschlichen Kontakt geworden. Anita war im Alter von vierzehn Tagen die Reinkarnation des Entzückens geworden, ein richtiges weihnachtliches Marzipan-Ferkelchen!

Laien können nicht wissen, wie lernbegierig und lernfähig junge Schweine sein können – wenn man sich ihnen so widmet wie jungen Hunden. Am liebsten scheuerte und schabte sich Anita an meinen Hosen, sie machte an ihnen mit ihren niedlichen Vorderbeinen richtige Männchen, wenn sie aufgenommen werden wollte. Lästig und in Wohnzimmern unerträglich waren ihre so genannten kleinen und großen Geschäfte und niemand wollte sie dulden, auch wenn Anita im Alter und Gewicht von Läuferschweinen an den Metzger verschachert wurde. So weit kam es nicht, denn der Chef verbot mir in einem kategorischen Imperativ, solche Haustiere zu vermenschlichen.

Ich versuchte es immer wieder mit anderen niedlichen Tierkindern: Zicklein von Ziegen, Lämmlein von Schafen, Kälbchen von Kühen und Fohlen von Pferden. Ich fotografierte inzwischen mit einer funkelnagelneuen Agfa Isolette 6x6, die 99 Mark kostete. Mein Argument, „ich möchte an jungen Tieren üben und kann solche Fotos an das Landwirtschaftliche Wochenblatt verkaufen“, akzeptierte er,

„denn Geld ist Geld und stinkt nicht immer", wie er philosophisch argumentierte.
„Richte doch, Chef", schlug ich vor, „auf einem Areal direkt am Haus, unter den alten Eichen dort, einen Tierkinderzoo ein, mit Tränken, Ställen und Unterständen, und du wirst sehen und hören, dass sich so etwas bei Städtern rumspricht und von deren Kindern gehört wird. Einen Tacken Eintritt und sie kommen."
Dass ein Tacken 10 Pfennig darstellte, war ihm nicht geläufig. Als ich diesen Hof verließ, „hinterließ" ich der Familie zwei wichtige Neuerungen: Tierliebe gegen Geld und Doppelkopf spielen mit Geld. Dass ich nicht nur Vierbeiner wie Schweine und Ziegen zu Schmusetieren ernennen konnte, sondern auch Zweibeiner wie Hühner und Puten, das werde ich im Buch „Meine Vögel und ich" noch bekannt geben.

Jeder Neuanfang macht viel Spaß

Ich warf das sprichwörtliche Handtuch, nachdem ich bei Foto-Georg in Preußisch-Oldendorf die (holländische) Ostzonen-Systemkamera „Exakta-Varex" erworben und mit ihr für damalige Verhältnisse bemerkenswerte DM erwirtschaftet hatte: Ein Passbild von Menschen für 1 Mark, eins von Bullen auf Weide oder Pferde vorm Kutschwagen in Postkartengröße für 2 Mark, eine Bauernhochzeit hundert 9x12-Bilder für 100 Mark und ein einspaltiges Bild in der Lokalzeitung für 3 Mark 50. Da hatte ich die Monatsraten von 60 Mark für Foto-Georg flugs abbezahlt.

Ich brauche die folgende Zeit nicht auszubreiten: Abschied von der Landwirtschaft mit allen ihren Vor- und Nachteilen, heim ins Elternhaus, Neuanfang als Lehrling in einem Fotogeschäft. So war ich direkt an der Quelle der kommenden Notwendigkeiten, nämlich eine hochwertige Kameraausrüstung verbilligt anschaffen zu können. (Die Lehrlings-Vergütung im Einzelhandel war damals erschreckend und eigentlich höchst strafwürdig unterentwickelt.) Weil mir ein Zeitungsmann vertraulich mitteilte, „die Zukunft liegt beim farbigen Foto und nur Diapositive bringen die notwendige Farbqualität“, setzte ich alles auf eine finanzielle Karte, kratzte jede Mark vom Postsparbuch und Girokonto zusammen und kaufte die schwedische Spitzenkamera Hasselblad 1000F im 6x6-Format und das wichtigste Zubehör auch noch.

Mit dieser Kamera gelangen mir sowohl Schwarzweiß- als auch Farbbilder auf Agfa-Diafilmen, die jede Konkurrenz ausstachen – auch im Hinblick auf das hier anstehende Thema „Meine Heim- und Haustiere“. Ob man es glaubt oder nicht: Heute gibt es zwar der Anzahl nach viel mehr Zeitschriften und Illustrierte als je zuvor, aber kaum noch bildungsmäßige wie „Kosmos“, „Orion“, „Westermanns Monatshefte“, „Bild der Wissenschaft“; die vielen Jagdzeitschriften und alle Illustrierten waren mehr der Vermittlung von Wissen aufgeschlossen und noch keine „Yellow-Blätter“.

* * * * * *

Ich gebe es zu: Aus Zeit- und Lerngründen war ich in den kommenden zwei Jahren weniger in freier Natur unterwegs als gewünscht. Dafür tat ich ein neues Fotogebiet auf, das sich von selbst anbot oder an mich herangetragen wurde. Auch erneuerte ich meine früheren Kontakte zum Zoo und zum Tierheim, wo das mir bekannte „Personal“ noch immer vorhanden war. Nun lieh ich mir Hunde, Katzen, Kaninchen, Meerschweinchen, Hamster, Reptilien und Eulen aus, um, - mit Unterstützung eines Helfers -, draußen in freier Natur Fotos zu machen.

Ich weiß bis heute kaum zu erklären, dass fast alle Tiere, die mir zwecks Fotografierens in die Hände und vors Objektiv gerieten, zu Schmusetieren mutierten. Was fehlte der niedlichen Haselmaus eines korrekten Halters, statt zu flüchten auf meine Schulter zu springen und sich dort zu amüsieren? Oder ihr größerer Kollege Siebenschläfer, nur auf meine Befehle zu reagieren und seinen Halter zu ignorieren?

Im Mai 1956, als ich 14 Tage tariflichen Urlaub beantragt, bekommen und für eine Fotoreise in den Schwarzwald eingeplant hatte, lud mich unverhofft Revierförster Koch zu seinem in Waldkirch neu eingerichteten Wildpark ein – Waldkirch liegt im Schwarzwald!

„Alles ist neu und sauber eingerichtet, fast wie unberührte Natur, wie haben jede Menge Jungtiere und Sie können nach Herzenslust fotografieren, wenn Sie mir von jedem guten Schnappschuss ein Bild überlassen. Fürs Unterkommen in einer Privatpension sorge ich – Waidmannsheil!“

Na also – es ging voran!

Und es war ein Schlaraffenland für Tierfreunde und Naturfotografen. Meine Leserschaft muss sich mich vorstellen: Da liege ich auf dem Bauch, die Rehmutter, von Jägern Ricke genannt, schaut mir zu, wie ich ihre Kinder ins Visier nehme, während ihr Rehmann, von Jägern Bock genannt, an meinen Füßen und am Po schnüffelt – das sind, wie man im antiken Griechenland sagte, „Bilder für die Götter“. Wo, fragte ich mich, gibt es sonst auf der Welt ein drei Tage altes Rehkitz, das Salmiakpastillen lutscht und lieber mir als seiner Mutter folgt? Nur wenn es echten Schmacht bekam huschte es ans Euter seiner Mutter.

Auch das Rotwild, so nennt der Jäger die deutschen Rothirsche, hatte bereits Junge gekriegt, die dort Kälber heißen. Sie werden aber niemals so vertraut wie Kitze. Die Arbeit im Waldkircher Wildgehege war für mich nicht das Ideale, das gebe ich zu, denn spannender ist das Fotografieren in freier Natur. Aber eine Übung für mich und eine Erprobung der 10.000-DM-Kameraausrüstung. Davon abgesehen erging es mir dort wie überall, wenn ich unter Tiere gerate: Sie laufen mir nach wie Ratten dem Hamelner Fänger. Zum Beispiel Förster Kochs Hof- und Wildparkhund „Bruno vom Feldberg“, ein Dobermann, der mich begrüßte wie einen alten Kameraden, der endlich heimgekommen ist. Seitdem wich er nicht von meiner Seite, mochte Herrchen wie wild geworden rufen und schimpfen, dass sich die Bäume bogen. Ich konnte mit ihm durch den Park gehen, ohne dass er, wie beim Herrchen, freilaufenden „Beutetieren“ nachstellte. Zum Beispiel Eichhörnchen „Nussi“, das Besuchern, die einen Augenblick nur auf ihr Mittagessen und ihren Nachmittagsnapfkuchen nicht aufpassten, die Wurst vom Brot stahl – und das im Anblick eines unerbittlichen und spurtschnellen Dobermanns! Zum zweiten Beispiel: Dachs „Meles“ wunderte sich am Abend, von Bruno nicht angebellt zu werden wie jeden Abend: Jetzt blieb Bruno hinter mir und wandte keinen Blick an Meles.

Den „dollsten“ Streich leistete sich Bruno, als alle glaubten, ich sei sicher vor ihm. Ich hatte mich entschlossen, für drei Tage einem Schäfer zu folgen, der eine Zweiwochen-Schwarzwaldtour mit seiner Herde erledigen musste. Es ging um jene Almwiesen, die ohne jeden Schnitt oder Abfraß von Grasfressern verwildern würden – zu Lasten seltener Blumen wie Orchideen und Enzian. Der Schäfer lagerte noch vorm Ort, als ich mich rasch vom Förster verabschiedete und ihm riet, Bruno eine Weile festzusetzen. Das tat er auch, doch nur eine Stunde lang – nicht lange genug!

Schäfer Oskar zog wie üblich seiner Herde voraus. Drei Münsterländer standen ihm zu Diensten, einer davon gleichen Namens, hatte schon Gicht in den Knochen und kümmerte sich nicht mehr um die Herde. Seine zwei Kollegen „Micki“ und „Mucki“ machten das allein, ich ging als Laie hinterdrein und hatte aufzupassen, dass kein

Lamm zurückblieb. Auf halber Höhe bis zum Feldberg machten wir auf einem großen Wiesenschlag für heute Schluss, und Micki und Mucki hatten nur darauf zu achten, dass kein Schaf im angrenzenden Wald verschwand. Hier hatte Oskar auch eine seiner Hütten stehen, in der er übernachten konnte. Er bat mich, von der nahen Waldkneipe ein Esspaket zu holen.

Als ich zurückkam, sah ich ihn mit einem Hund reden, der eine ziemliche Ähnlichkeit mit Bruno besaß – es war Bruno! Ich rief seinen Namen und er kam mit einer Wucht herangaloppiert, der ich nicht standhalten könnte, wenn sie mich traf. So bückte ich mich rechtzeitig und Bruno segelte vor Freude aufheulend über mich hinweg ins grüne Gras. In diesem wälzten wir uns minutenlang, bis Bruno die Puste ausging und ich mich mit dem Paket bei Oskar einzufinden hatte.

„Ich war just ein wenig eingenickt", berichtete Oskar, „da hörte ich diese Bestie von Hund kommen, ganz klar mit der Nase am Boden, so wie Hunde tun, wenn sie eine Spur aufgenommen haben – zweifellos deine Spur. Er ist dir von Waldkirch her nachgerannt. Was wird der Förster sagen, na?"

„Ich bringe ihn ja übermorgen zurück."

Die Schafe hatten enorme Angst vor Bruno, er ignorierte sie aber und blieb mir „bei Fuß". Auch am nächsten Tag, den Oskar der Tierpflege widmete, wich Bruno keinen Schritt von meiner Seite und war es zufrieden, wenn ich nach dem Mittagessen mein Nickerchen so machte, dass ich meinen Kopf auf seinen Körper legte; er muckte sich dabei nicht. Am dritten Tag, - Oskar musste mit seiner Herde weiterziehen -, gingen Bruno und ich zurück nach Waldkirch. Von dort brachte mich der Zug einen Tag später nach Freiburg. Den Abschied von Bruno schildere ich nicht, weil ich mich der Tränen nicht schämen möchte…

Meine Leserschaft könnte jetzt auf den Gedanken kommen, ich sei prädestiniert als Hundehalter; sie kann durchaus recht haben. Dennoch muss ich gestehen, nie ein solcher gewesen zu sein. Als ich es hätte werden können, nach Erreichen des Rentenalters zum Beispiel, hatte ich zwar viel Positives mit Hunden erlebt, doch auch Negatives – davon muss ich einige Beispiele bringen. Den weißen Golden Retriever „Charly" und seinen Kollegen Jack Russel „Clark" kann ich gemeinsam abhandeln, denn beide trifft das Schicksal sozusagen simultan: Sie waren bei Bekannten „untergebracht" worden, damit Herrchen und Frauchen Silvester ungestört und befreit vom Hundeaufpassen feiern konnten. Sie lagen beide auch ganz zufrieden unter je einem Sofa, als um Null Uhr die wüsteste Knallerei, Heulerei und Zischerei diverser Feuerwerkskörper begann. Niemand hatte die Gastgeber gewarnt, ob und wie Charley und Clark darauf reagieren würden. Um auch Bekannte und Nachbarn mit einem Glas Sekt begrüßen zu können, trat man vor die Haustür, diese natürlich offen gelassen. Zweimal „husch" und beide Hunde waren draußen und wurden niemals mehr gesehen.

Der Weimaraner Mecki, ein exzellenter Jagdhund und wertvoll dazu, war Teilnehmer einer so genannten Gesellschaftsjagd der oberen Gesellschaft, als ein Minister ihn als Wildschwein anprach (= erkannte) und mit einem Blattschuss (=Volltreffer ins Herz) niederstreckte. Nicht besser erging es dem Deutsch-Drahthaar (DD) Horst vom Adlerhorst, der bei einer Treibjagd einen flüchtigen Hasen verfolgte. Ein Schütze in Schussnähe „zog mit" (=folgte dem Lauf des Hasen mit angelegtem Gewehr) und „verzog" (=nach rechts, wo Horst „aufholte") und löste das Gewehr (=drückte ab). Statt des Hasen machte Horst den Kopfüberschlag und blieb auf dem Acker liegen – kein Waidmannsheil!

* * * * * *

Ehe ich von schmusebereiten und Mußestunden verschönernden Katzen berichte, hier auch zwei ihrer Unglücksfälle. Tante Idas Herzliebste „Ida“ verließ nach über zwanzig Jahren Schmuserei Lust und Fähigkeit dazu und sie legte sich, noch mit mächtigem Durst gesegnet, vorm Kamin zum Sterben nieder – ein durchaus akzeptables Ende. Als es eingetreten war, forderte die Tante mich auf, einen „Successor“ zu besorgen, der im Habitus und Benehmen der Verstorbenen gleiche. Nichts wie hin zu Doris, welche das Tierheim noch immer kommissarisch leitete. Schnell war Ida II. gefunden, angesprochen, mir vertraut gemacht, - was bekanntlich nicht schwer fiel -, und ab ging‘s ins neue Heim. Ob nun Ida in der kurzen Gefangenschaft im kleinen Tierkäfig einen seelischen Knacks bekam oder schon immer einen Stich in der Birne hatte – haben wir später gar nicht nachzuforschen versucht.

Jedenfalls: Als ich den Transportkäfig in Tante Idas bester Guter Stube öffnete, schoss Ida wie ein Torpedo aus dem U-Boot hervor und sprang sofort auf die Kommode anno Ludwig des Vierzehnten, wo sie im Weitersprung auf ein umlaufendes Wandregal drei Service desselben zerklirren ließ. Dann fegte sie auf dem Regal entlang zu einem offen stehenden Oberlicht, stieß wertvolle Antiquitäten von 1720 bis 1806 herunter und zwängte sich miauend und kreischend ins Freie – schwups, schon war ihr Besuch bei Tante Ida beendet! Idas Leben allerdings auch: Denn Tante Idas Wohnung befand sich im fünften Stock eines Mietshauses.

Auch beim qualvollen Ende „Minkas“ war ich Augenzeuge, ohne helfen zu können. Minka war Mitglied einer ländlichen Hausgenossenschaft im Forstgebiet der Davert, das sich südlich meiner Heimatstadt erstreckt. Dort hatte ich mir noch in „Fahrradzeiten“ eine Absteige eingerichtet, sogar bei Halbpension, und Minka erwartete mich seitdem täglich 24 Stunden lang. Eine Todsünde pflegte sie, aus Jägersicht betrachtet, und diese wurde ihr tödlich: Streunen und Wildern im Revier.

Ab hier berichte ich als Fernglas-Augenzeuge von einem Hochsitz aus. Denn ich sah das Unheil wörtlich kommen. Minka schlich eine kinderreiche Rebhuhnfamilie an, deren Eltern sie noch nicht gesehen hatten, und ein stöbernder Jagdhund sah Minka dabei. Der Jäger selbst war noch nicht zu sehen, als der Hund unvorsichtig aufbellte und aus Leibeskräften zu rennen anfing. Jetzt ging‘s für Minka ums Letzte: dahinten die Buche erreichen und erklimmen! Minka schrie in Todesnot, der Hund jauchzte vor Mordlust, Minka erreichte in einem Riesensatz den Baum, musste aber einen Sekundenbruchteil verharren, um an der glatten Rinde nachzufassen – da flog auch der Hund zum Stamm und vergrub sein Gebiss in Minkas Rücken. Minka starb noch nicht, es war, als ob der Baum selbst sie halten wollte – und so hingen beide, Opfer wie Täter, geschätzte fünfzehn Sekunden hin- und herschaukelnd in der Luft. Bis Minka tot war und beide zu Boden fielen. Dass der Hund sie dann noch schüttelte, dass Fetzen ihres Fells im Wind davonflogen, war nur ein dramaturgisch gelungenes Finale. Es fotografisch zu nutzen? Da hätte ich ein Objektiv der Bochumer Sternwarte vor der Kamera haben müssen.

* * * * * *

Weil ich stets ein höflicher Zeitgenosse war, servierte ich jedem Haus- und Stubentiger, den ich zwecks Fotoaufnahmen besuchte, ein Mitbringsel erster Güte. Da kam ich aber nur bei den Vierbeinern gut an, alle Zweibeiner woll-

ten mich des Hauses verweisen und mussten erst einmal eines Klügeren belehrt werden:
„Wenn eure Mieze immer nur Dosen- oder Tütennahrung bekommt, wo nicht einmal der Hersteller genau weiß, was drinnen ist, so wird sie ein paar Jahre eher Nierenkoliken bekommen als bei meiner Naturnahrung."
Damit zog ich eine Maus aus der Tasche, - tot natürlich -, denn ich bin doch kein Tierquäler! Nicht jede Hauskatze, die ich derart beglückte, spielte mit dem kleinen Kadaver, sie scheinen dies verlernt zu haben, aber alle aßen ihn ratzeputz, das heißt mit Haut und Haaren auf. Doch für die Hersteller der Dosennahrung gab es ein Problem: Katzen, welche plötzlich Mäuse essen können, verweigern dieses genannte Futter und wollen aus den Wohnungen von Herrchen und Frauchen ausbrechen, um draußen auf Jagd zu gehen.

Es ist allgemein bekannt, dass Katzenmütter große Fantasie entwickeln können, wenn sie ihre Niederkunft nahen fühlen. Da hat man ihnen ein Körbchen hergerichtet und aufgestellt, weich ausgepolstert mit selbst gestrickten Tüchern und desinfiziert – aber wo ist Mutter Katze plötzlich, die Zeit ist schon überfällig, abgeblieben? Wer sucht, findet nicht immer! Im PKW vielleicht, wenn die Garage Hausanschluss hat; oder im Regalfach oben oder unten; häufig, wenn vorhanden, im Gästebett; auch lädt die runde Öffnung von Waschmaschinen zum Wochenbett regelrecht ein. Von ländlichen Anwesen weiß ich aus eigenem Erleben, dass die Kätzin so lange unauffindbar blieb, bis ihre schon lauf- und spielfähigen Kinder ihr zu entgleiten drohten.

In meinen ersten landwirtschaftlichen Jahren, so zwischen 1946 und 1952, erlebte ich, dass Landwirte nicht den kompletten Wurf durchzubringen gedachten, sondern nach uralten Regeln Bevölkerungspolitik betrieben, die bis in die Antike zurückreichte. Die überflüssigen Katzenkinder wurden gesackt, also in der Art und Weise beiseite geschafft, wie es auch die unglückliche Agnes Bernauer 1435 erleiden musste.

Dass „Hund und Katz“ sich schlecht vertragen, soll auf einem in der Evolution entstandenen Missverständnis herrühren: Der Hund knurrt, wenn er missgelaunt ist, die Katze tut‘s bei guter Laune; sie zieht bei schlechter Laune eine Grimasse, die er lustig findet; ihre Pfoten sind gefährlich bekrallt, seine mehr zum Laufen befähigt. Ich habe weiter oben von zwei negativen Katzenschicksalen berichtet und werde jetzt als Ausgleich zwei positive erzählen, die aus meinen Erlebnissen stammen. Folgende Situation ergab sich an einem Sonntagmorgen, nachdem alle Hausbewohner außer ich selbst zur Kirche gefahren waren. Eine Ruhe war entstanden, selten genug, die niemand stören mochte. Selbst notorische Schreihälse und Sänger schwiegen beharrlich: Singvögel sangen und Krähen krähten nicht, Rotkehlchen schonten ihre Kehlen, Spottdrosseln hörten auf zu spotten und der Ober- und Hauptbeller des Hofes, Schäferhundmischling „Orkus“ nämlich, schwieg konsterniert. Ich kann mich selbst nicht vergessen: Baff vor Staunen saß ich abseits auf einer Mauer und wartete erwartungsvoll.

Was war geschehen, das eine kleine heile Welt aus den Angeln hob? Nur wenig: Seniorchefin der örtlichen Katzenpopulation „Roswitha III.“, schon im Greisinnenalter von 18, seit vier Wochen vermisst und damit folglich abgeschrieben, war aus der inneren Diele kommend ins Freie getreten. Das pflegt hier ein alltäglicher Vorgang zu sein, wenn nicht, ja wenn nicht eine gemischtfarbene Kinderschar von sechs überaus niedlichen Individuen um sie herumgewuselt wäre: getigerte, schwarze, weiße, halb-und-halb gefärbte, graue, grauweiße, weißgraue und sogar eine falbe – das schien zu beweisen, dass Roswitha einen erheblichen Besuchsverkehr unterhalten hatte.

Was nun geschah, hätte die gesamte menschliche Hofbesatzung baff gemacht – wenn sie nicht in der Dorfkirche ihre Zeit vertan hätte! Also wirklich: Sie ließ sich dort von Pastor Horstmeier die Grundzüge der Herstellung Evas erklären, - was man nicht als Wunder bezeichnen sollte -, und hier geschah ein solches! Das in Größe am weitesten entwickelte Kind Roswithas marschierte nämlich schnurstracks auf Orkus zu, der es sich im Eingang seiner Wächterhütte bequem gemacht hatte. Sein Charakter war bisher der, dass er jeder Katze, die sich in den Bereich seiner Kette vorwagte, den Garaus machte. Nun also war eines der Kinder Roswithas an der Reihe, früh sein Leben zu lassen, daran zweifelte ich keinen Augenblick. Ein Irrtum das! Denn oh Wunder: Roswithas Nummer Eins, so nannte ich das mutige Kätzchen, ging auf Orkus zu, der still liegenblieb, und beschnüffelte ihn von vorne bis hinten, dann umgekehrt noch einmal, und stieg dann über ihn hinweg in seine Hütte. Orkus erhob sich, wehrte zwei andere der Jungkatzen ab und begab sich in sein Haus. Jeden weiteren Eintritt wehrte er durch scharfes Knurren ab, und als Roswitha sich vorwagte, nach ihrem Kind zu sehen, kassierte sie einen Biss in ihre Vorderpfote - „Neugier schützt vor Torheit nicht!“

Wenn Großvater Balthasar, hustend und kröchelnd im Bett liegend, an seine 85jährige Vergangenheit dachte, verlor sich seine Angst vorm Sterben um 50 Prozent. Wenn dann noch August der Starke, 11, ihn besuchte und sich auf seine schüttere Brust legte, verminderte sich nicht nur seine Angst um die restlichen 50 Prozent, sondern auch sein Husten um 100 Prozent. Er dichtete dann sogar:

„Katze auf der Brust erhöht die Lebenslust!“

Und August? Er genoss die vom menschlichen Körper ausgestrahlte Wärme und schlief sofort ein. Doch jetzt erwachte er unruhig und fühlte sich ungemütlich, drehte sich auf Großvater hin und her und entspannte sich doch nicht. Wenn er sich so fühlte, stieß er erst kleine Miez- und Miaulaute aus, und wenn diese nicht gehört wurden, folgte der erste spitze Schrei. So jetzt. Er wurde gehört: Die Hausfrau eilte herbei und sah sofort, dass der Hausarzt zum letzten Besuch gerufen werden musste. August verlor somit den gemütlichsten Ruheplatz des Hauses und musste sich einen neuen suchen.

Zahm wie Haustiere - unerwartete Begegnungen

„Es ist durchaus möglich", philosophierte ein Wissenschaftler von der Volkshochschule, „dass früher, in hell- oder dunkelgrauer Vorzeit, Mensch und Tier überall friedlich zusammenlebten. Da müssen wohl alle Vegetarier gewesen sein" - (Gelächter)! Schon eher stimmt die Theorie, nach der Tiere schnell gelernt haben, dass die Nähe des Menschen Vorteile bringen kann. So jedenfalls sah ich es, als ich auf einem überdachten und nicht ganz geschlossenen Hochsitz Besuch bekam. Und ich hatte recht mit meiner Praxis, stets auf einem solchen Hoch- oder Ansitz nach Beendigung desselben ein paar Leckerbissen für tierische Leckermäuler zurückzulassen.

Der Besuch? Es gibt solche und solche: Auf dem einen wird geschwatzt und geredet, der andere verläuft mucksmäuschenstill. Was hat ein Eichhörnchen auch zu schwätzen, wenn es auf seiner Entdeckungsreise folgendes aufstöbert: Einen wenn auch verschrumpelten Apfel, die Kruste eines Butterbrotes, Lakritzstücke und wie verloren aussehende Salmiak- und Rheilapastillen, einen Brocken Frankfurter Würstchen und gar Erd- und Haselnüsse. Da tut sich ein animalisches Schlaraffenland auf, dessen Kenntnis man für sich behalten sollte!

Mein Eichhörnchen, frischgetauft auf den Namen „Horni“, war jedenfalls fündig geworden. Weil ich wie erstarrt saß, interessierte es sich nicht für mich und machte sich nach dem Aufessen genannter Teile über meinen Rucksack her, den es verzweifelt zu öffnen versuchte. Dann führte sein Riechvermögen zur richtigen Spur: meine Jackentasche rechts, das Lakritzversteck! Es wurde geplündert. Eichhörnchen haben ja richtige Hände, die sie wie wir zu gebrauchen verstehen. Doch jetzt hatte Horni Pech, denn „auf den Plan trat“, - wie die Jäger es gern formulieren -, ein starker Hirsch, den ich natürlich fotografieren musste. Diese minimalen Bewegungen erschreckten Horni so außerordentlich, dass es keckernd aus der Luke schoss und wie irrsinnig im Geäst einer Fichte verschwand.

Das nächste Abenteuer brachte mir ebenfalls ein nettes Foto ein und zeigte mir, dass Tiere doch so etwas „wie denken“ können. Ich saß zu ebener Erde auf einem Feld- oder Anglerstuhl an und war nur wenig getarnt, damit der Hirsch, auf den ich lauerte, vor lauter Neugier auf meine merkwürdige Erscheinung anhalten würde. Da vernahm ich die Geräusche einer Verfolgung, die für einen Kenner unverwechselbar sind, und beim Näherkommen sogar atemloses Atemholen: Da jagte, ganz klar, einer den anderen, und das bedeutet in der Natur immer, „Gefressenwerden“, wenn die Flucht nicht gelang. Sie gelang einem Kaninchen, das wie ein Husch angestürmt kam und unter meinem Stuhl verschwand. Dort blieb es, als ich seinen Verfolger, einen starken Fuchs, der ganz konsterniert verhoffte, (halten blieb), einmal auf den Film bannen konnte. Das Kaninchen war in eine Art von Starre verfallen, denn als ich nach Stunden aufbrechen wollte, konnte ich es streicheln und hätte es mit nach Hause nehmen können.

„Man soll Tiere nicht vermenschlichen!“ Klar gesagt und richtig formuliert! Doch was sollte ich machen, als „Porki“ mich mitten im Forst aufsuchte, leise quiekte, laut grunzte und mein Brötchen mitessen wollte? Ihm einen Schubs geben, gar einen Fußtritt? Ich saß auf einem gefällten Baumstamm und war sozusagen in Augenhöhe mit einem Jungschwein, das der Jäger Überläufer nennt, in Anlehnung an die Tatsache, dass es von Frischling, - wie die ganz jungen Wildschweine heißen -, zum älteren Semester übergelaufen ist; die Streifenzeichnung der Frischlinge ist dann ganz verblasst. In dem Alter, das Porki jetzt hatte, beginnen die Jungen ihre Mutter zu verlassen und selbständig zu werden, behalten aber das Bedürfnis, nicht gern allein zu sein.

Ich hätte hier kein schlechtes Beispiel geben und Porki in den Hintern treten sollen, rügte mich der Jagdaufseher: „Wenn das jeder macht, dann wird jedes Wildschwein ein Hausschwein.“

„Das wäre gar nicht so übel“, konterte ich.

Nun denn, Porki aß mit mir ganz manierlich, wenn man das Schmatzen überhörte. Schweine sind Allesesser, das macht ihre Ähnlichkeit mit uns aus und sichert ihr Überleben. Doch als Porki mir folgte und gar aufs Einsteigen ins Auto wartete, erlosch meine Freundschaft und ich gab Gas, als ich auf der anderen Seite eingestiegen war.

* * * * * *

„Kommen Sie, Herr Fotograf“, lautete eine Aufforderung an mich, „und holen Sie unseren Dachs ab, der unsere Wohnung auf den Kopf stellt!“

So weit war es also gekommen, dass ich den Nothelfer spielen musste. Aber ein zahmer Dachs kam mir doch gelegen, weil mir solche Aufnahmen, die viel Zeit erfordern, im Archiv noch fehlten. Als ich das Anwesen der Dachsbesitzer betrat, groß genug, eine ganze Dachsfamilie zu ernähren, kam mir „Dachsie“ voller Begeisterung entgegengerannt, und diese Begeisterung nutzte ich heimtückisch, ihn sofort ohne alle Fisimatenten in den Käfig zu bugsieren – so, den waren wir schon einmal los!

Im Rosen-, Nelken-, Tomaten-, Erdbeer- und Gurkengarten gab es keine der genannten Früchte mehr. Er sah aus, als hätten Minipanzer der Nato dort Manöver abgehalten. In der Wohnung stand nur noch das Mobiliar des Schlafzimmers am angestammten Platz, ansonsten machte sie den Eindruck, als seien Landsknechte von anno 1640 soeben erst abgezogen.

„Woher haben Sie den Dachs?“, fragte ich.

„Hat uns ein Händler als Dachshund verkauft“.

Nun, ich nahm ihn mit und stellte ihn Förster Kirchartz vor.

„Ein Dachsbau“, sagte er, „befindet sich hier um die Ecke am Waldrand. Lassen Sie ihn dort frei und das Thema ist abgehakt.“

Gut aber falsch gedacht!

Unter einem lockeren Kiefernschlag hatten Generationen von Dachsen und Füchsen ihre Burg Malepartus angelegt. Mit wenigstens einem Dutzend Ein- und Ausgängen. Um Dachsie etwas zu trösten verabreichte ich ihm im Käfig eine Stange Lakritz und mein Nachmittagsbutterbrot – gut aber falsch gemacht! Dann ging ich mit dem Käfig mitten auf den Bau, wo sich im Umkreis von wenigen Metern vier „Röhren“, - so nennt der Jäger diese Löcher -, befanden und ließ Dachsie frei. Er hockte sich aber auf meine Stiefel und dachte überhaupt nicht an Flucht. So packte ich ihn derbe am Wickel, schubste ihn kraftvoll in eine Röhre. Ehe er sich‘s versah, hatte ich mich in Richtung Auto hinter einem Baum versteckt, und ehe ich am Auto angelangt war, war Dachsie schon dort.

So versuchte ich es noch einmal. Und weil die letzte Abendsonne so orangerot zwischen die Bäume schien, machte ich noch eine Reihe sehr schöner und typischer Aufnahmen von Dachsie. Dann bereitete ich den endgültigen Abschied vor und schob einen dicken Kiesel der letzten Eiszeit so an eine Röhre, dass ich ihn mit einem Fußtritt hineinrollen konnte.

„So, Dachsie, komm her", lockte ich betrügerisch, schubste ihn in die Röhre und ließ den Kieselstein vorrollen, „mach's gut und ohne Wiedersehen!" Gut erdacht und gut gemacht! Es würde stockfinster sein, ehe er sich durch die vielen unterirdischen Gänge gearbeitet hätte, - für Dachse ja keine Besonderheit -, aber für Dachsie speziell ungewohnt.

Hausgäste mit Familienanschluss und andere

„Sie müssen, keck, charmant und vif (lebhaft) sein und das Fernsehen ausstechen können." (Letzteres war nicht schwierig:) Das war in wenigen Worten die Bedingung des Haushaltsvorstands zur Aufnahme einer kleinen Menagerie in der Wohnung. Dass diese nur „eine Weile" stattfinden sollte, „um Fotos zu machen", war abgemachte Sache. So kamen denn ins Haus jene, die schon einmal Fotoobjekte meiner Begierde gewesen sind: Haselmaus, Garten- und Siebenschläfer, Zwerghamster, Meerschweinchen, Erdmännchen, junge Ziesel und die Marderartigen Großes und Kleines Wiesel und ein junger Iltis. Nicht alle gleichzeitig, denn auch bei uns war die Wohnungsnot der Nachkriegszeit noch vorhanden. Alle Gäste, die wir aufnahmen, - manchmal nur für einen Fotografiertag -, stammten nicht aus freier Natur, sondern laut Lieferant aus Züchtungen.

Viele von ihnen würden aber nach Ableistung ihres Fotodienstes in dieselbe entlassen – eine der wichtigen Vorbedingungen ihrer Anschaffung. Ich stelle sie jetzt in der Reihenfolge ihrer Anschaffung vor.

Erstens das Ehepaar Haselmaus, das eine Gemeinschaft führte, wie sie vorbildlicher nicht sein kann: „Ich tu das, was du willst – du machst das, was ich will!“ Sie waren handzahm, mussten sich aber erst einmal an uns gewöhnen, ehe sie unsere Hände beschnüffelten und die besten Sultaninen aßen, die wir im Feinkostladen beschaffen konnten. Nach drei Tagen durften wir sie aus dem Drahtkäfig nehmen und auf unseren Schultern und Haaren durch die Wohnung tragen. Sie waren zwar flink in ihren huschenden Bewegungen, konnten uns aber nicht entkommen, als wir sie bei gutem Sonnenwetter mit in den Garten nahmen. Dort, - und das war der Sinn der ganzen Geschichte -, konnte ich sie nach Fotoherzenslust von vorn und hinten, oben und unten, links und rechts und im Flug fotografieren. Dieses Paar tobte sich richtig aus, genauso wie meine Frau und ich beim Filmwechsel und der Beleuchtung der Motive mit Spiegeln von allen Seiten.
Aber was nun, als **wir** genug hatten? Sie in die Freiheit aussetzen – zwei harmlose Tierchen, die von Fressfeinden nie etwas gesehen und gehört hatten? Eine Anfrage beim Zoodirektor Ludwig Zukowsky brachte das Problem ins Rollen.
„Wir errichten soeben ein neues Gehege für kleine nachtaktive Säuger – her mit den beiden!“

Zweitens das Ehepaar Gartenschläfer, das schon mehr drauf hatte in Sachen Hin- und Herspringen und am Tag ausschlafen. Es hielt uns abends so sehr auf Trab, dass wir froh waren, es im Waldgebiet der Davert, das ich schon benannte und wo sie natürlich vorkamen, aussetzen zu können. Vorher waren sie, ebenso natürlich, Statisten für „Gartenschläfer im Sonnenuntergang“, wo sie sich mustergültig verhielten, nachdem wir sie mit Maikäfern und Nachtschmetterlingen verköstigt hatten.

Drittens ein Siebenschläfer solo, der nur einen Tag lang bei uns blieb, weil er nach dieser kurzen Zeit bereits süchtig nach unserem Lakritz geworden war. Ihn ließen wir im Garten um einen Eulen-Nistkasten herumturnen und nach dieser Süßigkeit forschen, wobei meine Hasselblad mit Blitzlicht an den Rand ihrer Leistungsfähigkeit geriet.

Viertens Zwerghamster Fratzi II., den wir uns ausgeliehen hatten, um ihn zu fotografieren. Sein Frauchen war dabei, um einspringen zu können, wenn er in unserem Garten und aus unserem Arrangement seines natürlichen Lebensraumes auszubrechen gedachte. Nun, er war so lammfromm wie möglich und zufrieden, wenn er Blaubeeren, Kirschen und gebrannte Mandeln in seinen Backentaschen speichern konnte. Hier konnten wir beobachten, wie ein gezähmtes Tier, und noch so klein und unfähig zu einer echten Verteidigung, den Hauch des freien Lebens wittert und alle gelernte „Zivilisation“ über Bord wirft: Als Frauchen ihn nach der Fotositzung aufnahm und in den Transportkäfig steckte, schrie und keckerte er wie am Spieß. Wieder zu Hause, verweigerte er jede Vertraulichkeit und spielte zwei Tage lang nicht.

Fünftens Meerschweinchen Felix, das auf seinen Namen hörte und wie ein echtes Model, - früher Mannequin genannt -, mitarbeitete. Es war naturfarben und konnte wohl einem Beutegreifer wie ein Hase erscheinen. Das geschah auch: Als ich wegen des Fotografierens drei Schritte zurückging, rauschte etwas aus dem Himmel herab, griff sich Felix und flog mit ihm davon - „RIP“!

Sechstens Ziesel Florian:
„Ich krieg's nicht hin, meinen zahmen Florian zu fotografieren", klagte ein Zieselbesitzer betrübt, „wollen Sie's nicht versuchen."
Wollte ich. Zwar kannte ich Ziesel vom Burgenland her, wo sie mir Salmiakpastillen und Lakritztaler aus Jacke und Hose stahlen, wusste aber nicht, dass es Halter dieser spezialisierten Tiere gab. Wir suchten ein Biotop in den von mir schon oft zitierten Bockholter Bergen aus, und der Besitzer Florians hatte vorgesorgt, indem er ein Netz mitbrachte.
„Was isst Florian denn so?", fragte ich.
„Am liebsten Weinbrandbohnen, ich hab welche mitgebracht."
(Das war wirklich mal etwas anderes, dachte ich beeindruckt.) Da stand dieses Lockmittel in Konkurrenz zu meinen Lakritzen! Der Wettbewerb ging unentschieden aus. Wir gingen raffiniert vor und gruben in den gelben Sand, aus dem Heide herauswuchs, eine Höhle von einem Meter Länge. Mehr nicht, weil unsere Arme nicht tiefer gereicht hätten, wenn Florian sich entschloss, nicht herauszukommen. In den Eingang legte Herrchen zwei Weinbrandbohnen so, dass sie bei den Aufnahmen von meinem niedrigen Standpunkt aus nicht im Bild erschienen; meine süßsauren Lakritzfiguren konnte man sowieso nicht sehen. Wir gingen in Stellung, ich so, dass ich von vorn ins Erdloch fotografieren und Herrchen derart, dass er bei einem Fluchtversuch das Netz werfen konnte. Es klappte alles wunderbar und ich wurde Testsieger.
„Er hat sich immer noch", schrieb Herrchen, „sein Mäulchen geleckt, als wir schon zu Hause waren..."

Siebtens Erdmännchenbaby Jungboy. Es war im Zoo geboren worden und so frühreif, dass der Direktor mich rief und um Aufnahmen bat. Wenn es auch noch nicht alle Regeln des Essens und Trinkens beherrschte – eines konnte es schon beinahe perfekt: Männchen machen: „Nomen omen est!“ Und noch ein Verhalten war angeboren: Männchen machen bei Luftalarm. Woher wusste der kleine Kerl, der als Stadtbewohner noch nie einen Greifvogel gesehen hatte, dass die Schreie des Habichts und Bussards gefährlich sind? Diese Schreie kamen überdies aus der nicht weit entfernten Greifvogelvoliere, also gar nicht aus dem Himmel über ihm – Rätsel über Rätsel, die uns die Natur stellt.

Und schließlich achtens: Wieder draußen in meinem Fotorevier, dessen Jagdinhaber, ein bekannter Internist der Stadt, mir manchen Tipp zukommen ließ:
„Im Klosterholz rechts rein, dann links, wieder links und dann rechts bei einem Erdhügel – es lohnt sich für einen Fotografen!“
So instruiert und die Hasselblad mit dem Zeiß-250er im Anschlag schlich ich mich an. Da, der Hügel! Gut einen Meter hoch. Ich sah, dass sein Umfeld und er selbst von vielen Füßchen platt getreten worden war, und es roch auch etwas nach Opossum = Stinktier. Nicht umsonst heißt der Verursacher solcher Zustände in der Jägersprache auch Stänker: der Iltis. Der netteste der Marder! Und da balgten sich drei Junge in mein Blick- und Fotofeld. Klack- machte die reichlich laute Hasselblad, dem das Motorgeräusch folgte. Wie der Blitz, der auch aufleuchtete, waren die Burschen, - schon voll ausgefärbt -, jenseits des Hügels entschwunden. Der keckste kehrte sofort zurück und inspizierte mich so nah, dass ich nicht fotografieren konnte. Dann beknabberte er die Spitzen meiner Schuhe, während einer seiner Kameraden fotogen zuschaute – klack, auch er bekam seine Kennkarte. Dann bellte und zischte ein Elterntier und kam so aggressiv heran, dass ich es mit einem Fußtritt abwehren musste – Ende der Vorstellung!

Jungtiere

Niemand kann sich dem Zauber entziehen, den Jungtiere um sich zu verbreiten pflegen. Den lernte ich kennen, nachdem ich mit einer uralten 9x12-Plattenkamera im Garten meiner Eltern die erste schwarzweiße Kaninchen-Aufnahme machte. Klar, dass „Stadt- und Gartenkaninchen“ einen geringeren Fluchtabstand zum Menschen halten als ihre Kollegen in den Jagdrevieren. Aber diese beiden Burschen, (siehe Foto), ließen mich mit der umständlichen Apparatur der alten Kamera bis auf zwei Meter heranrobben und eine einzige Aufnahme machen – warum nur eine? Wegen des Blitzlichts, das aus einer abbrennbaren Birne bestand und ein unangenehmes Geräusch machte. Ich habe an anderer Stelle schon von Jungtieren der freien Wildbahn berichtet und möchte in diesem Kapitel jungen Haustieren ein Denkmal setzen.

Da müssen an erster Stelle wohl die Katzen genannt werden. Wenn sie die Augen geöffnet haben und erste Schritte von Mama weg riskieren, sind sie unwiderstehlich niedlich und erweichen auch die Herzen hartgesottener Katzengegner. Sie halten noch ein zwei Wochen zueinander, dann wollen sie sich trennen und die Welt erobern. Ein Viererset lag vor mir, hatte gerade Milch getrunken und war daran, einzuschlafen. Ich ließ sie in Ruhe und sah meiner Tochter zu, die sich mit einer jungen Katze ausgiebig beschäftigte. Ich suchte eine, die sich ruhig auf fotogene Plätze setzen ließ und nicht sofort schmusen wollte. Da kam mir gegen Abend Penny gerade recht. Die Sonne war untergegangen und hatte Farben des Abendrots an den Himmel gemalt: Schwupp, setzte ich Penny auf eine Mauer an einen vorher mit der Kamera ausgesuchten Platz und löste über Fernkabel die Kamera aus. Ähnliche Fotos machte ich eine halbe

Stunde später, als der Vollmond, noch jungfräulich strahlend, niedrig am Himmel stand: Ruckzuck, Penny auf den quer im Bild verlaufenden Ast gesetzt und wieder nicht geblitzt – da wird auch eine weiße Katze schwarz abgebildet. Klar, dass ich Penny gebührend belohnte.

In manchen Streichelzoos gibt es eine Reihe Jungtiere zu fotografieren, sie sind freilich sehr aufdringlich in ihrer Futtergier, so dass man als Fotograf guttut, sich im Hintergrund zu halten. So habe ich viele Kaninchen, Lämmer, Kälber und Zicklein aufgenommen, die immer starke Beachtung fanden. In Namibia freundete sich Halbstarkenlöwe „Leo" mit mir an, nachdem ich ihm die Flasche mit Milch gereicht hatte. Er biss mir zärtlich in den Fuß und besetzte anschließend meinen Sitzplatz. Er konnte nicht wissen, dass unser Verhältnis noch am anderen Morgen beendet war, als wir abfahren mussten. Nur sein reguläres Herrchen konnte ihn davon abhalten, dem Wagen nachzulaufen.

Daran dachte der namenlose Jungwolf nicht, der so in sein Geheul „nach Muttern" vertieft war, dass er meine Annäherung nicht bemerkte und sich behutsam streicheln ließ. Was seine Mutter dabei dachte, - die mich vom Waldrand her beobachtete -, konnte ich nicht feststellen, aber mein Experiment klappte: Ich wollte beobachten, ob wilde Wölfe ihre Kinder allein lassen, wenn ein Mensch seinen Geruch auf sie geprägt hat – Mama kam zurück und beleckte ihr Kind trostreich...

Kühe stehen nicht in dem Ruf, sonderlich intelligent zu sein, ihre Kälber schon gar nicht. Sie stellen sich nach der Geburt recht tölpelhaft an und gehören doch zu den bezaubernden Jungtieren im Hof, im Stall und auf der Weide – man muss sie freilich dazu bringen und ihnen eine Chance geben. Klein-Muffi bekam sie, weil Bauer Fitten im Zuge meines baldigen Abgangs großzügig sein wollte:

„Versuch's mit diesem Mutterkalb hier. Es soll sowieso zum Schlachter, wenn's dran ist."
Während die Kuh, die Muffi geboren hatte, dösig zusah und sich zu erholen suchte, schrubbte ich ihr nasses und klebriges Kind mit Strohbüscheln ab, bis es trocken war und erste Stehversuche machte. Dann nahm ich der Mutter die Erstmilch ab, tat sie in ein Gefäß, das unten den Eindruck einer Euterzitze machte und steckte Muffi die Zitze ins Mäulchen. Nach drei Versuchen saugte es und wurde zum ersten Mal in seinem Leben satt. Es sollte nicht mit der Mutter aufwachsen, was damals kaum die Mode war, sondern separiert von ihr. Darum war eine Stallbox freigemacht und mit frischem Stroh ausgelegt worden, und schon auf dem Weg dorthin folgte Muffi mir stehenden Fußes. Schnell striegelte ich es nach Pferdeart, was sonst nie gemacht wurde, und ehe es sich hinlegte und sichtlich müde wurde, schob ich ihm ein paar Salmiakpastillen ins Maul – sie sollten seine Magen- und Darmtätigkeit anregen.

Schon am anderen Morgen, also über Nacht, war aus dem kalbrigen Kalb ein echter Rabauke geworden. Er rammte mir seinen Kalbskopf in den Hintern, was wohl in der Kalbssprache „ich hab Schmacht" heißen soll. Lina hatte inzwischen einen Tränkeeimer entdeckt, der unten in eine verschließbare Gummizitze auslief, die wie ein Kinderpimmel aussah – ein richtiges Monoeuter! Im Nu war Muffi daran gewöhnt und vermisste natürlich gar kein natürliches Euter. Die eine Woche, in der ich mit ihm experimentierte, entwöhnte ich ihn voll und ganz seinen Artgenossen. Er folgte mir auf Schritt und Tritt und wurde mein größter „Lakritzverbraucher". Als ich mit ihm auf eine Viehweide ging, auf der über dreißig schwarz- und rotbunte Kühe grasten, machten sich zwar einige Kühe an ihn heran, aber er fürchtete sich vor ihnen und suchte hinter mir Schutz. Wenn ich Klein-Muffi dann am Kopf und auf der Rückenlinie kraulte und auch beim ihm, -wie bei meinen Pferden, - den Trick anwandte, ihm die neuesten Schlager ins Ohr zu trällern, da geriet er außer sich und machte seine lustigsten Kalbs- und Bockssprünge. So geriet er, es war unser letzter gemeinsamer Abend, unter die Herde und diesen Moment nutzte ich, mich von ihm zu verabschieden - „Jeder Abschied“, sagt der Franzose, „ist ein Stück Tod!“

Herzlich willkommen war ich den Waschbären von Florida. Wieder war ich der Auserwählte unter zahlreichen Touristen, denen nichts anderes einfiel, die neugierigen, kecken und dreisten Allerweltstiere mit Allerweltsfutter zu beglücken: Brotkrusten, nicht ganz leere Eierschalen, Pommes und Schnitzelpanade – welch eine Verkennung geborener Gourmets! Da waren Aniskaramellen, Eierlikör-Ostereier, gezuckerte Sultaninen und gefüllte Lakritzbonbons etwas anderes, besonderes. Besonders für eine treusorgende Waschbär-Mutter, deren Kinder, zu ersten Ausflügen bereit, in einem hohlen Baumstamm aufgewachsen waren und nun die Szenerie draußen mitverfolgten.

Katzen-, Mäuse- und Hundeleben

Katze „Sandy“, die uns täglich in der Hoffnung besuchte, nun endlich einen Spiel- und Schmusekameraden zu finden, hatte heute Glück: Enkel Niclas war gekommen und beide verbrachten einen netten Tag im Garten-Strandkorb. Da gab‘s sogar für beide Pommes aus der Hand, für den einen eine Cola, für die andere verdünnte Vollmilch zum Schlabbern. Als Sandy dann eingeschlafen war, kam die Minute des Abschieds – wie gut, wenn man ihn verschlafen kann! Aber dann? Sandy durchstreifte das ganze Grundstück maunzend und jammernd und erstieg einen Obstbaum und das dort befestigte Vogelhäuschen…

Langhaarkater „Galileo“ war ein mustergültiges Katzentier und ein Schmuser höchster Begabung – wenn er dabei erhöht liegen durfte. Seine Familie gab ihm jeden Willen, nur einmal pro Halbjahr nicht: Weil er sich weder baden noch scheren ließ schaffte man ihn zum Tierarzt, der beides unter Narkose vollzog. Allmählich kam Galileo hinter diesen Trick und verkrümelte sich zum Nachbarn, der einen wunderschönen Platz besaß, wo man alles sah, aber selbst nicht gesehen werden konnte: Einen Zementrohrbrunnen aus 1940, dessen Wasser vom Nachbarn nur zum Blumen- und Gemüsegießen genutzt wurde. Dazu musste der schwere Betondeckel verschoben werden. Galileo machte nun den gewohnten Einmetersprung und landete im Brunnen – die Fahrlässigkeit seines Nachbarn, - beide liebten sich wie Uraltbekannte -, brachte ihn ums Leben! Erst bei der nächsten Wasserentnahme wurde sein halbzerfallener Leichnam entdeckt und die Vorstellung, wie oft er im Brunnen seine Runden gedreht hatte, ehe er erlahmte, machte alle Beteiligten beinahe sterbenskrank.

Der nicht ganz reinrassige Schäferhundrüde „Schlappohr vom Drudenhof“ bekam bei den rötlichen klassischen Sonnenuntergängen seinen klassischen Mondkoller.
„Sein Wolfsblut kollert in ihm“, orakelte Großmutter Christina düster, „Menetekel, Menetekel – heut Nacht stirbt einer.“
Bisher hatte sie immer recht behalten, was sie der Lokalpresse entnehmen konnte. Schlappohr aß seinen Napf und möglichst noch den anderer Individuen leer und machte sich auf die Pfoten.

„Dunkel war‘s – der Mond schien helle...“

In einem fördernden Trab ohne nach links oder rechts zu gucken und ohne sich von den brütenden oder Junge führenden Wiesenvögeln beeindrucken zu lassen. Auch das Gebell seiner Kollegen der benachbarten Höfe interessierte ihn nicht, ebenfalls nicht das Gewinsel läufiger Hunde im Dorf – es blieb halt unbekannt, welcher Trieb ihn trieb. Wo

er sich aufhielt, als der Tag graute: Niemand sah es. Aber am nächsten Abend, als der Mond schon ein wenig abgenommen hatte, trollte Schlappohr auf den Hof und stellte dem Bauern und Großmutter Christine seine neue Erwerbung vor: Zwei Junghunde, welche sofort zur Großmutter überliefen und sie um ein Frühstück baten. Darüber vergaß sie, heute die Lokalzeitung nach Todesfällen durchzusehen: Es waren keine verzeichnet und morgen und übermorgen auch nicht.
„Menetekel, Menetekel“, schimpfte sie empört, „du bist ein richtiges Ekel!“

Nelly III. war ein Abbild des ersten und damit wohl ein Quantensprung der Evolution. Er war mondsüchtig, doch nicht, wenn der Mond leicht rosa gefärbt war wie auf der Abbildung. Sollte er farbenblind sein? Er führte das Trauma mit sich im Gehirn, dass ihm einst, als er sich mit freundlicher Absicht einer Halbstarkenkatze näherte, diese ihm mit allen Vieren voran ins Gesicht fuhr und dann in der Dorfkirche verschwand. Das merkte sich Nelly und wurde bei allen seinen losen Wanderungen ein eifriger Besucher klerikaler Bauwerke. Und Kerberos und Cerberus, Götter aller Hunde, waren mit ihm: Diese Katze, inzwischen nicht mehr halbstark, war während der Predigt gerade dabei, Frieda der Kirchenmaus ins Genick zu fahren, was auch vom Pastor auf der Kanzel beobachtete wurde. Sein mit klerikalen Sprüchen gespicktes Gehirn reagierte sofort:
„Psalmen 118, 23: Was keiner für möglich gehalten hat, das tut Gott vor unseren Augen.“
Da stürmte Nelly III. die Kirche und wollte der Katze laut bellend ins Genick fahren, und von der Kanzel tönte es:
„Hiob 37,5: Wunderbar ist Gottes Donnerstimme, er tut unbegreiflich große Dinge.“

Die Orgel setzte ein und Maus, Katze und Hund dröhnten die Trommelfelle derart, dass die Maus in ihre Sakristei zurückkehrte und die beiden anderen aus der Kirche stürmten – naja, vom Teufel konnten sie nichts wissen!

Von solchen romantischen Begebenheiten konnte „Herkules“ nur träumen. Was träumt ein Kettenhund am Tag? „Möge meine Kette reißen.“ Was träumt ein Kettenhund bei Nacht? „Möge der gute Junge wiederkehren.“ Damit war ich gemeint. Ich war am Sonntagmorgen auf den kleinen Hof geradelt und wusste, dass Herkules‘ Herrchen und Frauchen, zusammen 150 Jahre alt, zur nahen Kirche gegangen waren. Gestern hatte ich ihnen angeboten, mit Herkules spazieren zu gehen. Das hatte dieser gehört, denn er schaute mich jetzt, wie abgebildet, erwartungsvoll an und klopfte mit dem Schwanz den staubigen Boden Ich ging konsequent zu ihm, löste ihn von der Kette, tat ihm das mitgebrachte Halsband um und band dieses ans Fahrrad. Damit begann auf dem gut befahrbaren und laufbaren Wanderweg eine Tour, die mir mehr in die Knochen ging als Herkules. Man sollte meinen, dass ein Hund an einer Kette genauso unter Bewegungsmangel leidet wie ein zweibeiniger Stubenhocker – Herkules jedenfalls hielt Schritt mit meinem 15-Kilometertempo, wenn auch mit hängender Zunge und Schaum um die Lefzen. Wenn mich sein Blick traf, schaute ich tief in die Seele einer dankbaren Kreatur.

So hatte er, wie ich selbst auch, Rast und Stärkung auf einer Dorfbank der Spar- und Darlehnskasse verdient. Ich gab ihn frei und als erstes lief er zur nahen Linde der erwähnten Sparkasse und bepinkelte sie eine volle Minute lang, Wenn Hunde sich entleeren, und ich habe das auch bei Wölfen beobachtet, bekommen sie ein nach innen gekehrtes inniges Gesicht; es muss demnach eine Wohltat sein, „sich das Wasser abzuschlagen“. Inzwischen bereitete ich auf der Bank unser Frühstück vor, es war sowohl hunde- als auch menschengerecht. Herkules hat gewiss noch nicht Kartoffelpuffer, Berliner, Brötchen mit Camembert und hausgemachten Quark mit Schwarzbrotbrocken darin gegessen, geschweige denn trüben Apfelsaft getrunken – nun saß er artig vor mir und aß manierlich mit, ohne zu betteln oder zu schnappen.

Das blieb auch so, als ein älterer Herr sachte heranradelte, halten blieb und unsere friedvolle Szenerie betrachtete. Er stellte sich als Meyer Zwo vor und bat, Platz nehmen zu dürfen. Auch er hatte ein Esspaket mitgebracht und bat um die Erlaubnis, „diesen artigen Hund, wie heißt er denn?“ - „Herkules“ - füttern zu dürfen. „Futter“ war gut gesagt, denn es gab kaltes Kalbsschnitzel Wiener Art, eine Portion handgemachten Kartoffelsalat und Schokoladenpudding mit Sahnetunke – es sah aus, als wäre das für Herkules eine ganz normale Verpflegung. Als er pappsatt war, legte er sich „dankbar“ nieder: Seinen Kopf auf Meyers Füßen, seinen Popo auf meine.

„Ist das Ihr Hund?“, fragte Meyer Zwo.

„Ja“, antwortete ich in einer klugen Eingebung, „ich führe ihn aber nur selten aus, weil ich wenig Zeit für ein Haustier habe.“

„Dann verkaufen Sie ihn mir doch.“

Ich tat zweifelnd, war aber schon sicher, Herkules seinen Herrschaften nicht zurückzubringen.

„Verkaufen nicht“, sagte ich zögernd, „gute Freunde verkauft man nicht, aber Ihnen überlassen – naja.“

So wurde mit Überlassung der Führleine ein Handel abgeschlossen, der keiner war und Herkules gewiss zum Guten gereichen würde. Um ihm „das Herze nicht zu zerbrechen“ wandten wir beim Besitzerwechsel den Trick an, dass Meyer Zwo mit ihm ein wenig wegspazierte, während ich mich aufs Fahrrad schwang und enteilte…

Ob ich es wollte oder nicht: Ich wurde Hundebesitzer. Und zwar durch die Besitzergreifung des Dackels „Karlmann". Alle Dackel oder Teckel, jeder Hundekenner weiß es, sind besitzergreifend. Karlmanns neues Herrchen war ein Halodri und hatte bei einer Verlosung statt des Hauptgewinns, eines Autos, den dritten Platz gemacht und eben Karlmann gewonnen. Die gegenseitige Antipathie steigerte sich noch, als dann ein Auto angeschafft und Karlmann völlig ignoriert wurde. Dieser erkannte, - wie auch immer -, seine Chance, als die Familie zum Einkaufen auf „meinem" Hof sich bereit machte und das Auto mit geöffneten Türen vorm Eigenheim stand. Husch, wie immer unbeachtet, huschte Karlmann heran und kletterte durch eine der hinteren Türen hinein und machte sich klein, ja winzig sozusagen unterm Fahrersitz – ja, das passte! Ob er irgendeine Ahnung hatte, wie's weitergehen sollte, bezweifle ich. Jedenfalls war ich die einzige Person unseres Hofes, die sah, wie's weiterging.

Das Auto kam an, Karlmanns Herrschaft stieg aus und ließ wegen der Sonnenhitze alle Türen offen stehen. Kaum waren sie im Haus verschwunden, da krabbelte er hervor, beäugte die Umgebung, ohne mich zu sehen, sah aber Ketten-Hofhund „Victor" und stürmte auf ihn zu. Keine stürmische Begrüßung oder Beschnüffelung, nein, Karlmann schoss wie angestochen in Victors Hütte – und blieb dort. Ich ging nun in den Hofladen und hörte im Augenblick das, was ich wissen wollte:

„...ja, wir haben einen Hund, er ist nicht mitgekommen und wir wären froh, ihn loszuwerden..."

Nun denn, das schien ja zu klappen! Und das Ende der Geschichte? Karlmann wartete die Abfahrt seiner Exleute ab, kam heraus, sah mich als erstes menschliches Wesen des Hofes an und erkor mich als Herrn.

* * * * * *

Wenn man über Mäuse schreibt oder spricht oder den Sprechern zuhört, kämpfen zwei Mächte in unserer Brust: Hinwendung und Abwehr. Abwehr, weil Wissenschaftler behaupten, die letzten Lebewesen bei einer untergehenden Erde werden Mäuse sein, Hinwendung, weil sie so niedlich und lebensfähig sind. Wir beziehen hier nicht alle Mäusearten ein, die auf der Erde leben, nur jene, die uns täglich unterkommen: Hausmaus, Feldmaus, Waldmaus, Gelbhalsmaus, Wühlmaus. Ich verweise auf mein Buch „Ein Mäusekrieg“, wo ich darlege und dazu kam, über 10.000 ins Jenseits zu befördern. Beginnen wir mit der Hausmaus, die vom Keller bis zum Dach vorkommen kann und von zwei Faktoren „bis aufs Messer“ verfolgt wird: Erstens der allbekannten Schlagfalle (siehe Foto) und zweitens von Katzen. In Gemeinschaft mit der Feldmaus, der Name sagt schon, wo sie sich hauptsächlich aufhält, hat sie früher auch in unseren Breiten die Getreideernten bis auf 50% dezimieren können. Von der Hausmaus stammen die Farbvarianten ab, deren eine ich als Polizeimaus vorstelle. Die Waldmaus gilt nicht als Schädling. Zwar kann sie im Winter in menschlichen Behausungen auftreten, aber nie massenhaft; das Gesetz hat sie unter Schutz gestellt.

Wenn ich lückenlos von meinen Bekanntschaften mit Mäusen berichten müsste, hätte dieses Buch 50 Seiten mehr bekommen: Ich fand sie lebend in meinen Gummistiefeln, tot in Holzschuhen, Rübenkraut, Himbeersaft, lebend unterm Kopfkissen, in Hosen- und Jackentaschen, plattgedrückt zwischen Büchern, festgehalten von Kletten, nistend in Vogelnestern, rudernd im Klo, fiepend im Kühlschrank, steifgefroren im Gefrierer, vom Stromschlag gegrillt, von Rollschuhen überfahren und letztendlich im Rachen von Hunden und Katzen.

Eine Variante „Kampf zwischen David und Goliath“, durchaus im Sinn der Bibel, erlebte ich in der Erntezeit des Weizens. Als Goliath trat mein Freund „Axel“ auf, der aus der Stadt stammte und von Mäusen nie etwas gesehen, gehört und gerochen hatte, und als David jene tapfere Mäusemutter, welche, - hätte Adolf Hitler etwas von ihr erfahren -, gewiss das Mutterkreuz verliehen bekommen hätte. Also: Es geschah bei der Weizenernte, als die Mähmaschine ein Mäusenest freilegte und Axel auf den Fall aufmerksam wurde. Andere, richtige Bauernhunde, hätten sich sogleich darüber hergemacht, denn Jungmäuse sind Leckerbissen für sie. Axel jedoch war weder hungrig noch mörderisch, jedoch neugierig und näherte seine Nase dem Nest. Ich muss betonen, dass die Mäusemutter nicht geflüchtet war. Jetzt sah ich ihre Heldentat und gebe diese für die Historie wieder: Sie sprang Axel auf die empfindlichste Stelle seines Gesichts, nämlich die feuchte Nase, und verbiss sich in ihr. Ich habe wenig Erfahrung mit Nasenbissen, weiß aber von manchem Nasenstüber, wie empfindlich das Riechorgan sein kann. Axel schrie spontan auf wie Goliath es getan haben soll, (nicht verbürgt), schlug erst seinen Kopf hin und her und streifte seinen Quälgeist dann mit einer Vorderpfote ab. Dieser floh nicht etwa, sondern machte sich auf die Suche nach dem Nest – es war noch da, aber leer! Ein anderer Hund hatte sich die sechsköpfige Kinderschar einverleibt…

Auch von einem weiteren Zweikampf kann ich berichten, den sich zwei Hunde in Breisach lieferten und der dem biblischen nahe kommt. Beide Kämpfer sind namenlos geblieben. Ich nenne sie im Nachhinein der Große und der Kleine, ich könnte auch sagen „Schäferhund gegen Zwergpudel“. Obwohl sie nichts anderes zu tun hatten, als ihre jeweiligen Herrschaften beim Bummel und Einkauf zu begleiten, gerieten sie aneinander, wie üblich war der Größere schuldig. Als er den Kleinen anging und ihn zweifellos abgemurkst hätte, warf sich dieser auf den Rücken und biss den über ihn geratenen Großen in die Klöten. Auch hier habe ich keine Erfahrung, welcher Schmerzensgrad anzurechnen ist – aber er kann nicht weit vom Höchstgrad entfernt sein. Der Große jedenfalls veranstaltete ein Geheul, dass die älteren Zuschauer und Mithörer an den Luftkrieg erinnerte...

Auf dem Foto, das zeigt, wie eine Maus einen Nistkasten verlassen will, scheint Hauskatze Katinka außer sich vor Freude zu sein, statt eines Vogels nun eine Maus greifen zu können. Kein Betrachter des Bildes kann erkennen, dass Katze und Maus hier dicke Freunde sind. Ein Bekannter machte mich auf das seltene Paar aufmerksam und erklärte, dass der Ursprung der Freundschaft in dem Zufall zu suchen ist, dass diese Maus der ganz jungen Katinka über den Kopf lief und ihr dort eine Zecke wegknabberte. Solch gute Tat bleibt nicht nur bei Tieren haften und kann den Grundstock zu ewiger Freundschaft bilden.

Freundschaft mit Pferden und Kühen

Wenn ich an alle meine Freundschaften zurückdenke, fallen mir die zu Vierbeinern vor den Zweibeinern ein – ich kann daran nichts ändern!

„Das Glück dieser Erde“, heißt es irgendwo überspitzt und überheblich, „auf dem Rücken der Pferde.“

Und wenn man nicht reiten will oder kann, was dann? Solange ich in der Landwirtschaft tätig war, hatte mein Verhältnis zu Pferden stets die eine und die andere Seite: Denn wie‘s auch immer stand, es musste geschafft und gearbeitet werden.

„Du kannst machen was du willst“, umriss Fitten die Situation, „das gilt auch für uns Menschen hier: Wenn meine Lina keine Lust mehr an der Arbeit hat oder diese schlampig verrichtet, muss ich sie gehen lassen.“

„Vielleicht“, dachte ich, „wird er sie noch eher gehen lassen als seinen Hektor.“

Den oben zitierten Sinnspruch möchte ich abändern in:
„Das Glück auf Erden – zusammen mit Pferden.“
Ich kann nicht haarklein erklären, warum ich mit allen meinen Pferden „Glück“ hatte, sogar mit dem bösen „Josef“, der mir wohl einen Kinnhaken zur Ewigkeit verpasst hätte, hätte ich nicht schneller reagiert als sein rechtes Vorderbein – ich roch sozusagen seine Absicht zum Zuschlagen. Das durfte, nach uralter bäuerlicher Erkenntnis, weil Widersetzlichkeit von Arbeitstieren spontan beantwortet werden muss, nicht hingenommen werden. Ich hatte den Zügel noch in der Linken, den zog ich nun ruckartig an, dass Josef aufschrie und in die Höhe stieg – freilich ohne vorne zuzuschlagen. Um ihn recht zu erniedrigen und mich als sein Chef hervorzukehren, bekam er nun eine Kaskade auf- und absteigender Ohrfeigen, Maulschellen, Watschen (bayerisch) und Kopfnüsse auf und zwischen die Augen, dass ihm offensichtlich blümerant wurde und er sich auspinkeln und leerkacken musste. Das war mein Sieg!

Im „Landwirtschaftlichen Wochenblatt“ (LW) hatte ich kürzlich die deutsche Weisheit gelesen:

„Ein Pferd hat viel Macht und viel Recht:
Es wirft zur Erde den Prinzen wie den Knecht.“

Das sollte mir nicht passieren. Auch den folgenden Rat von Friedrich Rückert las ich ohne Begeisterung:

„Wenn dein Ross ist gescheiter,
als du selbst, der Reiter,
so lasse dem Rosse die Zügel
und halte dich nur am Bügel.“

Einer verdienten Strafe, meint der Volksmund, sollte stets die Verzeihung folgen. Ich schwang mich auf Josef und ritt mit ihm eine Trabrunde ums Hofgelände, diese versüßt mit

Halstätscheln und netten Worten, und stieg dann vor dem Pferdestall ab. Ehe ich Josef in den Stall führte und dort als Demonstration meiner Gnade abstriegelte und seinen Trog füllte, murmelte ich ihm Unverständliches ins Ohr und schob ihm eine Lakritzrolle ins Gebiss – wie sagt noch ein älteres Sprichwort:

„Erziehung ist nichts – Beispiel ist alles!“

Josef blieb bis zu meinem Fortgang einer meiner besten Freunde.

* * * * * *

Wallach „Luna“, dem edlen Hektor um vieles ähnlich, war die Güte auf vier Beinen. Sein Name hängt mit seiner Mondsüchtigkeit zusammen. Wenn ich ihm ins Ohr sang „Guter Mond, du gehst so stille, zwischen Lübbecke und Hille“, dann verklärte sich sein Blick zum Mondgesicht und er wieherte so versonnen, dass ich den anderen Hofleuten versicherte, er sei früher einmal, vielleicht von Wotan selbst, zu einem Pferd verzaubert worden. Den Verstand eines mitarbeitenden Mitarbeiters besaß er in hohem Grad: Er brauchte einen Gang nur einmal gefahren zu sein und von mir den Hinweis „ins Dorf“, oder „zur Kirche“ oder „bring Oma zum Bäcker“ erhalten zu haben, dann zog er los und kam immer rechtzeitig zurück, um meine Taschen nach Anisbonbons abzuschnuppern.

Halbtrakehnerstute „Roserita“ scheint noch den alten Friedrich Wilhelm gekannt zu haben, der ja das Gestüt Trakehnen gegründet hat, denn sie hörte nur auf machtvoll ausgestoßene Befehle und polternde Wortfetzen. Aber bei einspännigen Arbeiten wie dem Eggen, leichtem Pflügen und dem Hin- und Herfahren beim Einsähen trabte sie leichtfüßig daher von 8 bis 10 Uhr, dann Pause und weiter von 10 Uhr 30 bis 12 Uhr. Wenn ihr einfiel, dass der hinter ihr hermarschierende junge Mann ich höchstpersönlich war, dann fiel ihr auch ein, dass dessen Taschen, ja sogar die Hände, angenehm nach Lakritz rochen: anhalten, sich breitbeinig auspinkeln und verlangend wiehern waren die Sache von drei Sekunden – wer konnte da widerstehen?

Ihr Fohlen „Fritze“, Vater unbekannt, war im ersten Jahr ein vollendeter Lausbube und zu allerlei Streichen aufgelegt. Ich zähle ein paar Streiche auf. Erstens, den Briefträger in den Verdacht bringen, die Post nicht ordentlich auszuliefern. Ganz unschuldig war Postzusteller Jakobsens Jakob nicht, denn er steckte größere Sachen wie das LW so klüngelig in den Schlitz, dass zwei Drittel ins Freie ragten. Prompt kam Fritze heran, zog sie heraus und aß sie beinahe auf – erst dieses Beinahe überführte ihn. Zweitens: Im Einjahresalter war Fritze natürlich auf festes Futter gesetzt und durfte nicht mehr unter Mutters Bauch nuckeln – das verstehe ein wackeres Fohlen! So stieg er in den Garten, um dort zu ernten, wo er nicht gesät hatte: Radieschen, Kopfsalat, Johannisbeeren und Früchte der Saison. Drittens jener Streich, der ihn zum Reittier machte. Da stand plötzlich, an die Dachrinne gelehnt, eine Leiter, an der man sich, - wie wilde Schweine es tun -, wunderbar das Fell scheuern konnte. Sie rutschte dabei weg und ihr Besteiger, nämlich Malergeselle Fridolin, landete im freien Fall und mit ausgebreiteten Beinen auf Fritze – so lernten beide das Reiten in Wald und Flur. Über Fritzes weitere Karriere ist nichts bekannt geworden. Doch bevor er verkauft wurde, schwängerte er noch Roserita, seine Mutter.

So entstand des Dorfes bestes Reit- und Zuchtpferd „Springinsfeld“ - freilich ohne einen Hauch von Registrierung im Pferdestammbuch – Inzucht ist auch eine Zucht, wussten schon die antiken Menschen! Ein Pferdezüchter aus Oklahoma kam, sah ihn und siegte über seinen Geiz:

Springinsfeld bekam eine Freiflugkarte gratis und soll in den Staaten fleißig dazu beigetragen haben, dass Westernreiten ein großes Geschäft wurde.

Die zwei folgenden Arbeitspferde „Bläck“ und „Freddi“ verdienten eigentlich auch, hier seitenlang erwähnt zu werden. Sie waren brave Gesellen, deren Mitarbeit im Wald und auf der Heide, im Moor und Sumpf und bei der schweren Heuernte mustergültig zu nennen ist. Wenn sie mich mit ihren Bumsköpfen anstießen, „los Mann, her mit dem Lakritz!“, dann gehorchte ich prompt und dankte ihnen noch für ihre Freundschaft.

* * * * * *

Über Kühe, Bullen und Rinder haben die Dichter und Schreiberlinge dieser Welt sich bedeutend karger ausgelassen als über Pferde. Taugen diese Drei nicht als Kameraden? Bei Bullen trifft das zu: Erst wenn sie zu Ochsen degradiert werden, kann man mit ihnen etwas anderes anstellen als Vaterschaften zu erzeugen. Liebe männliche Leserschaft, sollte unter dir einer sein, der auch einen Nasenring ohne Betäubung verpasst bekommen hat, möge er sich melden. Andere mögen diesen Dreizeiler von Otto Julius Bierbaum lesen:

„Bunte Dörfer, bunte Kühe,
Ackerpracht und Ackermühe,
reichsten Lebens frischer Lauf...“

Nachdem Dorftierarzt Dr. med. vet. Walter Aufderheide Bulle „Querkopp“ derart verziert hatte und Querkopp weder Rachegefühle kultivierte noch sonst wie behindert schien, wollte Walter den nächsten Beschlag einer „bulligen Kuh“ für sein Fotoalbum aufnehmen. Als Querkopp sich hinter der Kuh mächtig aufrichtete und wohl übermächtig erregt war, schoss ein fester milchiger Strahl sei-

nes Spermas frühzeitig aus dem roten Pimmel in des Doktors Gesicht. Seine Reaktion ist rekordverdächtig und sollte ins bekannte Buch der Rekorde aufgenommen werden:
„Ich mag ja wohl Kalbfleisch – aber dieses ist mir entschieden zu frisch!"

Wer das Bild „Eine Weide voll bajuwarischer Freunde" ausgiebig betrachtet, kommt dahinter, was mir an Friedtieren so gut gefiel: Ihre sich überall ausbreitende Harmonie des Daseins! Es ist ja nicht so, dass sie sich nie streiten, aber es ist etwas anderes als ein Löwenduell um die beste Beute. Wenn ich als Fotograf eine solche Herde umstreifte, blieb fast immer jedes Tier gemütlich liegen, überwachte mein Tun aber mit wacher Intelligenz. Ich habe vier Fotos beigefügt, auf denen so genannte Jährlinge oder Rinder abgebildet sind, welche durchaus nicht stupide aussehen und meine Arbeit zu verstehen schienen. Wenn ich einem Leittier, das beinahe jede Herde besitzt, ein Stück Lakritz ins nasse und triefende Maul schob, folgte es mir in den hintersten Winkel der Weide und alle ihre Artgenossen auch.

Streicheleinheiten für Rindviecher waren in der bäuerlichen Bevölkerung ganz unbekannt. Gut, diese Tiere kannten es nicht anders. Wenn Land- und Kuhwirt Alfons Teepe etwas mehr „Grips in seiner Birne" gehabt hätte, - ganz ohne konnte auch er nicht auskommen -, dann hätte Ceres, die römische Göttin der Landwirtschaft, ihn nicht so früh abzurufen brauchen. Er hatte nämlich am frühen Morgen seinem Bullen „Mozart" einen Holzschuhtritt auf den Nasenring gegeben, dass dieser, das ist zwar nicht nachgewiesen, auch bei Tageslicht alle Sterne des Firmaments gesehen haben muss. Ein untergebener Mensch würde bei solchem Verhalten „vor Zorn kochen" und Unüberlegtes tun, Mozart jedoch vergaß es zunächst und erinnerte sich erst daran, als Alfons Teepe sich, um Mozart für die Landwirtschaftsschau zu striegeln, zwischen ihn und die Stallwand klemmte. Mozart rückte nur ein wenig nach rechts und drehte seinem Herrn und Meister die Luft ab und quetschte ihn so zusammen, dass er nur noch als Flunder geborgen werden konnte.

Die nächste Bullengeschichte spielte in jener Grenzzeit, in der einige der teuren und wertvollen Zuchtbullen noch „Original-Deckakte" vollziehen durften und sommertags auf der grünen Weide sich ihr frisches Gras rupfen durften. Mit solch einem Leben war der holsteinische Schwarzweiß-Bulle „Kunibert" sehr zufrieden gewesen, und zufriedene Erzeuger pflegen zufriedene Nachkommen zu haben – jedenfalls machten alle Milchkühe, die ihm präsentiert wurden, „nachher" zufriedene Gesichter.

Da geschah ihm folgendes von Augen- und Ohrenzeugen überliefertes Ereignis. Im Gegensatz zum weiblichen Rindvieh, das glücklich ist, Kälber zu gebären, die es nicht erziehen muss, geraten Bullen auf den Weiden in einen Koller. Dieser muss abreagiert werden, sonst gerät solch ein Bulle an den Metzger. Kunibert stand für solche Zwecke eine Ecke seiner Weide zur Verfügung, auf der man alte morsche Baumstubben und Erdhügel unbehandelt stehen gelassen hat. An ihnen tobte Kunibert seine Koller aus: Er scharte mit den Vorderläufen die Erde auf, dass Grasplaggen und alte Äste durch die Luft flogen, blökte und brüllte unbeherrscht und rammte jetzt seinen Kopf in einen Stubben. Dort hatte sich ein Volk Hornissen häuslich und familiär als Kurzmieter eingenistet, das nicht durch einen so ungehobelten Klotz von Bullen rausgekündigt werden wollte.

Also Widerstand und Attacke! Im Nu war Kunibert eingekreist und wurde so mit Stichen traktiert, dass er das Richtige tat: Flucht unter Brüllen und Schnaufen! Sein normaler Weg zum Stall betrug 500 Meter, jetzt, wo er nicht einen Zentimeter Umweg einlegte, nur 350 Meter. Auf der Strecke blieben freilich, ehe er seinen Stall erreichte, vier Stacheldrahtzäune, sechs der Pfähle, die ihn halten, ein breites eichenes Hecktor, eine Holzbaracke, die er sonst umgangen hätte, zwei Kaninchenställe, des Hofhundes Schlafhütte und das geschlossene Tor zu seinem Stall. Hier stand er nun, von hundert Stichen der Hornissen gespickt, die ihm nicht in den Stall gefolgt waren. Kunibert war nicht mehr nach draußen zu bringen und verbrachte seine Tage moderner als früher: als Samenspender.

Ich habe einige Landwirte erlebt, welche beim Melken ihre Unlust an den Kühen ausließen, indem sie schimpften und ihre Bäuche boxten. Prompt stockte die Milch – die alte Bauernregel „Schlechte Laune – schlechte Milch“ trat hier automatisch in Kraft. Als ich bei der Prüfung vor Fachleuten der Landwirtschaftskammer eine im Stall belassene Kuh melken sollte, wollte diese keine Milch geben und die Herren wunderten sich. Ich erklärte ihnen, dass diese Kuh, mochte sie die geduldigste der Herde sein, sich hier allein gelassen und gefährdet sähe, ich sie aber „hinkriegen“ werde. Ich ging von vorn auf sie zu und dann nach hinten, dabei meine rechte Hand über ihren Rücken gleiten lassend. Dann kraulte ich sie am Schwanzansatz mit der Vorwärtsbewegung bis zu ihren Hörnern und, - nachdem ich ihr ins Ohr geflüstert hatte -, den Kopf hinab zum Maul. Dort öffnete ich meine Hand und ließ sie die dort versteckten Salmiakpastillen kosten – da hat noch keine Kuh widerstehen können!

Dann nahm ich den Melkschemel auf und setzte mich neben das Euter. Noch einmal kurz massiert, dann die beiden vorderen Zitzen fest in die Hände genommen und auf- und niedergezogen – das nämlich nennt man Melken! Und die Milch schoss in Strömen in den Melkeimer. Ich brauch-

te nun nicht zu Ende zu melken, die Bäuerin übernahm das, doch die Prüfungskommission war noch nicht zufrieden:
„Was haben Sie der Kuh ins Ohr geflüstert?“
„Nichts Besonderes, nur: Liebling, blamier mich nicht.“

* * * * * *

Als ich mit Bauer „der Seppler“ mitten im heißen Bergjuli seine zwölf Kühe im Stall auf der Alm beobachtete, um Fotomotive auszukundschaften, äußerte ich meine Verwunderung, sie jetzt im Stall stehen zu sehen, „wo doch herrliches Wetter zum Grasfressen sei“.
„Dös stimmt nitta“, warf der Seppler ein, „dera Küh kömmen nachts auf de Weide“, - er ging aufs Hochdeutsche -, „weil se tags von Bremsen so stark belästigt werden, dass sie keine Milch geben. Kennen Se Bremsen?“
Es gibt bekanntlich zwei deutsche Wörter dieses Namens: Hier waren nicht Auto-, sondern Viehbremsen gemeint. Ziemlich gemeine Fliegen mit Durst auf Blut, das sie zur Befruchtung benötigen. Dann legen die Weibchen ihre Eier unter die Haut des Viehs, wo sie zu Maden heranwachsen, sich verpuppen und als fertige „Bremsen“ ihr Wirtstier verlassen. Wenn man befallenen Kühen über den Rücken streicht, kann man die Buckel und Hügel der Maden fühlen.

Der Seppler wunderte sich über mein Wissen. Und dieses nutzte ich nun, Fotos zu machen: Wie eine Bremse Blut saugend auf der Kuh saß – sie wurde anschließend mit der flachen Hand totgeschlagen, die dann voller Blut war. Dann fotografierte ich einige gefüllte Hügel und danach den vom Seppler aufgeschnittenen Hügel, die fette Made darin und diese dann auf der Hand, wonach sie im Gras zertreten wurde. Schließlich „desinfizierte“ der Seppler die Wunde mit Melkfett, - „kann man auch prima gegen Rheuma nehmen“, vertraute er mir an. Mit dieser Fotoserie habe ich mehr Umsatz gemacht als mit allen Rothirschen zusammen!

In fremden Gefilden

Der Familienrat beschloss, vor der Anschaffung „neuer Haustiere“ erst einmal Halter aufzusuchen, die mit ihnen schon Erfahrung gesammelt haben: Fischotter und Lemuren aus Madagaskar: Fischotter, hier einfach Otter genannt, sind Haustiere für Leute, die nichts anderes als diese im Kopf und sonst keinerlei Interesse am Dasein haben; schließen wir hierbei einmal Essen und Trinken aus! Ein Zoomitarbeiter äußerte einmal sarkastisch, er ziehe lieber menschliche Fünflinge groß als einen Otter. Das wollten wir erfahren. Und als „das Land“ für solche Erfahrungen stand uns England vor den inneren Augen. Dank Internet wurden wir fündig.

Wir staunten, was dort in Sachen Tierhaltung alles möglich ist und wie locker sie gehandhabt wird. Einen Otter im eigenen Haushalt? Da würden sich sofort einige Interessenverbände melden und von Tierquälerei und Ausbeutung schreien. Also: Ab auf die Insel, einen Mietwagen her und los geht‘s nach Barnstaple im Südwesten. Was wir dort zu sehen bekamen, auch unterwegs schon durch Hinweisschilder angelockt, „spottete jeder Beschreibung“ - aus der Sicht jener Mitmenschen, welche „alle Tiere dem Einfluss des Menschen entziehen möchten“.

Man sollte einmal oder zweimal dorthin fahren, um zu erleben, wie erbaulich das Zusammenleben zwischen Mensch und Tier sein kann. Ich liste wieder einmal auf.

Erstens: Katzen, - die Engländer sind ganz närrisch auf sie -. können machen, was sie wollen, nur vom Grundstück entkommen können sie nicht.

Zweitens: Mäuse haben ein Haus für sich, das sie durch eine bewegliche Klappe verlassen, aber nicht wiederkehren können.
Drittens: Weinbergschnecken kriechen durch künstlich angelegte Berge ihres Namens und dürfen Weintrauben essen, so viel sie wollen – desto gefragter sind sie bei Gourmets und Gourmands.
Viertens: Richtiges Turmspringen veranstalten US-Ochsenfrösche, welche schräg liegende Baumstämme bis zu einer Höhe von drei Metern ersteigen und von ihnen hinunterspringen dürfen. Es gibt Wettbewerbe unter ihnen. Ihr Los ist es aber, irgendwann den genannten Feinschmeckern serviert zu werden: Hübsch und lebensecht auf Porzellan aus Wales, nach Wunsch gefüllt und natürlich mausetot.

Schluss mit dieser Auflistung! Wir sind, wie bekannt, nicht wegen solcher Sachen hergekommen. Dort, an der Abzweigung, stand ein Fischotter in der Pose, wie die Deutschen ihren Bismarck oder Martin Luther abbilden, als Feldherr oder Gottesmann, zwei Meter groß, sein Männchen machend und ein Schild in den Pfoten haltend:

„Otter‘s farmhouse Lutra lutra“.

Irgendwie, kam es uns vor, riecht es hier nach Fisch. Der vor uns liegende Sandweg verlief sich scheinbar am Horizont, tauchte aber in Wirklichkeit an einem Hügel unter, der mit Kiefern bewachsen war.
„Wie in der Lüneburger Heide“, sagte ich.
Nach zweihundert Metern kamen wir in den Wald und folgten einem hübschen Bachlauf rechts, der ein Biotop bot, wie es jeder Otter-Chef für seine Familie sich nur wünschen konnte. Im klaren aber rasch fließenden Wasser „standen“ Forellen jeder Größe gegen den Strom oder huschten jagend hin und her. Unser Blick nach vorn haftete auf einer Art von Festung aus grauen Steinen, wie sie frü-

her in diesen Landstrichen wohl notwendig gewesen sein muss. Das gesamte Grundstück, so weit wir es überschauen konnten, war mit einer ein Meter hohen Felssteinmauer eingefriedet, auf der dann noch ein Metallgitter in zwei Meter Höhe aufgebracht war. Ich möchte, ehe wir Eintritt begehren und hoffentlich erhalten, erst einmal alle von hier aus sichtbaren Ver- und Gebote aufführen:
„Attention – electric shock - do not feed - Attention bite animals – Otters roam free."
Ein Tor mit Schleuse öffnete sich auf unser Klingeln und Mr. und Mrs. Meyerbier wünschten über Lautsprecher auf deutsch „fröhliches Willkommen aus Germany". Und schon kamen sie uns im Jeep entgegen. Als Wichtigstes bei diesem Willkommen haben wir behalten, wie wir von *Lutra lutra*, - so heißen Fischotter wissenschaftlich -, begrüßt wurden: Ich hatte sofort zwei an den Hosenbeinen hängen und meine Frau drei an den ihren, die sehr modisch und teuer waren. So gaben wir unseren „Snack der Begrüßung" gleich ab, nämlich fünf Rollen Lakritz. Die ungeheures Aufsehen erregten, so dass wir Mr. und Mrs. sogleich mit beschenkten.

Wenn ich nun wie üblich anfangen würde, die Landschaft vor uns in allen Einzelheiten zu beschreiben, so würde ein ganz separates Buch entstehen. Dazu habe ich weder Zeit noch Platz. Doch muss ich eine Vorstellung, die uns ja alle plagt, verwerfen und als notorischer Ketzer behaupten:
„Es kann nicht nur einen Schöpfer gegeben haben!"
Mr. Meyerbier sah mich an und stimmte zu:
„It could not have just been a creator."
„Of course", antwortete ich, „one is God, the other is you, Sir!"
Da war's, als wenn der Kanal, der England vom Festland Europa trennt, nicht mehr existierte!

„So werden Freundschaften geboren“, sagte meine Frau später.

* * * * * *

Aber zurück zur echten Natur der Tierwelt, in der „eben echte Natur“ stattfinden muss! Scheinbar hatten hier die Fischotter das Sagen. Sie offenbarten sich, und das alles gleichzeitig, in folgenden Exemplaren: frech, dreist, übermütig, verspielt, verdrossen, aggressiv, anschmiegsam, liebevoll, kindlich, ärgerlich, unermüdlich im Spielen, gründlich im Ausschlafen, unersättlich im Essen, bissig in Kämpfen und unauffindbar, wenn sie gerufen werden.

„Also richtig menschlich“, kommentierte meine Frau.

Schon am ersten Tag stellten wir fest, dass es auch für die treuesten und intimsten Fischotter eine Einschränkung innerhalb dieses abgegrenzten Lebensraumes gab: das Wohnhaus der Meyerbiers! Diese, gemeinsam hundert Jahre alt, konnten sich sozusagen in eine private Festung zurückziehen, wenn sie vor lauter Tierliebe nicht wussten, was sie tun sollten. Das taten wir nun auch, und siehe da: Alle Tiere blieben an einer für uns unsichtbaren Grenzlinie stehen und versuchten nicht, mit ins Haus zu huschen.

Ich möchte hier nichts vom Privaten der Meyerbiers berichten, nur so wenig: Sie hatten natürlich einen Knacks in der Birne, wie man in Berlin sagt, aber doch nicht so wirksam, dass sie Tiere mehr liebten als Menschen.

„Wir haben vor Jahren mit einem trächtigen Otterweibchen angefangen“, erklärten sie, „und jetzt bewirtschaften wir mit ihnen zwei Hektar. Alles Land gehört uns, mit den Bächen, Seen, Gebüschen und Wäldern. Wir verkaufen die Felle der gestorbenen Tiere und vermieten unsere Einrichtung an Filmleute und Naturfotografen, die hier ‚echte‘ Naturfotos machen und natürlich auch bezahlen müssen. Morgen gehen wir mit euch ins Gelände und zeigen alles.“

Dieses „Alles“ war in der Tat sehenswert. Sehenswert war auch, dass alle Tiere mich als ihren Hausherrn zu betrachten schienen, „denn so etwas haben wir noch nie gesehen“, gaben die Meyerbiers zu, „dass du ihnen mehr bedeutest als wir.“

In einem alten dem Verfall überlassenen Haus konnten sich Otter, Katzen, auch Hunde, Füchse und Dachse nach Herzenslust austoben. Im Erdgeschoss war ein „Schwimmbecken“, mehr eine gläserne Wanne voller Wasser, aufgestellt, in das die Otter von der Treppe aus hineinspringen konnten. Hinausklettern mussten sie über einen Baumstamm. Ein Forellenbach durchzog das Anwesen und staute einen flachen See auf, der Nahrung bot, aber jedes halbe Jahr mit Fröschen und Fischen aufgefüllt werden musste.

Laut Aussagen der Besitzer „sind unsere Otter es nicht gewohnt, von Menschen gefüttert zu werden“, aber ich bildete wie überall die Ausnahme: Kaum saß ich auf einem Baumstamm, Bretterstapel oder einer Bank, schon umwuselte mich ein Dutzend Fischotter, um mich auszuplündern. Wie üblich war ich auch jetzt mit Leckereien beladen, sehr abwechslungsreiche diesmal und nicht für diese Rasselbande von Tieren gedacht: Lakritze, Anis- und Eukalyptusbonbons, Wybert und Rheilaperlen, Karamellen, Pfefferminzbrocken und saure Drops. Ich konnte mich nur retten, indem ich einen Hochsitz bestieg, über deren wackelige Leiter mir nun doch niemand folgen konnte. Mir aber gelangen Fotos, „Luftaufnahmen von Fischottern“, um die man mich später sehr beneidete.

Eine Woche dort vergeht wie ein Tag zu Hause. Als ich verlauten ließ, auf der Suche nach Haltern der Lemuren von Madagaskar zu sein, bekam ich hier einen wertvollen Tipp. Auch riet mir Mr. Meyerbier ab, die Haltung auch nur eines Otters in Erwägung zu ziehen, „sofern das in

Germany überhaupt möglich ist“ - „denn“, so fuhr er fort, „mit einem allein hast du keine ruhige Minute mehr im Haus oder Garten, und bei einem Paar, so sollte man sie nämlich halten, bist du mit deiner Frau nicht mehr Herr des Anwesens.“
So blieben wir zeitlebens ohne Fischotter…

* * * * * *

Noch immer, während wir heimwärts fuhren, bewunderten wir unsere Gastgeber.
„Mehr Tierliebe, die an Verrücktheit grenzt, kann es nicht geben!“
Diese Behauptung entpuppte sich als Irrtum! Denn die nächsten Tiere, die ich im Auftrag einer Zeitschrift auf „ihre Häuslichkeit“ prüfen sollte, waren mir natürlich namentlich und optisch höchst bekannt, doch das besagt in der Praxis wenig.
„Lemuren“, schreibt das schon häufig von mir erwähnte Lexikon, „kommen ausschließlich auf Madagaskar und kleineren Inseln in der Nähe vor. Hinsichtlich Körperform und Lebensweise sind sie eine vielfältige Gruppe. Die meisten Arten leben auf Bäumen und sind Pflanzen- oder Allesfresser.
Lemuren = ‚Schattengeister der Verstorbenen‘ sind eine Teilordnung der **Primaten**. Sie gehören zur Gruppe der Feuchtnasenaffen. Der Name ‚Lemuren‘ ist wegen ihrer oft nächtlichen Lebensweise, ihrer großen Augen und damit markanten Gesichtern von den römischen Totengeistern inspiriert.“
„Wenn man diese scheinbar lustigen Gesellen eine Weile beobachtet hat“, philosophierte ein Zoodirektor in lustiger Runde und meinte damit die überall populären Kattas, „dann kann man sich vorstellen, dass die Eingeborenen und

auch die ihnen folgenden weißen Entdecker glaubten, Seelen Verstorbener vor sich zu haben."
„Ja", fügte ich hinzu, „die Eigentümer dieser Seelen hatten gewiss, als sie gewaltsam oder natürlich starben, ein hartes trauriges Leben hinter sich – da erscheint es doch klar, dass sie sich im Nachleben, welches wie das Hauptleben aussieht, mal so richtig austoben wollen."

Ich scheute, aus Zeit- und finanziellen Gründen und weil mir noch immer das von den Nazis der Hitlerjungenzeit favorisierte Marschlied
„Wir lagen vor Madagaskar und hatten die Pest an Bord"
im Kopf herumgeisterte, die lange Reise zu machen, ohne die Lemuren vorher studiert zu haben. Darum war mir der Tipp des Ehepaares Meyerbier höchst willkommen:
„In Südtirol, sage diesen Hinweis aber nicht weiter, lebt so ein deutsch-tiroler Ehepaar wie wir inmitten zahlreicher Lemuren, besonders jener, die du erforschen sollst und fotografieren möchtest. Da sind sie in Haus und Garten richtige Haustiere mit allem Drum und Dran – here and there, vorne und hinten – front and back, groß und klein – big and small. Wenn dir diese Tiere gefallen, kannst du sie in Madagaskar immer noch fotografieren."
Nun war ich in Südtirol bei Meran – ein Landstrich dieser Erde, den Gott „für sich selbst", sagt man, „als Refugium des Wohl- und Alleinseins geschaffen hat".
„Ja", bestätigte Clemens Flattmann, dessen Deutsch noch immer jenen unverwechselbaren Einschlag Österreichs aufwies, „darum haben sich schon seit Roms Vorzeiten die Menschen um dieses Land gekloppt und an die Köppe gekriegt. Und jetzt, zum ersten Mal in der Geschichte, scheint auch hier der Frieden gesichert zu sein – herzlich willkommen bei uns und unseren Tieren!"
Clemens' Frau in Begleitung des Haus-Kattas „Primavista" kam heran, beide reichten mir die Hand und PV, wie er

kurz genannt wurde, erhielt als Belohnung eine Tüte gebrannte Mandeln.

Es gibt den deutschen Begriff „den Bann brechen" - das geschah hier in animalischer Art und Weise: Denn PV lief dreibeinig zu seinen Kollegen, die sich bisher zurückgehalten hatten, und teilte ihnen meine Freigiebigkeit mit, - wie, weiß ich nicht -, und dann kamen sie alle heran. Ich wurde somit in die Familie aufgenommen. Das Ehepaar Flattmann hatte mit seinen Tieren offensichtlich eine Abmachung getroffen: PV gehörte direkt zur Familie, „alle anderen müssen draußen bleiben". Draußen? Das waren Gehege und Käfige in der Größe von 5 bis 25 Quadratmetern, welche teilweise mit Tunneln verbunden waren, je nachdem, wie seine Bewohner sich verhielten. Die Bewohner: Mohrenmaki, Sifaka, Maki, Kattas und andere, die ich nicht ohne Weiteres bestimmen konnte. Fast alle waren handzahm und äußerst manierlich im Umgang mit den Menschen, die sie leiden mochten. Leiden mögen? Clemens war da nicht sicher und berichtete:
„Da hatten wir Katti II., einen Neuling vor ein paar Jahren. Neue, uns unbekannte Tiere sperrten wir damals in unserem Wohnzimmer in einen Gewöhnungskäfig, aus dem heraus er uns beobachten konnte und wir ihn. Zwei Testbesuche, die ich machte, überzeugten uns vom gutmütigen Charakter Kattis, so dass beschlossen wurde, die Drahttür offenzulassen, damit sie selbst über ihre Freiheit entscheiden könnte. Als ich zum dritten Mal einstieg und noch in gebückter Stellung war, überfiel sie mich und gab mir, auf meinem Rücken hockend, von hinten her eine Serie von Ohrfeigen, dass mein Kopf brummte und ich kaum meine Frau rufen konnte. Als sie kam, versteckte Katti sich hinter mir, so dass ich sie packen und unter Einkassieren von Bissen festhalten und zu Boden drücken konnte. Wer von uns

dreien am lautesten schrie, na ja, wer sollte das feststellen!"

Dann kam, fuhr Clemens fort, die Geheimwaffe zum Einsatz. Nämlich die Spraydose Insektengift, mit dem Kattis Gesicht eingenebelt wurde:
„Da streckte sie alle Viere von sich, auch den schönen Schwanz, und wurde draußen in einem Strafkäfig untergebracht. - Primavista ist nicht so", versicherte Clemens, „Sie können mit ihr spazieren gehen, wenn Sie ihr einen Ihrer Lakritze spendieren und ihr zeigen, dass Sie noch mehr davon haben."
So geschah es zu meiner und vieler Spaziergänger Verwunderung. Dieser Spaziergang! Er wurde historisch, aber leider weder von Profis noch Amateuren gefilmt – er hätte „Fernseh-Abende" machen können. Er wurde für mich dann, - auf das nächste Kapitel bezogen -, sehr zukunftsträchtig. Ich werde darauf noch zurückkommen.

Aber nun zum Spaziergang. Primavista war ein Gauner mit allen Wassern gewaschen. Er lief brav an meiner Seite, als wir einen Fahrweg aufwärts des Ortes gingen, der einige Bauernhöfe mit dem Tal verband. Hier war er sowohl bei Menschen als auch den Tieren bekannt, wurde von ersteren begrüßt und von letzteren meist bebellt, bemuht, bewiehert, bekrächzt und bekräht. Am Wegrand stand vor einer Hausruine ein Hausesel, der mich bewieherte. Sein feiner Geruch sagte ihm, dass meine Taschen gefüllt sein müssten. Ich enttäuschte ihn nicht und gab ihm einen der hiesigen Äpfel. Als Dank schlug er hinten aus, dass PV ausweichen musste und auf seinen Rücken sprang. Nun musste auch er belohnt werden…
„Sie müssen meiner Asina schon etwas Besonders bieten", sagte Bauer Meierhoff hinter mir, „wenn sie Ihnen behilflich sein soll."

So rückte ich für PV und Asina je eine Lakritzrolle heraus.
„Wieso behilflich?“, fragte ich verwundert.
„Nun, Kollege Clemens hat mir gesagt, dass Sie zu den Murmeltieren und Gämsen hinauf wollen, ja?“
„Das stimmt.“
„Da würde ich an Ihrer Stelle Asina als Lastesel mitnehmen.“
„Eine gute Idee das!“
„Und einen Tipp will ich Ihnen geben, mein Herr aus Deutschland, den ich selbst einmal ausprobiert habe: Wenn Sie sich auf den Esel setzen und tief bücken, kommen Sie sowohl an die scheuen Gämsen nah heran als auch zu den Murmelis – die lassen sich täuschen und erkennen den Menschen auf dem Rücken des Esels nicht, wenn sie seinen Wind nicht bekommen.“
Den Ausdruck „Wind bekommen“ muss ich für alle Nichtjäger erklären: Er bedeutet, dass Gämsen, die ja einen ganz feinen Riecher haben, vor der menschlichen Witterung, was Geruch heißt, scheuen und flüchten; Murmeltiere orientieren sich mehr nach Sicht. Bauer Meierhoff gab mir eine Trense, ich legte sie Asina an, wobei ich ihr meine bekannten Melodien aus der Pastorale ins Ohr summte, schubste PV beiseite und schwang mich auf. Sofort trabte Asina los und PV blieb konsterniert zurück, weil er meine Vereinigung mit Asina nicht begreifen konnte.

Dieses hier ist nicht das Kapitel, in dem ich meine Abenteuer mit Eseln bekannt gebe; es folgt hiernach. Jetzt geht es noch weiter mit Meierhoffs Lemuren. Als ich am Spätnachmittag allein und zu Fuß heimkehrte, erkannte mich PV sogleich und begrüßte mich durch heftiges Anspringen. Da spürte ich, wie vorsichtig man mit Kattas umgehen muss und verzichtete hier augenblicklich darauf, sie je im eigenen Haus zu halten. Doch Fotos waren hier gut zu machen, wenn man darauf achtete, keine europäischen Pflanzen mit aufs Bild zu bringen. Ich fotografierte den Betrieb Flattmann durch und durch und erhielt dafür freie Station mit Verpflegung.

Auf solch einem Bauernhof, der noch alte Gebäude mit Spinnenweben und Einflug- und Einschlupflöchern besitzt, kann man eine fotografische Ausbeute in einer kurzen Zeit erlangen, für die man woanders Wochen benötigt. Obwohl dieses Thema nicht hierhin gehört, möchte ich einige Tiere nennen: Vögel beim Nisten, Brüten und Jungeaufziehen, Ratten und Mäuse, Marder, Fliegenschwärme und Wanzen, Haus- und Nutztiere jeder Art. Nach einer Woche Aufenthalt zog ich zu den Meierhoffs um, und damit beginnt mein letztes Kapitel hier, das meinen zuverlässigsten Freunden in der Haus- und Nutztierwelt gewidmet ist: Hausesel *Equus asinus asinus*!

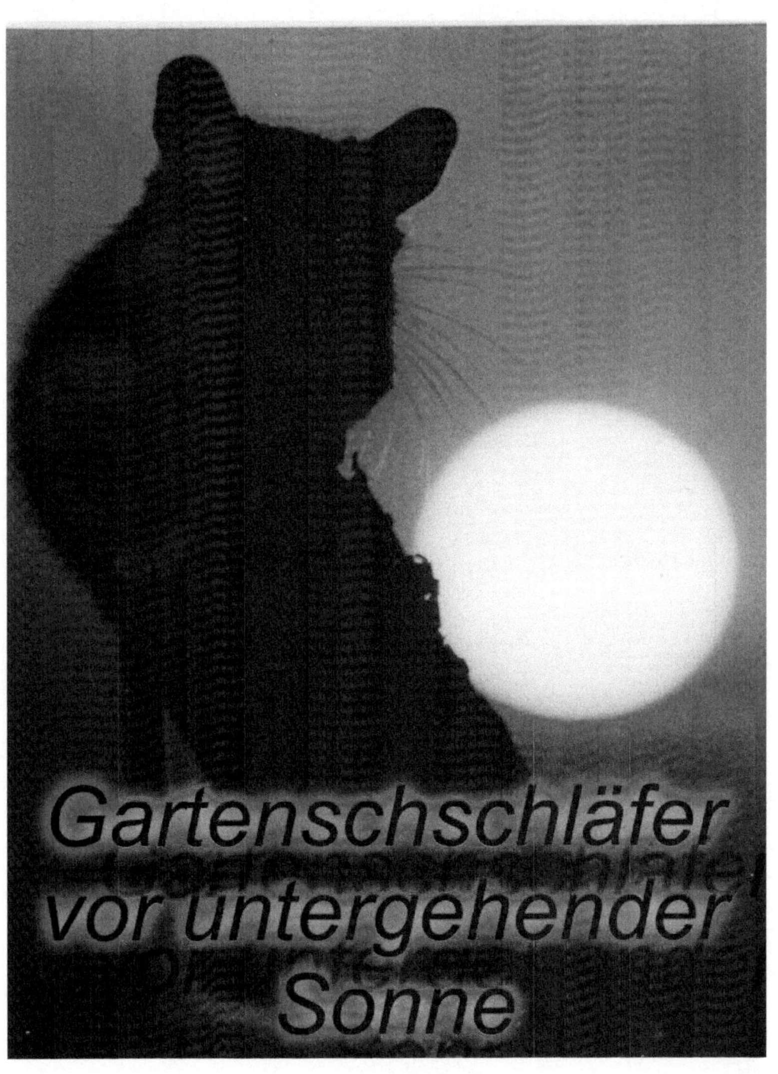
Gartenschschläfer
vor untergehender
Sonne

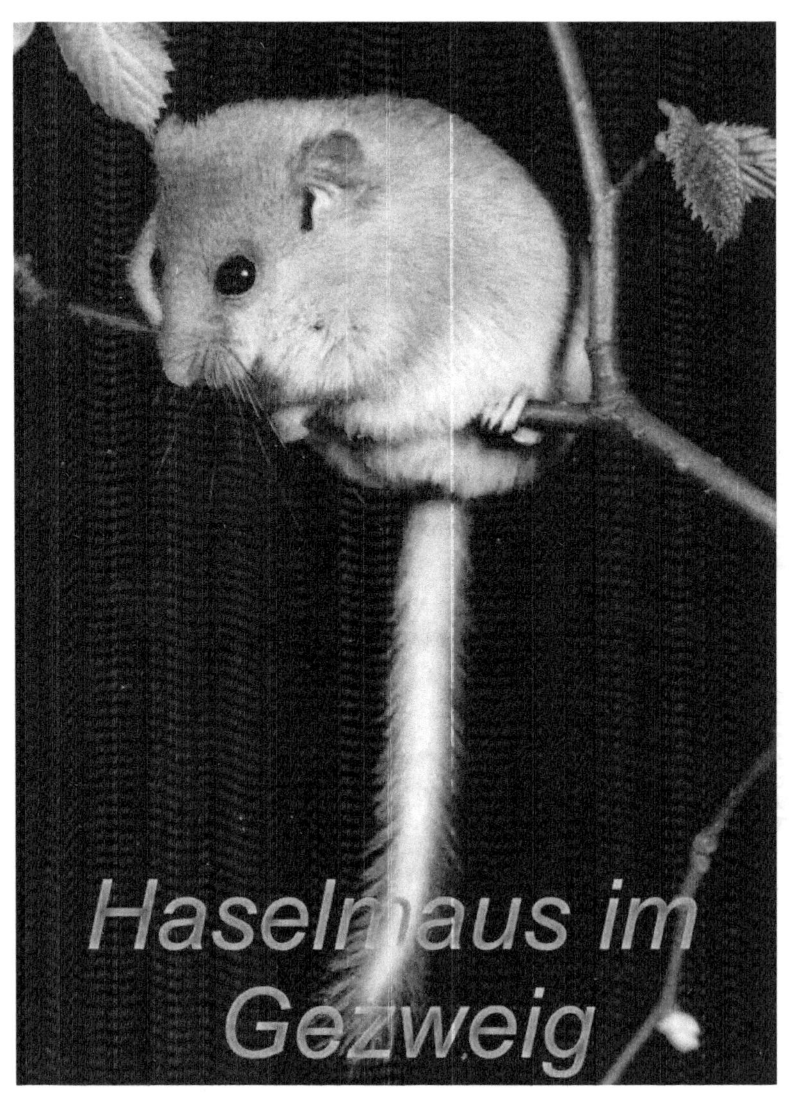
Haselmaus im
Gezweig

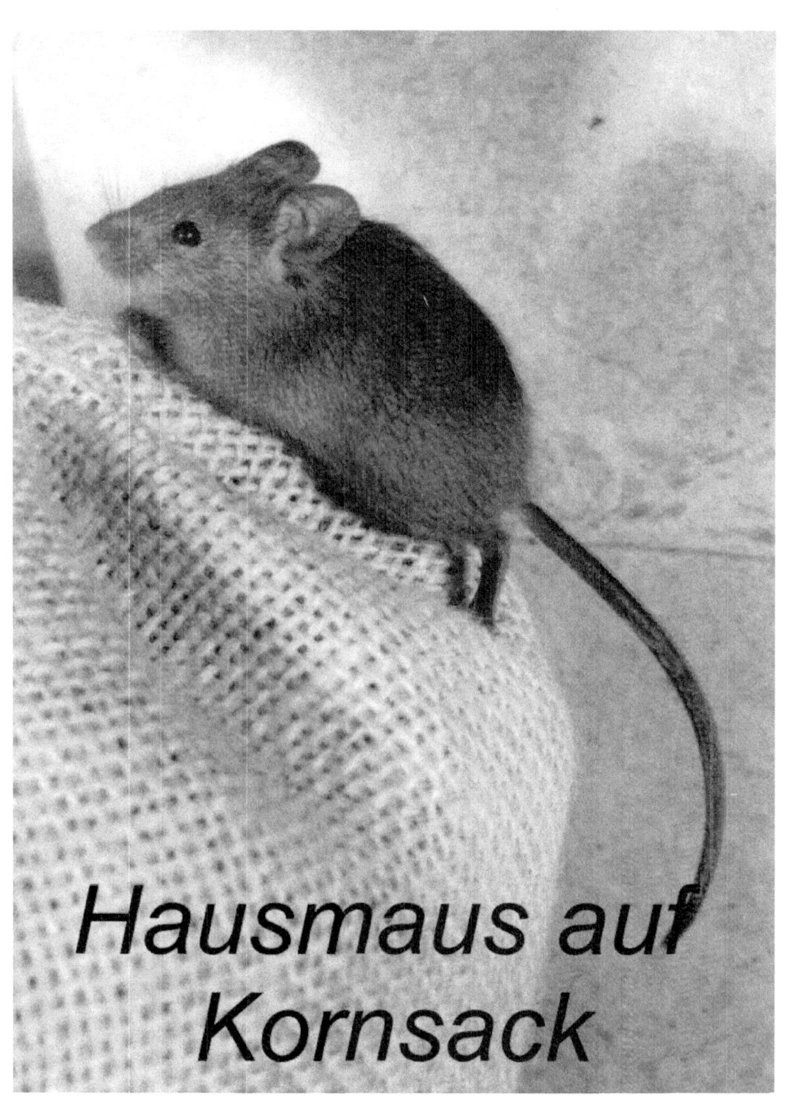
Hausmaus auf
Kornsack

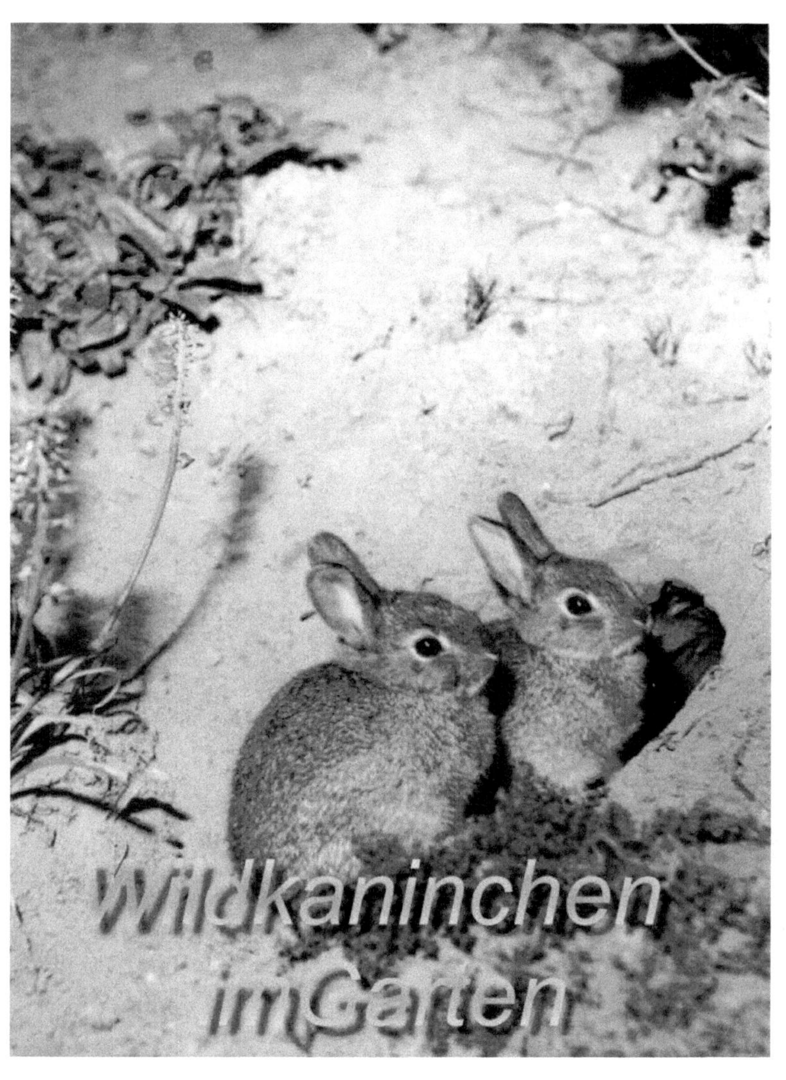
Wildkaninchen
im Garten

Die große Eselei

Wieder zitiere ich zu Beginn ein Lexikon:
„Der Hausesel (*Equus asinus asinus*) ist ein weltweit verbreitetes Haustier. Seine Stammform ist der Afrikanische Esel. Der Asiatische Esel (*Equus hemionus*), auch als Halbesel bezeichnet, ist eine weitere wilde Pferdeart, die von der Stammform des Hausesels zu unterscheiden ist."
Mehr Wissenschaftliches über Esel kann man sich woanders anlesen. Es lohnt sich mehr, hier auf ihre Volkstümlichkeit einzugehen, die freilich an die „der echten Pferde" nicht heranreichen kann. Nachdem ich des Esels Popularität vorgestellt habe, werde ich mich den Abenteuern mit ihnen widmen – also aufgemerkt!

Große und kluge Männer sagten und schrieben über Esel.
August Friedrich Pauly: „Würde ist ein goldener Sattel, der jedem Esel auferlegt werden kann."
George Bernard Shaw: „Trage es wie ein Mann, auch wenn du es fühlst wie ein Esel."
Kurt Tucholsky: „Jung sein ist gar nichts. Es gibt alte Esel und junge Talente."
Gotthold Ephraim Lessing: „Ich weiß, dass ein feuriges Pferd auf eben dem Steig samt seinem Reiter den Hals brechen kann, über welchen der bedächtige Esel ohne zu straucheln geht."
Alexander Otto Weber: „Die Ehrlichkeit – die Tugend, die den Esel vor dem Fuchs auszeichnet."
Jean Paul: „Jeder Fachmann ist in seinem Fach ein Esel."
Epicharmos: „Für den Esel ist die Eselin das Schönste."
George Herbert: „Wenn dich ein Esel anschreit, hat es keinen Sinn, zurück zu schreien."
Georg Friedrich Lichtenberg: „Der Esel kommt mir vor wie ein Pferd ins Holländische übersetzt."
Otto von Bismarck: „Der muss ein Esel sein, der mit sechzig noch die gleiche Meinung hat, wie mit dreißig."

Heinrich Heine: „Ein kluger Esel frisst aus zwei Krippen."
Sprichwort: „Besser a g'sunder Esel als a krank's Pferd."
Sprichwort: „Disteln sind dem Esel lieber als Rosen."
Sprichwort: „Geputzt wie ein Esel am Palmsonntag."
Sprichwort: „Weh' den Eseln, so die Bettler reiten werden!"
Sprichwort: „Wenn zwei Esel einander unterrichten, wird keiner Doktor."
Sprichwort: „Wer sich zum Esel macht, dem will jeder seine Säcke auflegen."
Sprichwort: „Wo ein Esel sich einmal stößt, da stößt er sich nicht wieder."
Deutscher Prüfer zum Probanden: „Sie scheinen vom Esel abzustammen." Die Antwort: „Besser als vom Affen."

* * * * * *

Heinrich Hoffmann von Fallersleben hat nicht nur das „Lied der Deutschen" geschrieben:
„Der Kuckuck und der Esel, die hatten einen Streit:
Wer wohl am besten sänge zur schönen Maienzeit.
Der Kuckuck sprach: Das kann ich und fing gleich an zu schrein.
Ich aber kann es besser, fiel gleich der Esel ein.
Das klang so schön und lieblich, so schön von fern und nah:
Sie sangen alle beide Kuckuck-Kuckuck, Ia – Ia – Ia."

Beim Barockmeister Georg Friedrich Telemann heißt es in der Schulmeister-Kantate:
„Wer die Musik nicht liebt und ehret,
wer diese Kunst nicht gerne höret,
der ist und bleibt ein Asinus, ja-ja ein Asinus ja-ja."

Es ist wiederum Wilhelm Busch, der in Gedichten „den Vogel abschießt“:

„Es stand vor eines Hauses Tor ein Esel mit gespitztem Ohr,
der käute sich sein Bündel Heu gedankenvoll und still entzwei.
Nun kommen da und bleiben stehn der naseweisen Buben zween,
die auch sogleich, indem sie lachen, verhasste Redensarten machen,
womit man denn bezwecken wollte, dass sich der Esel ärgern sollte.
Doch dieser hocherfahrene Greis beschrieb nur einen halben Kreis,
verhielt sich stumm und zeigte itzt die Seite, wo der Wedel sitzt.“

Dass ich mit meiner Absicht, mit Hilfe eines tüchtigen Esels höher ins Gebirge zu kommen und ihn vor allem als Träger meiner umfangreichen Kameraausrüstung zu nutzen, auf den richtigen Gedanken gekommen bin, beweist die historische Erkenntnis: „Der Esel wurde schon seit dem dritten Jahrtausend zum Transport von Lasten benutzt. Und auch als Reittier, weil er im schwierigen Gelände besser vorankommt als Pferd und Kamel.“ Durch den Esel, heißt es, wurde der Fernhandel unter den Völkern der Erde erst möglich. Natürlich hat sich auch die Bibel seiner angenommen, was aber mit historischen Tatsachen nichts zu tun hat. Esel als Statussymbole? Jawohl – wie heute Pferde und Autos! Wohlstand wurde auch mit der Anzahl eigener Esel ausgedrückt, und Achtung vor diesem Tier mit der Verpflichtung, nicht nur Gästen sondern auch gegenüber deren Eseln, mit denen sie gekommen waren, freundlich und fürsorglich zu sein.

Meine Vorliebe für diese traulichen, freundlichen und verständigen Helfer der Menschheit soll durch einen Vorfall begründet worden sein, an den ich mich – ganz natürlich – auch bei höchster Anstrengung meiner Hirnzellen nicht erinnern kann: Denn da saß ich noch im ersten Kinderwagen! Meine Eltern und ich besuchten einen Pony-, Esel- und Pferdehof, auf welchem alle unproblematischen Tiere frei umherliefen; so auch Esel. Ich hielt, im Kinderwagen sitzend, einen Leibnizkeks in der Hand und die Hand etwas erhöht aus dem Wagen. Schnurstracks fasste ein Esel das als Angebot auf und knabberte ihn mir weg – ich wollte zu plärren anfangen, so der Bericht später, sah aber erst meine Eltern an, die laut lachten und den Esel streichelten. Seitdem mochte ich Esel und ließ dann im Kindergarten, in der Volksschule und anderswo keine schlechte Nachrede auf sie kommen.

* * * * * *

Ich habe im vorigen Kapitel von Asina berichtet, der intelligenten Eseldame des Hofes Flattmann in Südtirol. Da möchte ich jetzt wieder anknüpfen und den Tipp prüfen, auf einem Esel sitzend scheuen Wildtieren näher zu kommen als durch Pirsch und Anschleichen. Als ich den ersten Versuch machte, hatte ich nur meine Kleinkamera bei mir, eine Exakta-Varex aus der DDR mit einem 135er-Objektiv. Wir stiegen nun gemächlich hoch, ich führte Asina am Zügel und sprach dauernd mit ihr, damit sie gar nicht auf die Idee käme, störrisch anzuhalten. Als wir vor dem Hochwald ankamen, hinter dem die Baumgrenze begann, glaubte ich im hohen Gras der Alm etwa Braunes zu sehen, und tatsächlich: Es war ein ruhender Rehbock, wie mir das Fernglas bestätigte. Ehe er von uns Notiz nehmen konnte, stieg ich auf Asinas Rücken, bückte mich nieder und dirigierte sie mit den Zügeln und geflüsterten Kommandos in

Richtung Rehbock. Ich habe vorher „den Wind“ erwähnt, der nun nicht von mir zum Bock wehen durfte, und so schlugen wir einen Bogen, um dem Bock von der anderen Seite zu kommen. Er hatte einmal kurz aufgeblickt und wohl Asina als Kollegen eingestuft, dann fiel sein behörnter Kopf nach unten. Da begann ich meiner Sache sicher zu werden.

Asina benahm sich meisterhaft, fast glaubte ich, sie wüsste, was ich vorhatte. Als wir auf zehn Meter an den Bock heran waren, hielt ich Asina an, die sofort zu äsen begann. Äsen? (Das ist ein Jägerausdruck fürs Grasfressen des Wildes). Ich war, obwohl ich nun die Kamera bedienen musste, für den Bock mit Asina eine Einheit geworden, die ihn nicht argwöhnisch werden ließ. Auch die „Klicks“ und „Klacks“ der Kamera störten ihn nicht. So ließ ich Asina tun, was sie wollte, und sie äste sich langsam aber sicher an den Bock heran. So konnte ich ihn von oben, wie bei einer Luftaufnahme, fotografieren und bekam ihn auch aufs Bild, als er sich erhob und mit tief gehaltenem Gehörn, (seine „Hörner“), einen Ausfall (Angriff) auf Asina machte – die schrie empört auf und verjagte mit dieser IA-Musik den Rehbock.

Ehe ich zur allgemeinen Charakter-Darstellung von *Equus asinus asinus* übergehe, wie ich sie erlebt habe, muss ich noch das zweite Abenteuer mit Asina schildern. Es folgte dem ersten und ähnelte diesem. Inzwischen hatte ich mich vom Eselflüsterer zum Eselausbilder gemausert. Wie Pferde, was ich früher in der Landwirtschaft erlernt hatte, müssen auch Esel, wenn sie nützliche Tätigkeiten verrichten sollen, entsprechend ausgebildet werden. Früher: Da gab‘s was hinter die Ohren, einen Tritt untern Bauch, einen derben Peitschenhieb auf den Hintern, um begreifen zu lernen, was Hüh, Hot, Zurück, Prrr und Ha bedeutete. Die Ermahnung eines amerikanischen Farmers im Fernsehen hatte ich mir zu Herzen genommen:

„Sage nie ein böses Wort zu einem Pferd – schimpfe es nie aus – tritt es nicht – beknall es nicht mit der Peitsche – schreie es nicht an!“
Und das Adäquate hatte dieser famose Pferdekenner auch parat:
„Sage nur nette Worte deinem Pferd – lobe es immer – streichle es nur – nimm den Peitschenstiel nur, es auf der Kruppe zu kraulen – singe, summe und flüstere mit ihm.“

Ich fügte jetzt hinzu, während ich Asina striegle und kämme: Was für Pferde gilt, ist auch für Esel gültig.
„Nach dem alten Moses“, sagte Bauer Flattmann, „dem ja sonst nicht zu trauen ist, scheint Gott den Esel vorm Pferd erschaffen zu haben. Vielleicht, um noch ein paar Korrekturen anzubringen. Der erwähnte Fernsehfilm zeigte auch, wie die Pferde des Amerikaners auf die geschilderte Erziehung reagierten: Sie gehorchten dem leisesten Wort, dem kleinsten Wink und folgten ihrem Führer und Halter auch ins Ungewohnte: Auf den großen Lastwagen, ins Maul eines gigantischen Flugzeugs und auch auf eine Arena tobenden, schreienden und schießenden Publikums. Es gibt das Sprichwort ‚So der Herr – so‘s Gescherr‘.“
Das gilt für alle Menschen, die beruflich mit großen Tieren umgehen!

* * * * * *

Nach einer Woche Umgang mit Asina war sie so lieb, anhänglich und zärtlich, dass meine Frau gewiss einverstanden gewesen wäre, sie als Hausgenossen zu behalten. Spaß beiseite! Es ging beim nächsten Fotoeinsatz um die Erfüllung eines sehnlichen Wunsches aller alten und jungen Naturfotografen: eine brütende Auerhenne zu fotografieren! Bauer Flattmann erklärte:

„Ich weiß, wo eine sitzt und brütet. Diese Hennen halten die Annäherung von Menschen und Fressfeinden lange aus, erst in höchster Angst verlassen sie das Gelege (die Eier) und zwar für immer – es ist verloren. Wir Tiroler zeigen den Touristen nie solche Naturgeheimnisse, aber Ihnen doch, wenn Sie sich auf Asina setzen und das Nest so anreiten, dass Sie die Henne fotografieren können."
Ich hatte aus dem Schwarzwald Erfahrungen mit brütenden Auerhennen, darüber berichte ich in „Meine Vögel und ich", aber nie hatte es geklappt, sie zu fotografieren. Asina benahm sich wieder meisterhaft und brachte mich nach einem längeren und steilen Anstieg bis drei Meter vor die brütende Henne. Ich habe schon berichtet, wie vorsichtig und behutsam man sich in Nestnähe verhalten muss. Die Hasselblad, bestückt mit dem 350er-Objektiv, lag schon im Anschlag, als Asina stocksteif stehen blieb und nicht einmal zu atmen schien. Obwohl eine Auerhenne, aus der Sicht eines malenden Künstlers, farbig ganz lebhaft ausgestattet ist, bringt ihr Federkleid eine Tarnung hervor, wie sie effektiver nicht sein kann. Wenn ich früher Betrachtern Schwarzweißbilder dieser Art vorlegte, fanden viele von ihnen kaum die Henne heraus.

Ein Film mit zwölf Fotos war schnell verschossen und ich ließ Asina den Rückwärtsgang einlegen, damit wir uns so behutsam wie gekommen verdrücken konnten. Leider sind alle 6x6-Farbdias dieser Zeit schon den Weg allen Verderblichens gegangen, bevor sie digitalisiert werden konnten. Mit diesem Abenteuer war meine Generalprobe „Fotografieren mit Eseln" erfolgreich beendet und wurde in der Zukunft fortgesetzt. Über den Abschied von Asina werde ich nichts verlauten lassen, außer: Dass ich mich am nächsten Morgen noch in der Dämmerung davonstahl und ihr einige Süßigkeiten wie Gummibärchen, Kaugummi, Lakritz in verschiedenen Farben und Formen und eine Stange Leibnizkeks hinterließ – wie lange mochte sie an mich gedacht haben? Ich jedenfalls habe sie nicht vergessen und zuckte jedes Mal zusammen, wenn ich mit ihresgleichen weitere Abenteuer erlebte. Davon handeln die kommenden Seiten.

* * * * * *

Doch vorher möchte ich meine Leser mit Alfred Edmund Brehm bekannt machen, der 1865 über unseren und meinen Esel schrieb:
„Alle Sinne des zahmen Esels sind gut entwickelt. Obenan steht das Gehör, hierauf folgt das Gesicht und dann der Geruch; Gefühl scheint er wenig zu haben, und der Geschmack ist wohl auch nicht besonders ausgebildet, sonst würde er sicher begehrender und anspruchsvoller als das Pferd sein. Seine geistigen Fähigkeiten sind nicht ganz so gering, als man gewöhnlich annimmt. Er besitzt ein vortreffliches Gedächtnis und findet seinen Weg, welchen er einmal gemacht hat, wieder auf; er ist, so dumm er aussieht, manchmal doch recht schlau und listig. Er bleibt plötzlich auf dem Weg stehen, lässt sich selbst durch Schläge nicht zwingen, wirft sich auch wohl mit der Ladung auf die Erde, beißt und schlägt… Der Esel ist außerordentlich genügsam, er begnügt sich mit der schlechtesten Nahrung, mit dem kärglichsten Futter. Gras und Heu, welches eine Kuh mit Abscheu liegen lässt, sind ihm noch Leckerbissen… Wir können die Ehre des Esels noch vollkommen retten, weil wir sagen können, dass er zu sehr Vielem wie ein Pferd eingeschult werden kann...“

Nachdem mir, wie berichtet, ein Esel „meinen Keks weggefressen“ hatte, wurde ein Stoffesel zu meinem Favoriten erhoben. Nur wenn er dabei und sichtbar war, folgte ich den Anweisungen meiner Eltern und anderer Erziehungsberechtigten: aus der Flasche trinken, nicht dauernd zu plärren, aufs Töpfchen gesetzt werden – später zu gehen, mit ihm im Arm einschlafen und aufwachen. Andere Kinder machten im fortgeschrittenen Alter von 2 bis 5 „Hoppe-hoppe-Reiter“ auf hölzernen Pferdchen, bei mir war es ein Holzesel. (Siehe Abbildung!) An den Jesus-Geschichten interessierten mich bis 6 nur die Szenen und Auftritte Jesu in Gesellschaft von Eseln, später nach dem Lesenlernen, suchte ich im Großen Brockhaus Wörter mit „Esel“ oder „...esel“ und stellte eine Liste zusammen. Hier nur ein Auszug in unserer vielseitigen Sprache zum Thema „Esel“ in „Brehms Tierleben“ und anderswo: Steppenesel, arabische und ägyptische Esel, Maulesel, Eselei, Eselhengst, Eselin, Eselsbrücke, Eselsohr, Eselsrücken und Eselstute; es gibt dann natürlich noch zusammengesetzte Wörter wie Eselsschwanz und so weiter.

In Zoos hatte man damals noch keine „Abteilungen zum Schmusen“ mit jungen Ziegen und Schafen, aber es gab Führungen „Mutter und Kind“ für junge Mütter, deren Kinder und Kindermädchen. Ein Jungesel ist ein „verdammt“ hübsches und verführerisches Tierkind, das im Alter von sechs Monaten durchaus ein Menschenkind von 3 Jahren tragen kann. Meine beiden bisherigen Favoriten, Stoffesel und Holzesel, gerieten prompt in ewige Vergessenheit, als ich meinen ersten Ritt „auf einem lebigen Esel“ hinter mir hatte. Und ebenso prompt musste ich meinen Vorrat an Süßigkeiten und Lockmitteln teilen. Ich muss nicht mehr verraten, dass mein Lockmittel-Hauptfavorit in dieser Zeit „Haribo“ wurde und dieser Name stets auf meinen Liebling überging.

Zehnmal stand „Eselskind“ auf meinen Geburtstags- und Weihnachts-Wunschzetteln obenan – zehnmal wurde er abgelehnt. Bei den alljährlichen Zuchtviehausstellungen der Landwirtschaft wurden natürlich auch komplette Eselfamilien vorgestellt, rangierten aber auf der Skala der Beliebtheit ganz hinten. So konnten meine Eltern mich bei ihnen abliefern und in aller Ruhe allein übers Gelände spazieren. Wenn ich müde wurde, legte ich mich an ein ruhendes Eselbaby und schlief sofort ein. Ich erinnere daran, dass damals, so um 1936 herum, die innenpolitische Situation in Deutschland so war, dass braune Farben bevorzugt waren, zum Beispiel bei Hemden, - auch soll es ein Braunes Haus gegeben haben -, aber ich blieb bei meinen Grautieren.

Das brachte mir noch kindlichen Ärger ein – das heißt, es ärgerten sich andere Leute, nicht ich. Gymnasiallehrer im Fach Deutsch Studienrat Dr. Paul Satermann aus dem Saterland liebte früher die Farbe feldgrau, bis er 1933 das Braun bevorzugte. 1940, als ich sein Schüler war, ließ er seine Sexta nach den Sommerferien den Aufsatz „Mein bestes Ferienerlebnis“ schreiben. Die Hefte mit den Aufsätzen nahm er, wie damals üblich, zur Benotung mit nach Hause. In der nächsten Deutschstunde verteilte er die Hefte und alle erhielten die ihren zurück, nur ich nicht. Das bedeutete nach unserer Erfahrung entweder die beste oder schlechteste Benotung.

„Es ist allerlei Bemerkenswertes darunter“, sagte Dr. Satermann, „einer von euch besuchte des Führers Geburtshaus, ein anderer sah Günther Prien im Garten seines Hauses, (Günther Prien war derzeit ein gefeierter U-Boot-Held), einer von euch schildert den Tag der Wehrmacht auf dem Hindenburgplatz, andere fanden Freunde unter den Kameraden und Pimpfen, und so weiter und so fort.“

Er machte eine Kunstpause und hielt dann mein Heft mit beiden Händen in die Höhe:

„Dieses Heft Walthers habe ich zurückbehalten und mit ‚sehr gut‘ benotet, obwohl es zur großen Zeit, in der wir leben, nichts beiträgt. Der Autor schildert in seiner Arbeit ein paar Tage mit seinem besten Freund, der“, wieder eine Kunstpause, „ein Esel ist.“

Gröhlendes, widerliches und pöbelhaftes Gelächter. Der Lehrer erhob sich, wischte mit einer Handbewegung den Lärm davon, kam zu mir und gab das Heft zurück:
„Glückwunsch, mein Junge, die einzige Eins des Aufsatzes!“
Als er hinter seinem Pult saß, erbat er eine Erklärung von mir. Ich fasste Mut und sagte:
„Esel, lateinisch asinus, gab es schon auf der Erde, als der Vormensch mehr einem Gorilla oder Mandrill ähnelte und auch auf vier Beinen ging. Wer von euch, die ihr so hämisch gelacht habt, ist schon einmal mit einem einjährigen Esel durch den Wald gewandert, dass die Hasen sich wunderten und die Elstern lachten, hat mit ihm zu Mittag gegessen, Wettrennen gemacht und ihn anschließend beim Einschlafen als Kopfkissen benutzt?“
Verdutzte Gesichter von Bank zu Bank und zum Pult.
„Übrigens“, fügte ich hinzu, „essen Esel ebenso gern Lakritz und Karamellbonbons wie ihr alle und auch Sie, Herr Lehrer.“
Da brach der Bann des Neides, der Vorurteile und Vorbehalte, und als ich Bilder herumreichte, die mein Bruder Wolfgang vom Esel gezeichnet hatte, „wollten alle Esel sein“.

Tatsächlich hatte ich mit „Eselinus“, dem einjährigen und wunderlich sympathischen Eselhengst, meine erste große und selbständige Wanderung gemacht. Er hatte gelernt, sich satteln, aufzäumen und mich aufsteigen zu lassen. Es war Sonntag am Nachmittag und unser Ritt führte uns zum Tierheim am Kanal, wo ich mich lange nicht mehr hatte sehen lassen – sehr zum Leidwesen Doris‘, die den reduzierten Betrieb über den Krieg zu retten versuchte. Jetzt veranstalteten wir „Eselreiten für Kinder um eine Mark“ die Viertelstunde. Immerhin: Ein Geschäft wurde es nicht, doch Doris konnte jede Menge Knete gebrauchen und bekam von spendablen Vätern und Soldaten auf Urlaub manche Mark zugesteckt. Auch Eselinus lernte an diesem Tag die Menschen als Wohltäter kennen und weckte den Willen mancher Interessenten, „nach dem Endsieg solche netten Grautiere anzuschaffen."

„Im Krieg in Polen und Frankreich", erzählten zwei Panzergrenadiere auf Urlaub, „haben wir so viele Esel gesehen und gehört, dass uns heute noch die Ohren dröhnen. Es waren alles fleißige Tiere, diese Pferde des kleinen Mannes, und sie verrichteten manche Arbeit, die sonst auf den Frauen hängengeblieben wäre. Viele Landhändler zogen mit Esel vorm zweirädrigen Karren über Land und verkauften alles von A wie Allerlei bis Z wie Zigaretten."

Als sie Eselinus die Kippen ihrer Zigaretten zusteckten, nahm dieser erst vertrauensvoll an, hustete ihnen aber das Zeug zurück mitten ins Gesicht…

* * * * * *

Von jetzt ab bis in die 60er-Jahre gab es die „Große Eselspause", (ein neues Eselswort). Verschiedene Umstände, die nicht hierhin gehören, führten dazu. Aber überall in der Zukunft, wo ich schwierige, ja geheimnisvolle Fotos zu machen gedachte, war „Equus Asinus" mit von der Partie. Jeder von ihnen war eine Persönlichkeit, die, genau wie beim Menschen auch, richtig genommen werden musste. Und jeder Einsatz gestaltete sich wie automatisch zu einem Abenteuer. Der Esel und ich – wo wir auftraten waren wir Sonderlinge „mit einem Tick in der Birne", denen man aber wohlwollend helfen müsste.

Dabei machte ich die Erfahrung, dass Bilder dort, wo die Sprache nicht verstanden wird, mehr sagen als Worte. Zum Beispiel mein Abenteuer mit Eselin „Violina", die man mir gern unter Pfand oder Vorauszahlung überließ,

doch Köpfe nur solange schüttelte, bis ich die Fotoergebnisse vorlegte.
„Was, so etwas läuft bei uns herum?“
Eine häufige Frage in der Estremadura Spaniens, wo noch nie jemand, - so auch in anderen Landstrichen Europas -, je eine Trappe von Nahem gesehen hatte: wie auch! Und so waren diese Fotos entstanden.

Großtrappen (*Otus tarda*) sind wohl die scheuesten Vögel der Erde. (Wer sie nicht kennt, sollte sie im Internet bewundern!) Sie sind sehr selten geworden, kommen nur in Deutschland und nur auf weiten unbeackerten Grünflächen vor und flüchten vorm Menschen auf tausend Metern. Werden sie von uns oft gestört, verlassen sie ihre Reviere. Fotografen, die ihnen beikommen wollen, müssen schon lange im Gebiet vorhandene Erdbunker beziehen, und zwar morgens im Dunklen und dürfen erst abends im Dunklen diese wieder verlassen. Das heißt für die günstigste Fotozeit des Jahres im Mai oder Juni von 3 bis 24 Uhr im Versteck zu hocken.

Erst in der Estremadura erhielt ich vom Beauftragten gegen eine Gebühr die Erlaubnis, anders vorzugehen: Nämlich mit Hilfe eines Esels offen ins Trappengebiet zu reiten. Hierzu war ein Überwurf nötig, welcher der Eselsfarbe angeglichen sein musste. Ich schildere jetzt das Abenteuer, einen passenden Esel zu finden. Rodrigo besaß ein paar von ihnen, die schon Erfahrung mit Touristen sammeln konnten und auch Reittiere waren. Wir lehnten am Zaun und ich ließ mein Fernglas über die fünf Esel gleiten, von denen nur einer uns seine Aufmerksamkeit schenkte: Rudolfo, ein kastrierter Hengst, den sein Temperament um seine Mannbarkeit gebracht hatte.
„Es kann nicht angehen“, erzählte Rodrigo, „dass ein Esel mit einem Touristen auf dem Rücken eine Stute beschlägt, oder?“

Ich stimmte zu, dass dies ungehörig sei, entschied mich aber für Rudolfo, der hundert Meter näher herangekommen war.
„Er ist immer noch mehr ein Teufel als ein Esel“, warnte Rodrigo.
„Mit mir nicht“, antwortete ich und stieg durchs Gatter auf die Weide.
Rudolfo blieb wie ein Monument stehen, strengte seine Augen an, sog meine Witterung ein und dann schauten wir uns, einen Meter Luftlinie voneinander entfernt, in die Augen. Ja, das war es immer: in die Augen schauen!
„Rudolfo“, lockte ich. „komm her zu mir!“
Ich holte eine getrocknete Apfelsinenscheibe aus der Tasche, ließ ihn schnuppern, wobei er meine Hand mehr beschnupperte als diese Süßigkeit, und dann hob er den schönen Kopf und schmetterte sein „Willkommen“ in die Luft – das berühmte und überall bekannte „iiiii-aaa“! Mit einem Seufzer als Finale. Ich nutzte seine geöffneten Lippen und schob ihm die Scheibe zwischen sie. Klar, dass er so etwas noch nie gegessen hatte. Nun klopfte ich seinen Kopf, zwischen den Ohren beginnend, den Hals herab und dem Aalstrich folgend bis zum Schwanzansatz. Er grunzte vor Vergnügen, ließ mich dann auch aufsitzen, und wenn ich erwartet hatte, nun gäbe es das bekannte Rodeo frei nach Old Shatterhand und ich flöge in hohem Bogen aus dem nicht vorhandenen Sattel – so wurde ich enttäuscht und beruhigt zugleich. Ich ritt zu Rodrigo hinüber und rief:
„Er gehört mir!“
Da rief Rodrigos Frau zum Essen.

* * * * * *

Am Nachmittag trainierte ich zwei Stunden lang erfolgreich meinen neuen Kameraden, um dann im Auto das Trappenrevier abzufahren. Im flimmernden Bild des Zeiss-

8x56-Glases sah ich die Trappen im Revier stehen und balzen, geschätzte drei Kilometer entfernt. Einen Weg dorthin gab es nicht. Also würde ich morgen den guten Rudolfo so weit mich tragen lassen müssen. Würde ich den Ritt aushalten? Immerhin hing auf meinem Rücken der Rucksack mit zehn Kilogramm Kameras nebst Zubehör, Wasser und Verpflegung, auf der rechten Schulter die verdeckte Hauptkamera mit dem 500er und am Knauf links die Mittelkamera mit dem 250er. Die Sonne stand dann hoch und würde mich unter der tarnenden Decke gehörig bebrüten. Wie, wenn Rudolfo sich auf halbem Weg weigerte? Dann würde ich mich so weit vorbeugen müssen, dass ich ihm die obligate Lakritzstange ins Maul schieben konnte.

In nur zwei Worten: Es gelang! Rudolfo trabte, als sei ihm Ziel und Zweck wohlbekannt. Noch tausend seiner Schritte bis zu den Trappen. Dort standen sie teilweise in Trupps beieinander, so dass sich originelle und familiäre Gruppenaufnahmen ergeben könnten, hier balzten drei Hähne und zwei Hennen, daneben hatte sich eine Henne hingesetzt und schien schon zu brüten. Mein Herz klopfte im Eselstakt.

Fünfhundert Meter – vierhundert – dreihundert – erster Halt für erste Fotos. Rudolfo begann sofort zu grasen. Die Trappen blieben unbeeindruckt. Zweihundert Meter! Jetzt war mit dem 500er die kleine Gruppe gut aufzunehmen. Ich muss noch zwischendurch erwähnen, dass ich im leichten Gegenlicht anritt. Hundertfünfzig Meter! Rudolfo gehorchte besser als ein Rekrut beim ersten Manöver. Hundert Meter! Nun wandte ich mich der sitzenden Henne zu, denn Fotos von brütenden Trapphennen waren mir bisher noch nicht bekannt geworden. Als ich bis auf vierzig Meter herangekommen war und sie das 6x6-Format füllte, machte ich vier Aufnahmen in guter Stellung „von oben“, bis sie sich langsam erhob und mir zeigte, dass sie tatsächlich brütete – Halleluja, da galoppierte das Fotografenherz! Und da saß für Rudolfo ein ganzes gut belegtes Brötchen drin - später als Belohnung. Jetzt tat die ganze Gruppe von Trappen mir den Gefallen, - ich weiß nicht, ob sie misstrauisch geworden waren -, in einem riesigen Schwung abzufliegen. So sahen sie nicht, dass ich mich enttarnte und Rudolfo aufforderte, den Heimweg anzutreten. Wie alle seinesgleichen legte er dabei eine schnellere Gangart ein als beim Herweg.

Auf Anregung Rodrigos kam Rudolfo am letzten Tag meines Aufenthaltes noch einmal zum Einsatz. Es ging um Aufnahmen von Perleidechsen, der größten und prächtigsten Eidechse Europas. Sie gleicht einer vergrößerten Smaragdeidechse, die ja jeder kennt.
„Sie sonnen sich morgens ab 10 Uhr an der uralten Steinmauer, welche unseren ehemaligen Friedhof einzäunt“, berichtete Rodrigo, „sind sehr scheu und ich habe beobachtet, dass sie dort weidende Kühe und Pferde nicht scheuen – sie wissen zu unterscheiden.“
Ein guter Tipp, der meine Reise in die Estremadura krönte. Und Rudolfo brachte mich auf seinem Rücken bis auf zwei Meter heran, so dass ich diese herrlichen Kleinsaurier mit dem 250er und 350er formatfüllend fotografieren konnte.

Wie sagen die Franzosen:

„Partir c‘est toujours un peu mourir –
Abschied ist immer ein Stückchen Tod.“

Abschied von Rudolfo! Kaum zumutbar so etwas Grausames! Ich habe später lange traumlose Nächte darüber nachgedacht, woher mein Tick, Esel derartig zu lieben, herkommen mochte: Von frühen Erlebnissen? Über die ich schon berichtet habe. Wie dem auch sein mag: Es geht weiter mit Eseln!

* * * * * *

Wenn ich jetzt im Folgenden über meine Abenteuer und Erlebnisse fast nur mit Eseln berichte, muss ich diese Berichte in Kapitel unterteilen, weil diese nicht immer miteinander in Verbindung stehen.

Das Esels-Gedächtnis. Einen der Landwirte, den ich kennenlernte, wollte ich dazu bringen, sich wegen seiner Stadtnähe auf Publikumsverkehr einzustellen und mehr Tiere zu halten, welche diesem Publikum näherstehen als Arbeitspferde, - „die ja doch bald durch Traktoren ersetzt würden“ -, und damit mehr Umsatz zu machen als mit Kartoffeln und Zuckerrüben. Damit stach ich zunächst in ein Wespennest, soll heißen, „alle Mann“ wurden munter und wollten mitmachen. Hier ist ja bekanntlich der Esel das Thema, also berichte ich nur über diesen. Ich habe früher, und weiß nicht mehr wo, gelesen, dass Esel bei Erinnerungsversuchen besser abschnitten als Pferde – bekanntlich soll man ja das Denken den Pferden überlassen, weil sie „größere Köpfe“ besitzen. Das traf auf Bauer Heinrich Vortlage wohl zu. Er hatte sich für sein geschildertes Vorhaben die katalanische Eselsstute „Fallada“ andrehen lassen, der man wegen ihrer auffallenden Größe die Schwangerschaft nicht ansah.

Und siehe da! Ich hatte die Ehre, sie auf der Weide fein abzustriegeln, was sie geschehen ließ, als ich sie aus der hohlen Hand ein paar Gummibärchen naschen ließ. Und siehe noch einmal da! Während sie vorne aß, ließ sie hinten etwas fallen, das verdammte Ähnlichkeit mit einem Eselsfohlen hatte, auch wenn es noch eingepackt, splitterfasernass und sehr zappelig war. Ich hatte keine Lust, hier die eklige Arbeit eines Geburtshelfers zu verrichten, drehte Fallada am Zügel herum und stieß ihr Maul auf ihr Kind. Und zum dritten Mal siehe da! Sie begriff, was ihr Mutterinstinkt ihr bisher wohl nicht signalisiert hatte. Mit Hilfe der Sonne und der Eselszunge war das Fohlen in zwanzig Minuten proper hergerichtet und es versuchte, auf die Beine zu kommen.

Es gibt den bekannten Spruch, dass Irren menschlich sei, ich versuchte ihn ins Tierische und Lateinische zu übersetzen: „Errare bestialiter". Denn als dieses Fohlen, das wir nun Fallada zwei nannten, instinktiv nach seiner besten Nahrung suchte, fuhr es mir von hinten zwischen die Beine und machte höchst unfaire Kopfstöße. Ich nahm's am Wickel und bugsierte sein zartes feuchtwarmes Köpfchen behutsam an Mamas Euter. Und so entstand das ewig neue und ewig alte Bild der Erneuerung des Lebens! Um diese Sache komplett zu machen, übernahm ich die Patenschaft für Fallada II.

Ich hatte nur sonntags Besuchsmöglichkeit, aber dadurch einen famosen Überblick in ihr Weiter- und Fortkommen. Und wie staunte ich und wunderte sich die Hofbesatzung, dass ich jedes Mal erkannt und mit stürmischen Rundumgalopps begrüßt wurde. Während Fallada I. in ihrer angeborenen Dreistigkeit ihr Maul in meine Jacken- oder Hosentasche zu versenken trachtete, drängte sich ihre Tochter noch nach einem halben Jahr an mich und wollte nichts als gekrault werden. Nichts anderes? Natürlich doch: Eine der braunen Mixtura-Solvens-Tabletten genügte, - für uns Menschen gegen rauen Hals geeignet -, sie in Rage zu versetzen. Rage bedeutete bei ihr, flotte Tänze um meine Wenigkeit, Scheinangriffe auch, sich vor mir im Gras zu wälzen und wenn ich mich niederbückte, auf den Rücken zu legen und alle vier niedlichen Treter in den Himmel zu recken – Erstaunen darüber allerorten. Von Sonntag zu Sonntag oder jeweils nach einer Woche wurde sie kecker und begann noch stotternde Eselsschreie des Jauchzens und Tänze der Begeisterung.

Nun komme ich aufs eigentliche Thema dieses Artikels: Von September bis März besuchte ich die Landwirtschaftsschule in der Stadt und sah keine Möglichkeit, meine Esel zu besuchen. Als ich an einem Karfreitag im April dort auftauchte und aus dem Auto stieg, sah ich, dass von meinen Vorschlägen und Zukunftsplänen nichts ausgeführt worden war außer der Möglichkeit, Pony- und Eselsreiten zu veranstalten. Ich brauchte gar nicht zu rufen, Fallada II. hatte mich gesehen, gehört und gewittert (gerochen) und ließ die Gäste im Stich, die mit ihr eine „Osterwanderung des Herrn" unternehmen wollten. Sie grollten erst und begrüßten doch, Zeugen gewesen zu sein, als ich ihnen erklärte, „sie hat mich ein halbes Jahr nicht gesehen".

* * * * * *

Noch eine Gedächtnis-Geschichte. Es galt für mich und meine Kamera Linhof-Technika-6x9, Gebirgsaufnahmen von Sonnenauf- und Untergängen zu machen. Ausgesucht hatte ich mir die Rotwand am Schliersee, zu der ein gangbarer Weg hinaufführt. Aber Kamera nebst Stativ und das Zelt selbst tragen? Das kam nicht in Frage! Wozu gab's denn hier Touristenesel, welche Eselstouristen in und auf die Berge führten. Ich erwischte den knochigen Eselwallach Hubertus, „ein Kletterfritze ersten Grades", wie der Besitzer es ausdrückte, „und wie für Sie gemacht."
„Aber seine Eltern kannten mich doch gar nicht", brachte ich den Schwätzer zum Schweigen.
Er rächte sich mit dem überhöhten Preis von 100,- DM pro Tag.
„Wir hatten 50 ausgemacht, Sie Hallodrie, Sie!"
Hubertus war inzwischen fündig geworden und klaute mir eine Stange Lakritz aus der Tasche. Das war für ihn mehr als eine Unterschrift unter einem Vertrag, es war eine Freundschaftserklärung. So stiegen wir beide am nächsten

Mittag los, und Hubertus schien froh zu sein, mal richtigen festen und harten Grund unter seine Hufe zu bekommen; man muss wissen, dass Esel den Pferden „haushoch“ überlegen sind, wenn das Gelände steinig und voller Geröll wird. Die gefürchteten Eselspausen traten gar nicht ein, weil ich vernünftig genug war, diese Pausen selbst zu bestimmen, damit Hubertus verschnaufen und von jener Vegetation naschen konnte, die ihm gefiel. Ich bin sicher, dass dies einer der Knackpunkte zur richtigen Behandlung von Eseln ist: dass man mit ihnen auf die Kultur der Muße und Langsamkeit eingehen und die Subkultur der Hektik und Eile zurückschrauben muss. Hubertus bedankte sich für jede Wohltat mit Anhänglichkeit und Gehorsam.

Welch ein Bild für die Götter des Gebirges, nämlich Shiva, Fuchi, Ruwa, Manitou, Gäa, Pan, Vulcan und andere Herrschaften, wenn sie diese Szenerie hätten bewundern dürfen: Da hockt ein Mensch auf seinem Klappstuhl, - die Sonne ist untergegangen, Fotos sind gemacht worden -, und isst gemeinsam mit einem Esel, auf einsamer Höhe der Rotwand. Es gibt leckeren Kartoffelsalat mit Frankfurtern, für mich eine normale Mahlzeit, für Hubertus eine Besonderheit. Wie er das Würstchen aß, hätte gefilmt werden müssen, wurde es aber nicht, und als ich die Hasselblad auf sein Maul richtete, war es in ihm verschwunden. Den Kartoffelsalat aß er von meinem Teller und leckte diesen so sauber, dass ich ihn im Bach nebenan nicht abzuspülen brauchte. Dort machte Hubertus einige tiefe Schlucke und ließ sich dann neben meinem Schlafzelt nieder. Sein Gesichtsausdruck war der eines fleißigen Arbeitnehmers nach Feierabend.

Darum verzichtete ich darauf, Hubertus zur Nacht anzuleinen: Die Fressfeinde Wolf und Bär waren hier nicht zu befürchten. Als ich vor Sonnenaufgang begann, mein Stativ mit der Linhof auf jenen Punkt am Horizont zu richten, wo die Sonne aufzugehen hatte, fand ich einige Eselsküttel, die Hubertus, höflich wie er war, in der Nacht etwas abseits abgelegt hatte. Nach den Fotos „Sonnenaufgang im Rotwandgebirge“ ritt ich auf Hubertus zur nahen Murmeltierkolonie und konnte dort nach Herzenslust fotografieren – die munteren Tiere hielten den Esel für einen Steinbock und mich für einen Höcker. Diese Täuschung auch gegen die Gämsen hier anzuwenden, dazu blieb leider keine Zeit mehr. Ich brachte Hubertus heil ins Tal, verabschiedete mich tränenreich von ihm und ohne Tränen vom Besitzer und fuhr heimwärts.

Und „die Moral von der Geschicht“? Sie wurde mir brieflich mitgeteilt:
„Huberts lief anderntags unruhig auf der Weide auf und ab und suchte Sie wohl. Dann sprang er über das Gatter und trabte davon. Den Rest habe ich mir erzählen lassen: Er ging tatsächlich Ihren gestrigen Weg ab, suchte oben nach Ihnen und kam enttäuscht und hängenden Kopfes zurück auf unseren Hof. Er droht an Kummer und Gram einzugehen...“

* * * * * *

Die einsame Spitze aller Eselspersönlichkeiten, die durch meine Hände gegangen sind, hat der katalanische Wallach „Nap“, Bewohner Korsikas, eingenommen. (Nap steht für Napoleons englischen Spitznamen). Meine internationale Suche ergab, dass es auf Korsika noch immer die besten, schönsten und wildesten Muffelwidder gab und dass Gerald Alliens die besten und zuverlässigsten Esel vermietete, „die je auf der Insel gelebt haben noch vor Naps Zeiten.“ Also nichts wie hin!

Über das Muffelwild, das auch in Deutschland heimisch gemacht wurde, habe ich schon informiert. Das Problem, es zu fotografieren, ist erstens ihr Herdentrieb, - vierzig Augen sehen mehr als zwei -, zweitens ihr Hörvermögen,

drittens ihr Misstrauen und viertens ihre Neugier, alles entdecken zu wollen. Sie werden seit alters her bejagt und kennen und lernen jene Menschen zu beurteilen, welche ihre Reviere zu betreten pflegen: Landleute, nicht zu fürchten; Forstleute, bedingt zu fürchten; Wanderer und Jogger, kaum zu beachten; Auto- und Traktorfahrer, Abstand halten empfohlen; und Jäger, sehr zu fürchten.
„Hat man sie schon mit Eseln angegangen?“, fragte ich Gerald.
Mit der Frage wusste er nichts anzufangen, und so musste ich ihm mein Vorhaben erklären. Diese Erklärung fachte seine Neugier so an, dass er sogleich seinen besten Esel rufen wollte.
„Ich möchte erst einmal das Revier kennenlernen“, schlug ich vor.
Als wir losfuhren, konnte ich einen Blick auf die Viehweide werfen und entdeckte dabei mit Sofortblick Nap.

Es war gar nicht weit bis zur ersten Mufflon-Äsungsweide. Ich konnte sie aus dreihundert Meter Entfernung mit dem Fernglas beobachten und auch erkennen, dass man sie mit einem Esel angehen konnte. Noch zwei von alten knorrigen Eichen und noch älteren Olivenbäumen umrahmte Wiesenflächen führte Gerald mir vor, „wo ziemlich sicher gegen Frühnachmittag Herden und Trupps stehen, ruhen und äsen werden.“
Auf der Rückfahrt besprachen wir das Rechtliche und er übernahm es, „Jägerschaft und Polizei“ über mich zu informieren.
„Und nun“, schlug ich vor, „zur Hauptperson, dem Esel.“
Ich musste noch einmal darlegen, wie ich mir die Fotojagd dachte, dann betraten wir Geralds Tierweide.

„Den nehme ich“, entschied ich nach einer Viertelstunde.

„Der ist der Hölle entsprungen und wird Sie dorthin schicken.“
„So einen suche ich doch. Er ist stark in den Läufen, gewiss ein guter Geher und kann mich tragen. Wie heißt er?“
„Nap, aber Näppi gerufen.“
„Näppi, komm her, lecker lecker!“
Donner und Blitz – Nap verstand das Deutsche! Er kam mir entgegen, als ich unter dem Heck her seine Wiese betrat. Da ging ich so auf ihn zu, dass Gerald nicht sehen konnte, dass ich einesteils Nap am Hals zu kraulen begann, andererseits ihm eine Lakritzstange tief ins Maul schob. So begann der alte Zauber, den ich schon auswendig kannte: Freundschaft geht über den Geschmack in den Magen, von dort ins Gehirn, welches signalisiert und befiehlt, in Esels- und Jubelschreie auszubrechen. Andere Esel fielen ein und kamen neugierig heran.

In Nap/Näppi steckte ein „ich hatt‘ einen Kameraden, einen bess‘ren find‘ste nicht“ und so weiter, und das bewies er mit unseren gemeinsamen Unternehmungen. Zwei Tage Training mit Freundschafts- und Befehlston brauchte ich, Herr über ihn zu sein. Er kannte keine Befehle, Hinweise und die Zügelführung auch nicht, aber bald genügte ein Ruck und er legte sich nieder. Dieses „sich-hinter-ihn-legen“ benötigte ich, - vermutlich -, um die Mufflons zu täuschen. Wenn ich sie so anging, dass Nap mich ihren Blicken verdeckte, deckte er mich auch, wenn ich ihm das Hinlegen befahl.

Kurze Rede – langer Sinn: Es klappte wie am Schnürchen. Für die Mufflons, denen ich bis auf dreißig Meter „gegen den Wind“ nahe kam, war er ein ruhendes, etwas größeres Tier als sie selbst, und meine Kamera- bei ihm aufgelegt und mein Kopf hinter ihr- bildeten eine Einheit. Ich wusste nicht, dass mich ein Jagdaufseher vom fernen Waldweg her beobachtete und aus dem korsischen Staunen nicht herauskam. Als die Sonne unterging und jegliche

Beleuchtung ausfiel, erhob sich die ganze Rasselbande und wollte auf mich zugehen – aber nein: Es kam wie es nicht hatte kommen sollen, denn sie geriet in „meinen Wind“, zuckte wie von Jagdgewehren getroffen zusammen und galoppierte in den nahen Wald fort.

Wenn Nap mich in den nächsten Tagen sah, wo ich ihn nicht brauchte, rannte er ans Gatter und schrie aus Leibeskräften. Danach saß ich nächtens an einer Wildschweinsuhle, (Suhle = Schlammloch zum Suhlen und Wälzen), und fotografierte mit Blitzlicht auf Deubel komm raus ganze Schweinefamilien und kapitale (= mächtige und starke) männliche Einzelgänger, auch Keiler genannt. Am nächsten Tag musste ich die Insel verlassen, Gerald erbot sich, mich zum Flughafen zu bringen.
„Aber nicht,“ ermahnte er mich, „ohne Abschied von Näppi.“
Genau das hatte ich vermeiden wollen.
„Das gehört sich nicht“, fügte er hinzu, „nicht auf dieser Insel, wo jeder jeden kennt.“
Nun denn – nichts wie hin! Nap schien mitgehört zu haben, anders konnte ich mir sein Gesicht nicht erklären. Er verweigerte sowohl Lakritz als auch Geleefrüchte, so dass ich‘s kurz machte und nur seinen Hals und sein samtenes weißes Maul tätschelte. Dann ab ins Auto und los ging‘s.
„Er ist hinter uns“, rief Gerald im Anfahren.
„Ist er über den Zaun gesprungen?“, fragte ich ungläubig.
„Ja, hatt‘er schon mal gemacht.“
Doch auch der schnellste Esel kann kein Gas geben…

* * * * * *

„Mit Musik geht alles besser.“ Die moderne Entschleunigung heißt „Wanderung mit einem Langohr“ oder „Fünf

Stunden für zehn Kilometer". Wer mag so langsam vorankommen in hektischen Zeiten?

Ich saß am Rand eines Wanderweges, der durch einen lichten Wald führte. Aus Erfahrung wusste ich, dass Wildtiere „vom Hasen bis zum Hirsch" die Angewohnheit haben, auf Waldschneisen stehen zu bleiben und sie nicht immer fluchtartig zu queren - „die" Chance für Wildfotografen! Jedoch besteht keine Chance, wenn, wie jetzt, Störenfriede auftauchen: Da kam eine Eselswanderin daher, deren Esel, obwohl sein Heimweg bereits angetreten war, seiner Führerin nur bedingt folgte. Und prompt hielt er an, als er meinen Sitzplatz erreichte. Ein typischer Fall, den ich von vielen Eseln kannte und stets gelöst hatte. Dieser Esel hier trug nur leichtes Gepäck, das ihn nicht beschwerte. Nach „Guten Tag" knurrte die junge, doch resolute Wanderin:

„Lass dich auf das Tempo eines Esels ein, riet der Veranstalter, dann wird die Entschleunigung auch von dir Besitz ergreifen. Doch mit so einem Miststück von Vieh klappt das wohl nicht, oder?"

Sie schien mich für einen Eselsfachmann zu halten.

„Haben Sie mit ihm geschimpft?", fragte ich.

„Klar, dass das Espenlaub zitterte."

„Ihn auch getreten oder geschlagen?"

„Auch das, aber nur gelinde."

„Sie haben ihn verbiestert", stellte ich den Esel umrundend fest, „und müssen ihn nun entbiestern."

„Keine Ahnung von solchem Kram. Wenn er nicht weitergeht, nehme ich meine Klamotten auf und gehe allein weiter."

„Dann folgt er Ihnen nach. - Sind Sie einigermaßen musikalisch?", fügte ich hinzu.

„Ja, aber nur für Opern."

„Dann kennen Sie doch auch *teure Heimat, wann seh ich dich wieder?,* oder etwa nicht?"

Sie schaute mich irritiert an und bejahte:
„Das kann doch jeder summen."
„Dann summen Sie es Ihrem Esel ins Ohr, kraulen ihm den Kopf und stecken Sie ihm dies hier ins Maul."
„Dies hier" war eine Stange Lakritz, die ich in vier Teile brach, mein altes Kampfmittel gegen zwei- und vierbeinige Trotzköpfe und Verweigerer – außerdem auch gegen Magenschmerzen, Bauchgrimmen, Darmpoltern und Verdauungsbeschwerden einzusetzen. Und auch dieser Esel, der samt seiner Führerin anonym blieb, reagierte wie alle seinesgleichen: Er stellte seine Ohren auf, sich selbst in Habachtstellung, quittierte Verdis Ohrwurm mit edlem Erstaunen und den Brocken Lakritz zuerst mit einem Kackhaufen bei breitgestellten Hinterläufen und ergänzte Verdis Tackte mit neuen Noten. Diese brachten die singende Tierwelt des hiesigen Forstes, zum Beispiel Rotkehlchen, Baumpieper, Pirole, auch Nachtigallen und Eichelhäher, zum entsetzten Verstummen und die Stummen wie Waldhasen, Füchse, Rehe, Wildschweine und Tageulen zu Exilanten in neue Reviere.

Ich habe schon einmal versucht, Begeisterungsschreie von Eseln szenisch und akustisch nachzuahmen oder zu komponieren – auch dieses Mal verzichte ich darauf. Meine Wanderfrau ging voran und führte, der Esel folgte brav mit schlackender Zunge und konnte sich nicht einkriegen, - wie ich vermutete -, mir Dankesworte nachzurufen. Sie verhallten zwischen Bäumen, Sträuchern und Gebüschen und veranlassten den kapitalsten Rothirsch des Reviers, zwanzig Meter vor mir zu verhoffen, (sichernd und aufmerksam stehen zu bleiben) und sich von der berühmten, schon erwähnten schwedischen Kamera ablichten zu lassen:

„Finis coronat ante diem - das Ende des Tages krönt die Zeit."

Finale grande

Viele Jahre später, als die meisten von mir gehegten und gepflegten Esel „dahingegangen“ und neue erwachsen geworden waren, wollte ich noch einmal den Zeichen der Zeit folgen und sozusagen zwei Fliegen mit einer Klappe schlagen: Sowohl noch einmal Tage mit den Grauen verbringen als auch Aufnahmen eines ganz bestimmten Wanderweges machen. Wandersleute, die ihn vom Ende bis zum Anfang gehen, singen dabei sehr gern, - sofern sie historisch „bewandert“ sind -, ein ganz bestimmtes und bekanntes Lied, das wie zum Wandern gemacht scheint:

„Als die Römer frech geworden zogen sie nach Deutschlands Norden...“

Also: Diese historische Wanderstrecke führt von Rheine meistens über den Kamm des Teutoburger Waldes, der vom Römer Tacitus Saltus teutoburgiensis benannt wurde, bis Leopoldshöhe. Ihn mit einem treuen und folgsamen Esel zu begehen müsste ein Vergnügen sein – kein leichtes, versteht sich. Denn obwohl der Teutoburger Wald die 400-Meter-Grenze nicht erreicht, gibt es doch steile Anstiege und schmale Pfade. Die ganze Etappe bis zum Hermannsdenkmal bei Detmold ist nur einem Esel zuzumuten, der stark, gehorsam und trainiert sein müsste.

Das waren meine Überlegungen, als ich ernsthaft zu planen begann. Warum nicht per Fahrrad losfahren, warum nicht allein zu Fuß, weil ich doch den Esel nicht reiten durfte? Nun, ich habe schon dargelegt, dass Esel länger im Dienst des Menschen stehen als Pferde und die geborenen Lastenträger sind. Der Zoodirektor riet mir, die Sache zu machen, aber die Tagesetappen nicht zu übertreiben:

„Zwanzig Kilometer pro Tag mit Pausen für Esel, Hund und Mensch sind angemessen."
„Hund?".
„Ja, nehmen Sie einen starken Hund mit, das macht nicht nur Eindruck, sondern schützt Sie auch vor modernen Wegelagerern und neuen Wölfen, ob sie nun zwei- oder vierbeinig sind. Die hier wohnhaften alten Germanen hatten bevorzugt Molosser bei sich, starke Beißer, gute Wanderer und heute leider sehr selten. Wenn Sie wollen, kümmere ich mich um einen solchen Hund."
Das tat er. Noch einen Tipp gab mir dieser Fachmann mit, eine Sache, die ich erst beachtet hätte, wenn sie akut geworden wäre.
„Wohin mit der Eselskacke?"
Oh je, auch das noch!
„Hundeküttel", fuhr er fort, „kann man platt treten oder zur Seite stoßen. Aber ein Eselskackhaufen ist etwas Besonderes. Zumal wenn er sich auf dem Bürgersteig, im Vorgarten oder auf einer Bundesstraße ausbreitet. Nehmen Sie Schippchen und Feger mit und eventuell einen Eimer, den man einem männlichen Esel untern Bauch halten kann. - Ich empfehle überhaupt einen Wallach. Die pinkeln manierlicher und nicht in einem Sturzbach."

* * * * * *

Eine Woche langsamen Herumfahrens auf Bauernwegen und Straßen des Grünen Plans vergingen, bis ich eine Hangwiese sah, auf der je ein starker und knochiger Esel und ein ebensolcher Hund mit- und gegeneinander spielten. Sie kamen sofort heran und präsentierten mir ihre Namensschilder. Der Esel, ein grauer Wallach, hieß „Donchikotte" und der Hund, „sage und schreibe" ein Molosser namens „Sanchos" – also echt spanische Namen! Da kam auch schon der Besitzer heran, der mich beobachtet hatte, wohl

einen Liter spanisches Blut besaß und demnach freundlich sagte:
„Sie sind der erste Unbekannte, den dieses Duo von sich aus aufsucht und der es streicheln darf."
Donchikotte knabberte inzwischen an meiner gefüllten Jackentasche, während Sanchos sein ganzes Gewicht auf meine Schuhe gelegt hatte und mich von unten, nicht untertänig, ansah wie einen modernen Heiland – erwartungsvoll also!
„Es scheint sich unter den Grauen herumgesprochen zu haben", antwortete ich, „dass ich einen zuverlässigen, ausdauernden und gehorsamen Esel und einen mich beschützenden Hund suche."
„Was wollen Sie mit solchen Tieren anfangen?"
„Wandern."
„Wandern?"
„Ja, wandern, von hier zum Hermann. "
„Ist das ein Verwandter von Ihnen?"

Ich befand mich in einem Ortsteil von Lengerich, unterhalb von Tecklenburg, in einem Tal, das Exterheide heißt und von der Autobahn nach Osnabrück und Bremen durchstoßen wird. Das bekannte „Lotter Kreuz" ist nicht weit entfernt.
„Ich bin hungrig", verriet ich, „und wenn Sie mir einen Kaffee und den Kuchen dazu spendieren, können wir zu einem Geschäft kommen."
Ich selbst spendierte Donchikotte eine Rolle Lakritz, Sanchos einen „American Muffin" und folgte meinem Gastgeber in spe namens Willy Krakowiak in seinen echt westfälischen Kotten. Ich war in diesen noch nicht eingetreten, als ich überfallen wurde. Ich habe derartige Überfälle nicht gezählt, es müssen bisher aber mindestens hundert gewesen sein: Aus unterschiedlichen Gründen und von ebensolchen zwei- und vierläufigen Tätern: Gänse, Enten, Puter,

Pfauen, Perlhühnern, Auerhähnen, Hunden, Katzen, Pferden, Eseln und so weiter. Diesmal war es ein zweiter Hund, den ich der Statistik wegen wiederum Nelly nennen möchte – diese Nellys haben es inzwischen bis auf den Achten gebracht, in römischer Zählung also Nelly VIII.

Dieser war ein Zweijähriger und hat noch nie, nach den Worten Willy Krakowiaks, einen Fremden so voller Freude empfangen, sondern sie alle meist ziemlich böse verbellt. Warum diese Ausnahme bei mir?, fragte ich mich.

„Warum diese Ausnahme bei Ihnen?", fragte Willy, „aber was soll's, darum sind Sie mir sehr sympathisch."

Diese Sympathie steigerte sich noch, als ich Willy meine Pläne darlegte und ihn aufforderte, mit mir zusammenzuarbeiten. Während ich redete, hockte Nelly auf meinen Schuhen und suchte, hochschauend, den Blickkontakt mit mir. Folgendes wurde nun bei Kaffee und Kuchen, den seine unscheinbare und geizige Frau spendieren musste, mit Hängen und Würgen vereinbart.

Warum „Hängen und Würgen"? Nun, es ging auch um's Geld. Schon die Wohnsituation der beiden Krakowiaks hätte mich stutzig machen müssen, dass etwas mit ihnen nicht in Ordnung war, doch sie besaßen den besten Esel weit und breit, Sanchos und Nelly dazu und waren in der Lage, mich und Donchikotte mit dem Anhänger vom Zielpunkt abzuholen. Ich zähle hier meine „Verpflichtungen" der Reihe nach auf: Der Esel kostete 50 Mark pro Tag; Nelly sollte 10 kosten und Sanchos nochmal so viel, was ich aber mit dem Argument ablehnte, „sie laufen freiwillig mit"; alle drei Tiere sind auf meine Kosten zu ernähren und zu versichern; Willy verlangte 10 Prozent aller Honorare, welche ich durch den Verkauf der Reise erzielen würde – abgelehnt; alle Kosten für etwaige Unfälle habe ich zu tragen; Donchikottes vorherige Fußpflege habe ich zu bezahlen; alle Lebensmittel für den Start der Reise habe ich in Willys Laden in Tecklenburg einzukaufen. Nun, ein

Halsabschneider war er nicht, dieser Willy, aber ein echt Tecklenburger Schlitzohr doch!

* * * * * *

Eine Woche setzte ich an, um mit Donchikotte auf Du zu stehen. Also sein neues Herrchen zu werden. Diese sieben Tage wurden für ihn, Sanchos, Nelly und mich zu einem wahren Vergnügen. Selbst die mürrische Ehefrau taute zu einer echten Menschen- und Tierfreundin auf, so sehr sogar, dass sie mir das Angebot machte, zur Reisebegleiterin „und später gar mehr" zu avancieren – sehr höflich abgelehnt:

„Ich kann nur", erklärte ich, „die drei alten Freunde aller Wanderer mitnehmen: die Herren Hermes, Mercurius und Wotan."

(Das waren Griechen, Römer und Germanen).

„Dann bleiben auch die Hunde hier", knurrte sie trotzig.

Aber diese kannten bereits keinen anderen Herrn als mich!

Donchikottes abgrundtiefes Vertrauen gewann ich in einer Woche unermüdlichen Bemühens um ihn. Ich zähle wieder einmal auf: „Als wäre er mein" betrat ich erstens jeden Morgen seinen Stall, um ihn zu putzen, kämmen und striegeln, steckte ihm zum Morgengruß ein Brötchen in den Mund und säuselte ihm „Mozart und andere" ins linke Ohr; zweitens dann tränkte ich ihn; drittens gab's Haferstroh und Rübenschnitzel in den Futtertrog, wobei ich ihm das Halfter anlegen konnte; viertens der erste Ausgang ums Kottengelände; fünftens Ausflüge mit meinem Gepäck auf dem Rücken; sechstens Übungen, ob er sich auch an langer Leine oder ohne Leinen führen ließ; siebtens Unterrichtsstunden in vokalen Kommandos und Befolgen von Handzeichen.

Am siebten und letzten Unterrichtstag, der wie alle folgenden ablaufen sollte, stieg ich mit Donchikotte nach Tecklenburg hinauf, um in Willys Laden für die Reise einzukaufen. „Don“, wie ich ihn nun rief und nannte, machte auf flanierende Bewohner der Kreisstadt und auf die vielen Touristen wegen seines gepflegten Aussehens einen mächtigen Eindruck und zog Blicke und Interesse auf sich.
„Ist das Ihr Esel?“, fragte ein Zeitungsmann.
„Nur für die Zeit meiner Reise“, antwortete ich.
„Eine Reise mit einem Esel?“
Da hatte ich schon den ersten Interessenten, dem ich sie, diese Reise, „verklickern“ konnte.
„Ja, den Hermannsweg entlang bis zur Endstation.“
Nach meinen Ausführungen, die er in Stenografie mitschrieb, setzten wir uns vor einem Café nieder, wo Reporter „Max der Flotte“, Asinus Donchikotte und meine Wenigkeit je ein Stück Bienenstich aßen und je eine Cola tranken und ganz nebenher dicke Freunde wurden. Während Max telefonisch von seiner Redaktion die Genehmigung einholte, eine Reportage „Auf dem alten Hermannsweg“ anleiern zu dürfen, trat Donchikotte diskret zur Seite und kackte sich aus: ein sauberes, glänzendes, sofort die Fliegen anlockendes und für Dorfspatzen leckeres Häufchen. Ich wollte es auf die Schippe nehmen, doch da kam mir Anlieger und Besitzer eines Schrebergartens Alfons auf der Heide zuvor:
„Halt, der ist für mich und meinen Garten.“
Also: Noch ehe unsere Reise endgültig losging, verbreiteten Donchikotte und ich eitel Sonnenschein – wenn erst die Hunde mit von der Partie waren, konnte sicherlich von einigen Missverständnissen keine Rede mehr sein! Max gab mir seine Telefonnummer mit der Ermahnung, „jeden Abend Punkt 19 Uhr anzurufen und einen Reisebericht für den Tecklenburger Boten durchgeben“.
Da fiel ihm noch etwas ein:

„Wo und wie wollen Sie denn übernachten und essen?“
„Nicht in Gaststätten“, versicherte ich, „am liebsten und wenn möglich bei Bauern am Weg, wo auch die Tiere angemessen unterkommen können.“
Und so wurde es auch gemacht!

* * * * * *

Montag um 9 Uhr.
„Auf los geht‘s los!“, rief ich Donchikotte, Sanchos und Nelly zu.
„Sanchos bleibt hier!“, kreischte Frau Krakowiak, „wer soll unser Anwesen bewachen!“
Doch die Hunde preschten schon voran und ich rief der Frau zu:
„Verkriechen Sie sich doch selbst in die Hundehütte“, antwortete ich, „bellen und knurren können Sie ja!“
Donchikotte legte noch einen Zahn zu und schwupps verließen wir das ungastliche Hofgelände. Von der Entschleunigung einer Eselswanderung konnte noch keine Rede sein. Es ging vorerst noch einmal nach Tecklenburg hinauf, um Anschluss an den Hermannsweg zu bekommen. Dieser war mit einem aufgemalten weißen „H“ an Bäumen und anderen gut sichtbaren Stellen fortlaufend gekennzeichnet. Am Start war Max aufgefahren und machte die ersten Fotos.
„Alle weiteren müssen Sie machen und mir mit einem Faxgerät, das Sie irgendwo auftreiben, jeden Nachmittag wie vereinbart mit Ihren Wanderdaten durchgeben – Hals- und Beinbruch!“
Mit diesem markigen Gruß kam Max eine letzte Idee, und er fragte:
„Beinbruch und Achsbruch liegen nah beieinander – warum lassen Sie nicht Donchikotte einen leichten zweirädri-

gen Karren ziehen. Das können starke Esel ganz gut, wenn sie, diese Karren, nicht überladen werden.“
In der Tat eine bravouröse Idee. Ich redete mich damit heraus, ein solches Gefährt noch nicht gefunden zu haben, aber unterwegs darauf achten wolle.
„Ich werde“, sagte ich zum Abschied, „ja auf ländlichen Anwesen übernachten und dort etwas Passendes finden können.“
Meine Sorge war nur, ob mein lieber Esel zum Karrenziehen gebracht werden könnte.

Ich werde diese Wanderung, die dann doch meine einzige dieser Art bleiben sollte, nicht minutiös beschreiben, nur in Höhepunkten. Der erste bahnte sich an, als wir die Hermannsbrücke über die Autobahn A 1 queren wollten. Donchikotte traten die hübschen Eselsaugen aus dem Kopf, als er tief unter sich auf den Berufsverkehr der Autos blickte und sein feines Gehör vom heraufschallenden Fahrlärm beleidigt wurde. Sanchos und Nelly standen am dichten Geländer und versuchten, den Verkehr sowohl talab als auch talauf anzubellen. Was tun, ohne diese drei feinnervigen Tiere zu beleidigen? Ich bekam Donchikotte keinen Schritt weiter – falls ich ihn nicht blind und taub machte. So wickelte ich ihm ein Handtuch um die Augen und steckte ihm zwei Taschentücher, - ab sofort „oropax“ genannt -, in die Lauscher. Ein fester Griff ans Halfter, ungewohnt energische Kommandos an alle drei Begleiter – und es ging weiter über die Brücke und in den Wald hinein!

Donchikotte trug vierzig Pfund auf seinem Rücken und ich nur per Rucksack zwanzig. Wie erwähnt, war unsere erste Etappe von Tecklenburg nach Bad Iburg die dritte des offiziellen Wanderführers. Sie ist mit „schwer und gute Kondition notwendig“ angegeben, sollte 21 Kilometer betragen und sechs Stunden dauern. Ich unterließ wegen fehlenden Taschenrechners die Aufrechnung, wie viel mehr Kilometer Sanchos und Nelly durch ihre vielen Hin-und Herläufe machten. Diese wurden bald weniger, wenn sie auch stets, als wären sie wegekundig, an der Spitze blieben. Dass ich ihr Chef war, bekundeten sie durch freudiges und fragendes Zurückblicken.

Meine Hauptsorge galt freilich Donchikotte. Mehr seinen Hufen, Beinen, seiner Lunge und seinem guten Willen. (Ich werde im Folgenden meinen Zustand so wenig wie möglich erwähnen). Ich wusste noch nicht, dass Esel als trittsicher gelten und Pferden auf kritischen Wegen und steinernem Untergrund überlegen sind. Das bewies Donchikotte heute souverän. Ich ging locker neben ihm, der Zügel hing durch und wer sich an den Marschtritt des anderen anpasste, war ich. Später las ich in einer Schilderung dieser für uns ersten Etappe:
„...Mit kleinen Auf- und Abstiegen schlängelt sich der Hermannsweg weiter über den Höhenzug des T.W. Auf diesem Abschnitt ist er weit weniger bewaldet und daher hat man an vielen Stellen großartige Ausblicke auf die Landschaft."
Was wir jetzt begingen, waren die Vorberge des geschichtlich uralten Höhenzuges hier, die in Wirklichkeit Endmoränen waren: Während der hiesigen Eiszeit sollen hier riesige Endmoränen zum Stillstand gekommen sein und das viele Kalkgestein vorm Gebirge abgeladen haben – heute baut der Mensch diesen Schutt maschinell ab und macht Kalk und Zement aus ihm.

Die erste Rast stand an. Es ist hier nicht meine Aufgabe, die allbekannte Waldschänke „Malepartus",- ein Fuchsbau bei Goethe -, noch bekannter zu machen.
„Für Tiere hier keinen Zutritt", sagte ein Kellner und schmolz doch dahin, als er uns betrachtete und feststellte, „Essen und Trinken is was Scheens, gel?" Etwas abseits

am Waldrand bediente uns dann der Chef und als ich durchblicken ließ, ein Reporter der Zeitung zu sein, wurde er sogar nett zu den Tieren. Eine leichte Weißwurst für uns drei Carnivoren (Fleischesser) mit Pommes und Cola, und für Donchikotte freie Auswahl an vorhandener Vegetation, einen Eimer klares Teutowasser aus dem Brunnen nebenan und, nur von mir angenommen, auch eine Flasche Cola: Er nahm sie ins Maul und hielt den Kopf hoch – zur Gaudi der Zuschauer.

Gegen 16 Uhr erreichten wir den Ortsrand von Bad Iburg und waren damit nach Niedersachsen übergetreten. Zeit, für ein Nachtquartier zu sorgen.

„Sind's ein Fotomann?"

Die Frage des Bauern, der an seinem Zuweg das Gras mähte und es als offenbarer Tierfreund Donchikotte vorlegte, war berechtigt: Trug ich doch meine Hasselblad um den Hals. Ich bejahte.

„Und wo wollen's hin?"

„Hier bei Ihnen Rast machen und dann morgen weiter."

„Können's für alle bezahlen?"

Er fragte nach dem Namen der Tiere und dirigierte uns auf seinen nahe gelegenen Hof, der ein Nebenerwerbsbetrieb war.

„Bin in Pension gegangen", erzählte Theodor redselig, „und widme mich nur noch meiner Frau und meinen Mineralien."

„Eine gute Kombination", pflichtete ich bei und dachte aufatmend daran, dass ich seit Jahren einen solchen Menschen suchte, weil ich immer wieder von Bildagenturen des In- und Auslands bedrängt wurde, gute 6x6-Dias von Gold, Silber, Kupfer, Mineralien und Versteinerungen zu liefern. Hier war dieser Mensch!

Nachdem Menschen und Tiere versorgt waren, zeigte er mir seine Sammlung, auf die manches professionelle Museum hätte neidisch werden können. Wir machten einen lockeren Handschlagvertrag folgenden Inhalts: Nach meiner Reise komme ich zurück und fotografiere alle seine Stücke, und zwar draußen mit Sonnen- und Spiegellicht, zweimal, einmal für ihn und einmal für mein Archiv. Er brauchte dafür nichts zu bezahlen. Das war für uns beide ein Vertrag, wie es in der hohen Politik kein Kanzler, König und Kardinal „hingekriegt" hätte! Und ich bezahlte nichts für Unterkunft, Bad, Toilette, Bett und Verpflegung. Meine drei Mitläufer fühlten sich am anderen Morgen so sauwohl und unternehmungslustig, dass es nach einem feuchtfröhlichen Abschied munter weiterging.

* * * * * *

Ich schreibe hier Tiergeschichten und möchte mich über menschliche nicht zu sehr auslassen. Der brave Donchikotte entpuppte sich als Wunder im Kilometerfressen, und Sanchos und Nelly als vorauseilende Pfadfinder schienen sich wie im Wilden Westen zu fühlen. Und bei allen dreien fühlte ich mich des Abends als Indianer und Fußpfleger, der insgesamt zwölf Läufe und zwei Füße in Ordnung zu halten hatte. Bad Iburg durchkreuzten wir zügig, zwar Aufsehen erregend, aber ohne anzuhalten. Im Stadtverkehr hielten sich die Hunde streng an mich und auch Donchikotte schien zu ahnen, dass Städte nichts für Tiere sind.

Dann ging's in der nächsten Etappe schwierig zu. Bis wir in Borgholzhausen angekommen waren, hatten wir die 24 Kilometer in sieben Stunden geschafft. Die Literatur beschreibt diese Strecke als „schwer, sehr gute Kondition nötig und Trittsicherheit erforderlich". Hier standen jene jetzt stillen Wälder, in denen ich mir vorstellen konnte, dass unsere Vorfahren auf den Gedanken kamen, den Römern eins auszuwischen. Es ging noch einmal über die Autobahn und meine Begleiter und ich kümmerten sich nicht um den von unten aufbrausenden Lärm der modernen Zivilisation.

Noch eines möchte ich hier anführen: Wenn wir bei jedem neugierigen, verwunderten und interessierten Wanderer angehalten und uns in Palaver verwickelt, gar geduldet hätten, dass Donchikotte und die Hunde gestreichelt und beschmust wurden – ja, dann wären wir heute noch nicht am Ziel. Auch in Borgholzhausen empfing uns ein Landwirt, der wohl von Theodor informiert worden war und Fritz Teepe, „mit drei E", wie er anfügte, hieß. Er bekostete und befütterte uns ausgezeichnet, seine Frau behandelte meine Füße, er selbst verarztete Pfoten und Hufe. Er schlug vor, uns am nächsten Tag, noch vor dem Abstieg nach Bielefeld, mit seinem Auto nebst Viehanhänger einzuholen und durch „diese öde Stadt" zum nächsten Startpunkt nach Oerlinghausen zu bringen. Seiner Bemerkung, „diese drei Tiere möchte ich auf meinem Hof gerne für immer haben", maß ich vorerst wenig Bedeutung bei.

Hier waren wir vier an einem Punkt angelangt, wie er besser nicht sein konnte. Mochten, ich vermenschliche einmal, Nelly, Sanchos, Donchikotte und ich vorher ein wenig skeptisch und zwischendurch mürrisch gewesen sein – das war jetzt überwunden und hatte es dem Wetter nachgemacht: strahlend und blauer Himmel. Diese Etappe nennt sich „mittelschwere Wanderung, kein besonderes Können notwendig". Ich muss zugeben, es begann bei mir und steckte die anderen an: Schuberts „Die schöne Müllerin" ist ein nettes Wanderlied, auch „Wir lagen vor Madagaskar…" und „Es stand eine Mühle im Schwarzwald im Tal". Das alles sind wohl Erscheinungen, die auftreten, wenn man sich einem Ziel nähert.

Wandersleute, die von hinten in schnellerem Marschtritt als wir herankamen und uns eigentlich überholen wollten, blieben absichtlich zurück – um uns Naturereignis zu beobachten. Was gab's da zu beobachten? Erstens Sanchos und Nelly, die zu richtigen und echten Kameraden zusammengewachsen waren und beinahe ununterbrochen „Hasch mich, ich bin die Eisenbahn" spielten. Zweitens bis sie wie jetzt, drei Minuten eher als wir, am Aussichtsturm „Eiserner Anton", früher Bismarckturm, angekommen waren. Dort saßen Tierfreunde, aßen, tranken und steigerten ihre gute Laune noch dadurch, dass sie beide Hunde mitessen und trinken ließen. Drittens weil Sanchos und Nelly sich mustergültig benahmen und zum Kütteln und Pinkeln abseits in den Wald abtraten. Viertens: Dann kamen Donchikotte und ich heran und packten unsere Essvorräte aus. Nachdem dieser, ebenfalls höflich abseits, sein Wasser abgeschlagen und seine Küttel gemacht hatte, kam er zu mir zurück und begann sich für den Tag zu bedanken. Damit hatte er vorgestern angefangen und sah, fünftens und letztens, so aus: Er benutzte mich als Wiesenpfahl oder Baumstamm, um sich zu scheuern und zu schrubben, denn das Fell juckte, und blieb dann stramm stehen, um von mir gestriegelt und geputzt zu werden. Unterdessen hatten Kinder und Jugendliche Zweige und zarte Äste von Birke, Eiche, Esche, Ahorn und Buche abgebrochen, hergeholt und vor Donchikotte, den sie nun alle wie ich einfach Don riefen, auf den Boden gelegt. Er dankte mit mörderischem Geschrei, das alle hier noch nie gehört hatten, und traf seine Auswahl: Buche und Eiche – also ein echter Hermanns-Esel! Mit dem Erreichen des Etappenziels Oerlinghausen begann der Anfang des Endes unserer Reise. Ich muss gestehen, dass mich zwei kommende Ereignisse sowohl fröhlich wie traurig stimmten: Das Ende der Reise und das Ende meines Zusammenlebens mit meinen drei Reisekameraden.

* * * * * *

Morgen sollte ich, laut Etappenplan, den Namensgeber dieses Wanderweges kennenlernen: Hermann der Cherusker, römisch Arminius geheißen. Doch Fritz Teepe riet mir, aus der einen Etappe zwei zu machen, wenn ich auf halbem Weg eine gute Unterkunft finden würde. Das war gut so, denn die Wanderung war nicht nur schwierig, sondern bot zwischen Wäldern, Forsten, Schonungen und einem Heer von Bäumen immer wieder solche Ausblicke, dass ich meine Begleiter zurückhalten musste. Sie liefen zwar gut und begeistert mit, freuten sich aber auch über jede Pause. Interessant wurde es für sie, wenn ich auf einer Bank saß und ein paar andere Wanderer auch, weil sich dann Unterhaltungen entspannen, an denen auch meine Tiere Freude hatten: Teilhabe an Wegzehrung wie Brötchen, Kuchen, Kaffee, Tee und Cola, Streicheleinheiten, Händelecken und dergleichen Tierisches mehr.
„Auf halbem Weg zum Hermann“, wusste ein Tourist, „liegt eine bäuerliche Kneipe, deren Besitzer bestimmt froh sein werden, Sie aufnehmen zu dürfen.“
Das waren sie tatsächlich, denn es hatte sich schon herumgesprochen, dass „ein komischer Kauz“ mit drei Tieren unterwegs sei.
„Es ist eine Ehre für uns, Sie hier aufzunehmen.“
Wir sollten doch bis übermorgen bleiben, weil morgen viele Leute kommen würden, uns zu bewundern. Ja, das brachte natürlich Umsatz und mir die Ehre, als Gast und nicht Kunde betrachtet zu werden. Nun, wir konnten Ruhe brauchen.

Nach vielem Katzbuckeln und Verwöhnungen Donchikottes, Sanchos‘ und Nellys ging es weiter, dem Hermann entgegen. Wie man heute auch über die Denkmalkultur früherer Zeiten denken mag: Hier steht jetzt ein Monument, das man besteigen muss. Donchikotte wurde unten angebunden, die beiden Hunde liefen frei und erkannten mich tatsächlich, als ich ihnen vom Umlauf her ihre Namen zurief. Nelly wäre vielleicht hinterher gekommen, aber Sanchos sah aus, als wenn ihm graute, da hinauf zu müssen. Mir graute, als ich zu meinen Tieren zurückkam, dass übermorgen, an den Externsteinen, unsere gemeinsame Reise ihr Ende finden würde. Von hier ging's nun ein kurzes Stück bis Detmold, das wir durchquerten, um eine vorbestellte, wieder bäuerlich-ländliche Unterkunft zu beziehen.

Treffpunkt mit dem wackeren Fritz Teepe war der große Parkplatz an den Externsteinen. Dort wurde ein Foto zum Abschiednehmen gemacht, dort stand auch schon der Leihwagen, mit dem ich heimfahren wollte. Fritz Teepe war überglücklich, dass er meine Wanderkollegen behalten konnte:
„Nachdem ich eine ordentliche Summe hinblättern musste. Aber man darf keine Kosten scheuen, wenn man etwas gefunden hat, das Freude machen wird. Meine Frau ist schon ganz aus dem Häuschen und Sie“, er schaute mich listig an, „hätten diese Tiere ja doch wieder abgeben müssen.“
Stimmte genau. Und dann machte er's listig. Erst musste Donchikotte in den Pferdeanhänger steigen, was er ja gut kannte, dann schlüpften Sanchos und Nelly auf den Hintersitz, dann tat ich, als ginge ich zum rechten Vordersitz und Herr Teepe rollte ohne mich davon. Tagelang, schon zu Hause, machte ich mir Gedanken darüber, ob meine Tiere dahintergekommen sind, welches Schindluder ich mit ihnen trieb und ob sie mich je vermisst haben – denn ich sah sie nicht wieder, aber es kam ein Foto ins Haus, das sie mit ihrer neuen Familie zeigte – alle fröhlich und lustig dreinblickend.

Damit ist die Schilderung meiner Abenteuer mit Heimtieren, - so will ich es ausdrücken -, zu Ende.

Wie viel Erde braucht ein Mensch?

Fragte sich Leo Tolstoi 1885. Die deutsche Transkription lautet: „Mnongo li tscheloweku semli nuschno?“ Wir untersuchen hier nicht, dass der Mensch tatsächlich mit wenigen Quadrat- oder Kubikmetern Erde auskommt. Wir knüpfen jedoch an und fragen: „Wie viel Erde brauchen Hund und Katze?“ Denn es ist Brauch geworden, auch sie beizusetzen. Schon Franz von Assisi, der von 1182 bis 1226 lebte und Giovanni Bernadone hieß, musste gegen Tierliebe ankämpfen und reimte:

„Dass mir der Hund das Liebste sei,
sagst du, oh Mensch, sei Sünde?
Der Hund ist mir im Sturme treu,
der Mensch nicht mal im Winde.“

„Tempus fugit“, sagten die alten Römer, „die Zeit flieht.“ Nicht einer der in diesem Buch vor- und dargestellten tierischen Zwei- oder Vierbeiner ist heute noch lebendig. Und nur einer hat „ein würdiges Grab“ gefunden. Sie wurden vermisst oder auch nicht, größere wurden der Tierbeseitigung zugeführt. Einer der Nellis, den ich hier aus Taktgefühl nicht weiter erwähne, sah auf einem Bahnhof zum ersten Mal einen Zug vorbeifahren und versuchte ihn zu beißen… Eine Hofkatze wurde im Zielfernrohr des Jagdberechtigten beobachtet, wie sie ein Fasanküken behutsam zwischen die Zähne nahm und vermutlich Frauchen präsentieren wollte - „den Knall sie nicht vernommen hat“.

Wie menschliche sind auch tierische Beisetzungen teuer. Auf einem münsterschen Tierfriedhof kostet ein Hundegrab jährlich 95 Euro, ein Katzengrab 90 Euro; auch Kleintiere können dort würdevoll für 50 Euro pro Jahr beigesetzt werden. Die Praxis zeigt jedoch, dass Kummer und Gram über den Verlust eines tierischen Kameraden am wirkungsvollsten durch eine Neuanschaffung überwunden werden können! Hat man auch Fotos gemacht, gar Geschichten geschrieben oder seine Lieblinge in Stein hauen lassen – dann kann das Andenken beinahe bis in ferne Zeiten bewahrt werden...

ENDE

Anhang: Dies ist der dritte Band meiner Tetralogie „80 Jahre mit Tieren auf Du“, die mit „Meine Wildtiere und ich“ begann, mit „Meine Kriechtiere und ich“ und „Meine Heimtiere und ich“ fortgeführt und schließlich mit „Meine Vögel und ich“ beendet werden wird. Nicht alle Fotos stammen aus meinem Archiv, das inzwischen sehr geschrumpft ist, weil Fotos, Negative und Diapositive, außer den schwarzweißen, aus den Jahren bis 2000 nicht mehr zu gebrauchen sind oder den Ansprüchen nicht genügen. Da hat Pixabay ausgeholfen, Autor und Verlag danken dafür.
Das Lektorat besorgte Ilka Wallmeyer-Rohdich aus Greven.

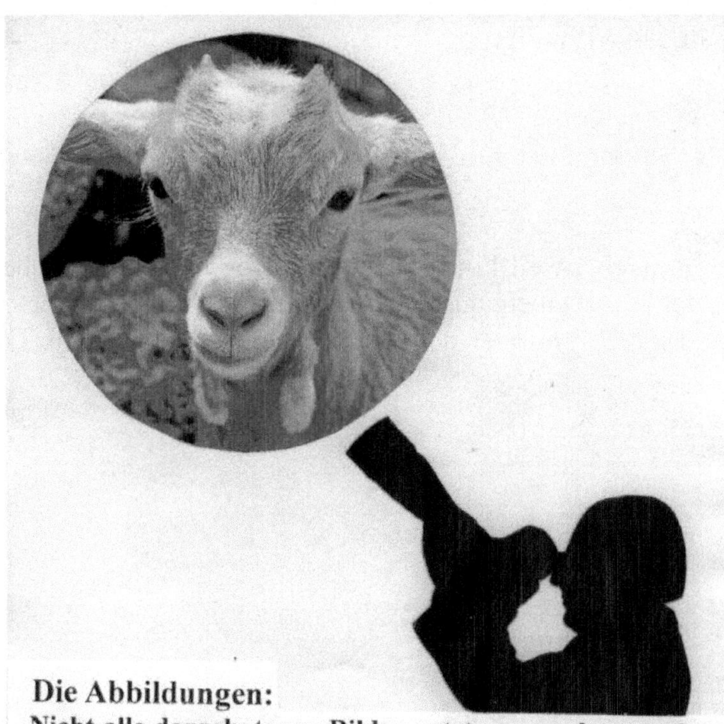

Die Abbildungen:

Nicht alle dargebotenen Bilder entstammen dem großen Archiv des Autors. Das hat zwei wichtige Gründe. Erstens: Jene Diapositive, welche zwischen 1958 und 1980 entstanden, sind schon den Weg des Zeitlichen gegangen, also vergilbt oder verblasst. Zweitens: Der Autor hat trotz seines intensiven Fotografierens doch nicht immer alle Motive ausreichend gut ablichten können. So hat er auf den Internet-Bildanbieter „Pixabay“ zurückgegriffen, dem hiermit vom Verlag und Autor herzlich gedankt sei!